国家自然科学基金重点项目

"创业网络对新创企业发展的作用及影响机理"（72032007）

国家社会科学基金项目

"工业互联网平台双重架构驱动多主体合作创新的机制与对策研究"（22XGL010）

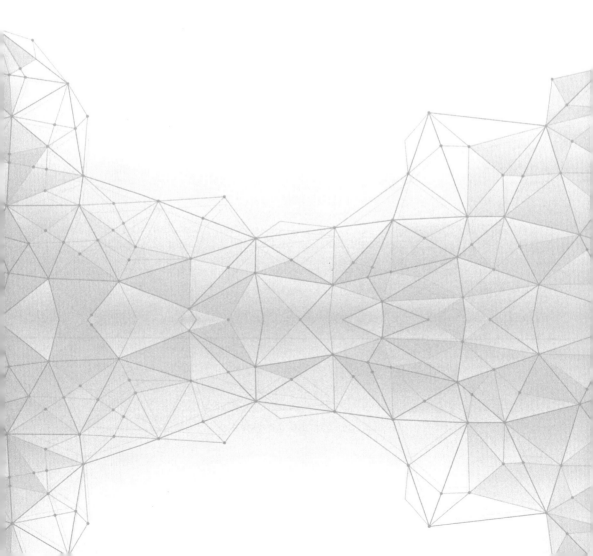

The Platform Ecosystems Evolution of

ENTREPRENEURIAL
N E T W O R K

创业网络的
平台生态发展

刘璘琳　韩　炜　张　竞　肖忠意 ◎著

中国财经出版传媒集团

经济科学出版社

Economic Science Press

·北京·

图书在版编目（CIP）数据

创业网络的平台生态发展／刘璘琳等著 . -- 北京 ：
经济科学出版社，2025.3. --（创业网络研究前沿系列）.
ISBN 978 - 7 - 5218 - 6855 - 5

Ⅰ. F272. 2

中国国家版本馆 CIP 数据核字第 2025LX1668 号

责任编辑：刘　丽
责任校对：郑淑艳
责任印制：范　艳

创业网络的平台生态发展
CHUANGYE WANGLUO DE PINGTAI SHENGTAI FAZHAN
刘璘琳　韩　炜　张　兢　肖忠意　著
经济科学出版社出版、发行　新华书店经销
社址：北京市海淀区阜成路甲 28 号　邮编：100142
总编部电话：010 - 88191217　发行部电话：010 - 88191522
网址：www. esp. com. cn
电子邮箱：esp@ esp. com. cn
天猫网店：经济科学出版社旗舰店
网址：http：//jjkxcbs. tmall. com
北京季蜂印刷有限公司印装
710 × 1000　16 开　16. 25 印张　240000 字
2025 年 3 月第 1 版　2025 年 3 月第 1 次印刷
ISBN 978 - 7 - 5218 - 6855 - 5　定价：88. 00 元
（图书出现印装问题，本社负责调换。电话：010 - 88191545）
（版权所有　侵权必究　打击盗版　举报热线：010 - 88191661
QQ：2242791300　营销中心电话：010 - 88191537
电子邮箱：dbts@ esp. com. cn）

总　　序

　　基于互联网、信息技术和数字技术等新兴技术的进步和应用普及，平台化和网络化是新创企业在组织管理方面表现出的新特征和新动向。从全球范围来看，IBM 发布的《全球 CEO 调查报告》（2018）显示，在过去的三年中，被调查企业在平台化成长方面的投资达到 1.2 万亿美元；82% 的中小企业 CEO 声称其采用了平台方式，或成为平台的主导者或融入大企业的平台网络以谋求成长；相比其他的企业成长方式，依靠平台化成长的企业能够以更快的速度实现收入与利润增长。特别是阿里、腾讯、百度、京东、小米等新兴本土企业相较于发达国家的竞争对手更早地布局基于平台的网络化成长战略，塑造了我国在电子商务领域的局部领先优势，这些新兴实践已成为国家推动并实施创新驱动发展战略的关键环节。但是，相对于实践的丰富性和领先性，有关平台情境下的创业网络与新创企业成长之间复杂联系的理论探索和总结严重滞后。以平台为情境，关注并研究创业网络如何驱动新创企业成长问题，具有重要的理论和实践价值。

　　在数字经济与全球化交织的新时代，创业活动已不再是孤立的商业行为，而是一种嵌入于复杂网络中的动态战略行动。正是在这一背景下，创业网络研究以嵌入性为理论根基，着重围绕网络主体间、联结间的交互关联性展开讨论。新创企业推动创业网络的演化以促进成长，本质上是逐步增强网络嵌入性的过程，从而塑造新创企业相对于网络中其他主体的权力优势。网络理论中的嵌入概念关注的是，个体或组织在网络中的位置所引发的掌控资源、调动他人的影响力。新创企业利用创业网络谋求成长，是以嵌入于网络中并获得"号令天下"的力量为目的，力量的获得才能促使新创企业借助创业网络进行战略布局。因此，以嵌入作为分析新创企业创业网络的理论视角，融合网络理论、战略理论与创业理论以解释新创企业成长问题，是本书构建数据库以及进行研究设计的出发点。

创业网络以关系为基本的分析单元，但不应仅关注关系内一方主体的行动，而更要关注关系双方的互动。这种互动表现在行动者双方围绕网络行为的博弈，以及由此引发的资源在行动者之间的来回往复。因此，资源组合效应是本书对创业网络之于新创企业成长的重要解释机制之一，而且这一机制伴随着创业网络的演化过程而适时动态调整。创业网络从形成到演化是与新创企业成长相伴相随的共演化过程，其中包含着新创企业通过试错、学习，从无到有地构建创业网络的过程，也包含着根据环境变化与商业模式调整所诱发的创业网络演化过程。这为我们提供了认识创业网络动态演化的过程机制，即资源组合的动态调整和新创企业的试错学习。探究新创企业在与网络伙伴的关系互动中进行资源编排与竞合动态转换，有助于丰富对创业网络形成与演化过程的理论解释。特别是在平台情境下，创业网络形成的周期缩短，演化更为频繁而快速，捕捉新创企业如何通过创业学习、试错调整等行动推动创业网络的快速形成与演化，将有助于挖掘新创企业成长过程中创业网络的动态性及其影响新创企业成长的作用机制。

创业网络从形成到演化还表现为网络治理推进的过程，其折射出新创企业对网络中关系的管理模式。传统的网络理论指出表征为频繁互动、紧密关系的强联结能够提供丰富的资源与情感支持，但在互联网平台背景下，双边市场驱动的平台企业的创业网络呈几何式增长，新创企业难以承受大规模强联结网络所带来的高治理成本，故代之以松散的网络联结提高网络治理效率。在平台情境下，创业网络治理呈现出正规化与非正规化混合的格局，这并不表现为传统治理机制中契约、信任要素的混合，而是合同、利益分配机制等正规化方式与审核制、登记制等非正规化方式的混合。网络治理方式的选择不仅与网络伙伴的类型与关系性质有关，而且与新创企业利用创业网络的战略布局有关，这凝结成了本系列丛书对创业网络治理效应的解读。

相比传统的创业网络逐步构建过程，平台情境下新创企业需要以更快的速度选择、接入网络伙伴，避免使其最初吸引的网络伙伴因网络形成的迟缓而脱离网络。新创企业的创业网络需要通过一方的基群规模形成对另一方的吸引，这种网络效应来自于新创企业能够快速联结网络伙伴并形成关系黏性，激发并维持网络效应。在传统的工业化背景下，新创企业倾向于与拥有丰富资源的高地位主体建立关系，从而获得有价值的资源。而在互联网背景下，以平台方式成长的新创企业更倾向于寻找能够与自身在价值活动上形成多种类型互补的合作伙伴。这种合作旨在共同实施价值活动，甚至允许顾客直接从伙伴手中获取价值，而非传统方式中整合伙伴资源再由新创企业向顾客传递价值。由此可见，以战略布局为导向，以快速、松散的方式建立蕴含多种类型价值活动互补的创业网络，是平台情境下新创企业依托网络实现高速成长的独特路径，非常值得关注。鉴于此，本系列丛书将创业网络研究拓展至平台生态情境，特别探讨了平台生态情境下创业网络研究的新发展。

基于前述学术认知与判断，2020 年我设计的课题"创业网络对新创企业发展的作用及影响机理"获得国家自然科学基金重点项目资助，在研究过程中不断向专家请教学习，努力克服创业网络研究中的样本收集、变量测量等问题，以及创业网络在平台情境下延伸拓展的理论挑战。创业网络研究大多采用问卷测量，且局限于对网络关系强度、密度等的刻画，而缺乏对网络内容、资源机制、治理机制等关键要素衡量，我们从这一问题破局，设计了"创业企业联盟网络数据库"和"数字创业网络数据库"。从 2017 年初步设计"创业企业联盟网络数据库"的思路与架构，到 2024 年完成"数字创业网络数据库"建设，持续 8 年多时间不断完善的数据库，为本课题研究提供了支持，也为我们观察并认识中国新兴企业的创业网络实践，特别是在互联网平台情境下探索创业网络构建、演化的新问题提供重要基础。

本课题所资助的"创业企业联盟网络数据库"建设，首先得到了浙江大学杨俊教授的指导，我们在 2017—2018 年先后三次召开研讨会，商讨并论证数据编码标准、工作手册编制、工作程序推进等重要事宜。随后，我们先后四次以该数据库开发为主题，召开创新创业前沿论坛，邀请南开大学张玉利教授、中国人民大学郭海教授、中山大学李炜文教授、上海大学于晓宇教授、暨南大学叶文平教授、华中科技大学买忆媛教授和叶竹馨教授等，基于数据库的联合开发合作机制达成共识。"数字创业网络数据库"建设（2022年起）则得到了华中师范大学焦豪教授、浙江工商大学王节祥教授、重庆大学李小玲教授的指导，我们多次召开线上讨论会，围绕数据编码与清洗等事宜进行深入讨论。在不断的交流与讨论中，我们不断地追问什么是新创企业构建创业网络的微观基础条件，新创企业如何撬动创业网络中的多主体间的资源组合，如何治理创业网络以促进创业网络向有利于企业成长的方向演化，创业网络又怎样在平台生态情境下拓展。于是，我们结合两大数据库的统计分析，从四个方面讨论创业网络之于新创企业发展的作用。由此所凝结出的这一系列丛书共四部，分别从战略组织基础、资源组合效应、治理效能机制以及平台生态发展四个维度展开论述，共同构成了创业网络研究的整体逻辑框架，为创业网络的多维机制及其对企业绩效的影响提供了深刻而系统的学理阐释。

1. 战略组织基础：网络构建的微观根基

《创业网络的战略组织基础》从战略与组织的双重视角出发，探讨了新创企业如何通过构建联盟网络来实现商业模式创新与价值共创。研究者深入剖析了创业者及其高管团队和董事会在主动构建与整合网络关系中的关键作用。通过构建创业板上市企业联盟网络数据库，实证揭示了个体层面（如领导者的经验、规模、对外任职等）与组织战略导向对联盟网络形成、演化及企业绩效之间的内在联系。该书不仅为创业网络的形成机制提供了微观逻辑支持，也为后续对资源整合和治理机制的探讨奠定了坚实基础。

2. 资源组合效应：突破新创企业成长瓶颈

《创业网络的资源组合效应》聚焦于资源约束这一新创企业普遍面临的困境。借助创业板企业的样本数据，详细考察了创业企业如何利用联盟组合的多样性（无论是资源属性还是功能属性的多样性）实现资源获取、跨界融合与创新成长。该书既考察了静态视角下联盟组合多样性与企业经营绩效之间的非线性关系，又从动态角度分析了联盟重构对企业业绩的影响，并引入战略柔性概念探讨企业如何在动态竞争中灵活调整资源配置。通过实证验证，该书为资源基础理论在创业网络中的应用提供了新视角，同时也为企业应对环境不确定性提供了战略启示。

3. 治理效能机制：协调与控制的新范式

《创业网络的治理效能机制》则将视野拓宽到网络治理问题。在企业边界日趋模糊、各类组织间关系日益复杂的背景下，如何协调网络中各主体的利益、实现资源与能力的最优配置成为关键挑战。该书分别从股权治理和非股权治理两个层面，系统阐释了联盟网络中治理策略对企业绩效及创新成果的影响机制；同时，又在平台网络情境下探讨了界面治理、过程治理与关系治理等多重治理模式在数字经济环境下的适用性与效应。通过理论构建与基于大样本数据库的实证检验，该书为联盟网络治理及平台网络治理提供了理论解释和实践参考，揭示了治理策略选择对新创企业成长的深层次影响。

4. 平台生态发展：数字化转型下的网络重构

《创业网络的平台生态发展》立足于数字经济背景，探讨了基于数字平台的创业网络新形态。移动互联网和信息技术的深度融合，催生了移动应用等数字产品的快速迭代，也为数字创业者提供了全新的商业模式与网络构建路径。该书通过构建覆盖全球多国、多个品类的"数字创业网络数据库"，从技术创新、商业模式创新、广告网络构建以及同群网络关系四个角度，系统剖析了数字平台情境下创业网络的形成机制和绩效作用。该书不仅揭示了数字平台如何重塑创业生态，也为理解数字化转型过程中企业间关系的演化提供了可观测、可操作的理论工具。

本系列丛书整体构建了一个从微观个体与组织行为到宏观平台生态的创业网络研究体系，既关注创业网络的战略组织与资源整合基础，又深入探讨了网络治理与数字平台背景下的创新模式。各部著作既相互独立，又内在联系，共同回应了新创企业在资源有限、竞争激烈和数字化转型背景下如何通过构建和优化创业网络实现突破性发展的核心命题。本系列丛书的理论创新与实证研究不仅为创业网络及相关领域的学术研究提供了丰富的理论视角和数据支持，也为创业实践者、政策制定者及企业管理者在制定战略和优化资源配置时提供了重要参考。本系列丛书在设计、写作和修改过程中，得到了不少业界同行和朋友的指导和帮助，在此一并感谢。特别感谢南开大学张玉利教授、吉林大学蔡莉教授等资深专家在本系列丛书所依托数据库建设中给予我们的学术指导。

我总体设计了"创业企业联盟网络数据库"和"数字创业网络数据库"的架构，特别感谢在"创业企业联盟网络数据库"编码过程中负责组建编码团队、组织变量编码与信效度检验的西南政法大学胡新华教授、邓渝教授、周杰教授，以及在"数字创业网络数据库"编码过程中负责组建编码团队、组织变量编码与清洗的西南政法大学刘璘琳副教授、张兢博士。特别感谢参与两个数据库编码的各位同学：黄小凤、喻毅、姜天琦、齐淑芳、周月姣、姚博闻、蒙怡霏、彭惠娟、阳圆、张叶、刘希睿、付�钰、熊言熙、刘涵睿、陈宇娇、高淋、周芊、周奕杜、黄海娟、周埝桦、刘俊荣、石一伶、宁婕、周玉婷、周明月、罗诗雅、秦明星、殷婕、李可、印佳欣、张玉、阙小钧、曾蕾、萧皓天、伍小康。

未来，随着数字经济的不断深入发展与平台生态的持续演变，创业网络的构建与治理问题仍将呈现出新的研究情境和挑战，期望本系列丛书能够激发更多学者和实践者关注这一前沿领域，推动理论与实践的深度融合与共同进步。

韩炜

西南政法大学商学院

2025 年 1 月 30 日于重庆

前　　言

　　互联网等信息技术突飞猛进，在各行各业迅速普及并深度融合，引领数字经济日新月异地发展。平台是数字经济背景下出现频率最高的关键词，"平台"概念的出现为产业经济学、技术管理、战略管理、创新创业等管理学领域注入新基因，一些开创性的理论研究文献开始涌现。但是，有关依托平台的创新创业活动，无论是理论还是实践层面，都还处于起步阶段。究其原因，关键在于各领域对平台的理解存在较大差异，对平台内部深层次的运作逻辑认识不足。同时，产业特征和具体情境对数字化技术能否成功落地具有重大影响，深入具体产业情境研究基于平台网络的创新创业活动，是探索创业网络在平台生态背景下发展运行脉络颇具可行性的研究途径。

　　移动互联网已经成为创业活动发生最为频繁的阵地，移动终端的应用软件，俗称App，是开发者基于"操作系统＋移动网络"所构成的平台上开展数字创业活动的典型案例。为了对依托数字平台的创业活动开展深层级探索，我们以移动应用领域作为产业背景，以App Annie公司针对iOS和Android平台发布的单个App商用数据为数据源，对这些数据进行爬取、编码和清洗。以平台情境下的数字创业行为与创业网络为研究对象，将数据采集重点放在移动应用软件的产品特征、迭代更新、网络策略及市场表现上，具体包括五个方面的内容，分别是移动应用数字产品的基本属性、版本更新、软件开发工具包、广告变现以及绩效数据。我们组建了由二十余名师生构成的专门数据团队，先后开展了三个阶段的数据下载，历经了四个月时间。最终采集的移动应用数字产品数据覆盖全球六十多个国家或地区，涉及游戏、工具、效率、医疗、生活和娱乐共六大类别，近百个字段特征，以天为单位数据规模超过五亿条。以数字平台上创业活动与创业网络为特定研究目的，对这些海量数据进行了结构化加工和处理，建设成"数字创业网络数据库"，作为本书关键的研究基础。

尽管互联网与数字化带来了创业活动的蓬勃发展，由于网络建构的差异性和有效利用的不确定性，新创企业表现为两极分化：一类新创企业借助互联网带来的契机和信息技术的高效率，建构出有利于新创企业成长的网络从而实现快速扩张；另一类新创企业未能识别出在互联网情境下有效的成长路径，难以支撑极速扩张背后极高的资源需求，昙花一现后走向消亡。因此，在此研究情境下我们利用数字创业网络数据库，着重探讨以下研究问题。第一，依托数字平台生态的数字创业者如何实施创新型创业活动？这些数字创业者为数字平台生态提供数字产品开展创业活动，产品的每一次更新都蕴含着数字创业者的创新创业行为，我们通过对数字产品更新内容和更新轨迹的分析，识别出数字平台生态中创业者实施创新的过程及其对数字创业者带来的影响。第二，数字平台生态中数字创业者的商业模式具有什么样的创新特征？我们从多产品组合、多类别组合、多平台组合等角度，开展有关数字创业者的商业模式的探索性研究。第三，数字创业者如何建立与平台的关系联结？数字创业者将所开发的产品投放在数字平台生态中，需要与平台上其他互补者协同行动，它们在平台生态中形成怎样的关系网络是本书关注的重点问题之一。

基于以上三个问题的学术思考，本书开展了四项相对独立又互为关联的研究，分别在第3章到第6章展示给读者。第一项研究关注数字平台上数字创业者进行软件更新的技术创新活动是否会对创业者绩效产生影响。我们识别出移动应用开发商作为数字创业者开展的不同类型创新活动、创新频次、创新周期等特征与创业者绩效的关系，以期形成对依托平台的数字创业者创新过程的深入认识。在此基础上，第二项研究着重挖掘表现为应用内购买的商业模式创新如何影响数字创业者的绩效结果。通过深入解析数字创业者对其内购类别结构、子类结构、定价结构等的设计，刻画其影响创业者绩效，以期回应数字平台情境下商业模式创新诱发创业网络建构的理论问题。第三项研究聚焦数字创业者经由数字平台而形成的与其他互补者的同群网络关系，是否以及为什么会影响数字创业者绩效。通过对同群网络结构以及数字创业者在网络中位势的测度，本书探索出了数字创业者所建构同群网络结构特征及其网络位势对其绩效结果的影响作用，增强了我们对于平台情境下创业网络绩效作用的理论解释。第四项研究则聚焦平台情境下的广告网络，着重识别开发移动应用产品的数字创业者如何利用广告平台对接广告主承接广告，抑或对接广告载体以投放广告，从而建构广告网络，形成围绕广告的收入模式和营销模式。研究结果发现，数字创业者在开发设计产品时利用广告网络建立的收入模式与营销努力对移动应用软件更新的绩效作用产生影响。

以前期这些研究为基础，未来我们还将开展一系列有趣的研究。例如，聚焦于数字平台治理规则对数字创业者创新行为及其绩效的影响，计划重点围绕不同数字平台的隐私政策对开发移动应用产品的数字创业者的软件更新行为是否产生影响展开研究；聚焦于数字平台主导者与数字创业者之间的竞争互动展开研究，深入解析当平台主导者进入数字创业者产品所在领域时，后者如何调整技术创新方向与努力程度，是否会转向尚未受影响的、新的移动应用领域上寻求创新；将大数据统计分析与实物期权、演化博弈等方法相结合，通过对复杂网络系统进行建模与系统仿真，揭示数字平台生态系统内部运行规律。

基于前述研究发现以及对未来研究的思考，本书能够对数字平台情境下数字创业研究产生重要启示。首先，本书对所采集的大规模数字创业数据进行了系统梳理和精心编码，直观呈现出移动操作系统平台上数字创业者创新行为、网络行为的特征，为后续研究提供广泛的数据基础。其次，本书揭示出在不同的地域文化、市场不确定性、平台治理机制等情境下，数字创业者的创新行动、网络行动、产品策略、营销策略等对创业绩效的作用存在差异，这些结论能够为早期研究成果的不一致性提供理论解释。最后，利用空间计量、图论等分析工具，本书尝试刻画数字平台情境下的创业网络样貌与特征，为我们区分平台与网络，认识数字创业者如何依托数字平台建构自身的创业网络提供可观测的工具和信息。总体而言，本书的研究成果能够为数字平台情境下的数字创业者实施迭代创新，通过建构创业网络而谋求快速成长提供有力的理论支持和实践指导。

目　录

第1章 创业网络研究向平台生态情境的延伸

　　互联网和信息技术的快速发展催生了一批高成长的新创企业，高成长的潜在逻辑不是组织内部资源驱动的规模扩张，而是不断突破组织边界与跨界拓展的网络化成长。IBM 发布的《全球 CEO 调查报告》（2018 年）显示，在过去的三年中，全球被调查企业在平台上的投资达到 1.2 万亿美元；相比其他的企业成长方式，以平台方式成长的企业能够以更快的速度实现收入与利润的增长。更进一步，82% 的中小企业 CEO 声称采用了平台方式，或成为平台的主导者，或融入大企业的平台网络以谋求成长。尽管这些企业在创立之初所设计的商业模式凝结了独特的价值创造逻辑，但完成商业模式设计后依托网络快速形成战略布局，才是平台企业高成长的助推器。平台不仅成为新的网络组织形式，更是新创企业布局战略版图、推进创业活动的重要手段（Srinivasan & Venkatraman，2018），因此围绕平台类高成长新创企业如何利用创业网络实现高速成长，是网络理论与战略理论、创业理论交叉的研究问题，有必要整合多个理论视角聚焦创业网络在新创企业成长过程中的作用机制。

　　放眼全球范围，诸如 Facebook、Airbnb、Uber 等在初创几年内即实现了超高速的成长，成为"独角兽"公司（估值超过 10 亿美元的私营初创企业）。立足中国情境，2016 年，在全世界的 262 家"独角兽"公司中有 1/3 是中国企业，占全球"独角兽"总估值的 43%（麦肯锡，2017）。2024 年最新数据显示，全球 1453 家"独角兽"企业中，中国企业数量仅次于美国，达到 340 家（胡润，2024）。

新创企业高成长的繁荣景象引发我们思考：企业成长理论主张资源扩张驱动企业成长，然而具有新进入缺陷的新创企业短期内难以调动大量资源，为什么能够实现需要资源支撑的高速成长？可能的解释来自高成长企业对外部网络的有效利用，这种借助网络的外部成长路径，形成对自有资源驱动的内部成长路径的有益补充。

1.1　平台生态情境下的新创企业成长

近年来，"平台"一词频繁出现在管理学领域的研究文献中，并被广泛用于解释产品系统、供应链、双边市场，甚至产业集群（Gawer，2009）。有研究指出，平台正日益成为企业与管理者生活中的日常（Hagiu & Yoffie，2009；Iyer & Davenport，2008），任何一种产品都可能成为一个平台（Sviokla & Paoni，2005）。以平台方式创立并成长的企业在数量与规模上也呈现出急剧增长的态势，引发学者们的广泛关注，然而对于平台之于企业的含义与功能，平台企业如何成长等基础问题，从不同的理论视角给出了不同的解释。

1.1.1　平台的概念内涵

近十年来，"平台"的概念逐渐活跃于产业组织经济学、技术管理、战略管理、创业以及创新研究领域中，涌现了一批先驱性的、具有研究前景的理论文献，但刚刚起步的理论研究并没有取得实质性的研究进展。关键在于，不同的学科对平台的理解与定义千差万别，对平台背后的理论逻辑也认识不足。从不同学科的研究文献来看，平台被定义为一种技术架构（Baldwin & Woodard，2009；Gawer，2014）、一种战略选择（Rochet & Tirole，2003；Amit & Han，2017）、一种生态系统（Jacobides et al.，2018；Adner，2017）。

1. 技术架构观

缘起于工程设计的理论视角，技术管理文献将平台解读为一种技术架构，并聚焦基于技术架构的平台创新。从工程设计视角来看，平台是指由一组基础技术所组成的架构体系，创业者可以基于这些基础技术开发不同的技术模块，推动产品创新，因而相关研究将平台视为能够创造模块化产品创新的技术设计架构（Meyer & Lehnerd，1997；Krishnan & Gupta，2001；Jiao et al.，2007）。在技术架构观中，不同概念界定的共性在于将技术要素在不同的产品中反复使用，凸显范围经济的作用（Gawer & Cusumano，2002；Parker et al.，2016）。因此，蕴含核心的、基础的技术要素的平台技术架构，易于诱发开放式创新，使得数字创业者通过接入平台企业的开放式创新平台，获得互补创新的技术动力。基于此，有研究也将基于技术架构观的平台称为"开源技术"（Baldwin & von Hippel，2011；Boudreau，2010），意指平台对创业者的开放与吸引，也彰显出平台企业与创业者围绕技术的紧密关系。

2. 战略选择观

立足战略管理理论，相关研究将平台视为一种战略选择，且以双边市场作为平台战略的情境因素。在平台情境下，平台企业所面对的不再是传统环境下的单边顾客，而是双边市场甚至多边市场带来的多类型用户和创业企业。因此，从战略管理角度来看，平台是指在双边市场环境中，企业为多边用户与互补者创造并传递价值的解决方案（Rietveld et al.，2019）。而双边市场中多边用户间的网络效应是平台价值的根本所在，基于此，平台战略往往表现为以平台为媒介的网络建构，推动平台网络在特定的市场中稳定运行（Gawer & Cusumano，2002）。更进一步地，将平台视为战略选择，蕴含着多主体共创价值的战略逻辑（George & Bock，2011）。这意味着，平台企业要通过与创业企业乃至用户的价值共创，向用户传递价值或与用户分割所创造的价值。价值共创的方式，一方面，表现为交易平台，它通过极大促进不同类型的个人和组织之间的交易便捷来创造价值（Rochet & Tirole，2003）；另一方面，还表现为多主体互补、合作创新所创造的价值，即通过联结不同区域与不同时点的个人和组织，共同创新以产生协同效应，从而将单一主体的创新效应无限放大以创造价值。

3. 生态系统观

从生物学的生态观点出发，相关研究将平台视为一种生态系统，强调平台企业与生态系统参与者之间的相互依赖性（Ceccagnoli et al.，2012；Cennamo，2018；Gawer，2014；Gawer & Cusumano，2002；Wareham et al.，2014）。从组织形态来看，平台生态系统往往形成"轮辐式"的组织形式，即通过共享或开源的技术或技术标准，将一系列外围企业连接到中心平台。通过接入平台，外围企业不仅能够创造互补性创新，还可以直接或间接地联结平台的终端顾客。从运行机制来看，平台生态系统往往被视为"半管制市场"（Wareham et al.，2014），意指作为发起者的平台企业的协调和指导激发了创业行动的产生。平台生态系统以平台为分析单元，这表现出关于平台生态系统的研究关注平台在产业层面的领导者地位，而非企业在生态系统中的领导者地位（Cusumano & Gawer，2002）关注平台之间的竞争对抗，而非企业间的竞争与合作（Cennamo & Santaló，2013）。然而，平台生态系统往往融合技术架构观，而对技术层面要素给予了较多的关注，聚焦平台企业引致的平台技术复杂性对互补者创新的影响（Kapoor & Agarwl，2017），关注技术界面与技术标准的设计（Ceccagnoli et al.，2012），而对于平台中主体间的关系互动以及治理规则等缺乏深入的研究。

1.1.2 平台企业的成长

从技术管理、战略管理、生态观点出发，平台对于企业而言具有不同的含义，因此依托不同理论视角下的平台，企业的成长呈现出差异化的路径与特征。本书以平台企业为研究情境，立足创业网络探究新创平台企业的成长机制，因此系统梳理平台企业成长的相关研究，有助于为聚焦平台情境下的企业成长问题奠定理论基础。

1. 依托代际技术升级的成长

"技术架构观"视角下平台企业的成长主要通过代际技术升级而实现。用户数量的增加是连接多边用户的平台企业成长的重要标志，而是否能够持续吸引用户以保持用户依附于平台的黏性，有赖于平台企业能否引领下一代技术的升级（Cennamo，2018；Claussen et al.，2015）。依托代际技术升级揭示平台企业成长，学者们采用过程设计思路，通过刻画并追踪平台技术演变趋势与路径，识别用户如何在平台企业的技术升级中获益，从而通过其保持平台接入的忠诚行为推动平台企业成长（Reimer，2005；De Vaan，2014）；少数研究关注了新创平台企业与在位平台企业围绕代际技术升级的竞争，认为在技术升级竞争中获胜的一方更能够吸引用户而获得成长（Ozalp et al.，2016）。然而，相关研究较多地关注了平台用户在平台企业技术升级及其与在位平台企业技术竞争中的重要作用，而忽视了以互补者身份开展创业活动的企业在技术升级所引发的在创新中的支撑作用（Cennamo，2018；Ansari et al.，2016）。事实上，无论是新创平台企业还是在位平台企业，缺少了其他互补者的持续支持，都无法依托技术升级而实现成长。与传统情境下企业吸收合作伙伴的技术与资源，进而向顾客传递价值不同，平台情境下的创业者会与顾客建立直接联结，甚至直接向顾客传递价值。在新一代技术趋势引领下，创业者也会转向新技术（Ansari & Garud，2009），平台企业只有获得创业者用以支撑技术升级的互补资源与行动支持时，才能够依托技术升级而实现成长（Cennamo，2018）。

2. 依托平台战略布局的成长

"战略选择观"视角下平台企业的成长，表现为以平台作为战略手段进行战略布局，以平台层面的竞争代替企业层面的对抗。价值与竞争是战略的两条主线（Porter，1985），平台企业借助平台战略布局，一方面利用双边市场的网络效应创造并获取价值，另一方面以平台作为竞争的屏障，利用由用户、互补者所构成的平台网络形成对竞争对手或在位企业的防御。依托平台战略布局揭示平台企业成长，学者们采用类型化的分析思路，通过提炼平台战略的细致化类型，探究平台企业利用平台战略实现成长的路径。从已有关于平台战略的类型划分来看，大体可分为以下三种。

一是平台进入战略，意指新创平台企业可采用对单边用户实行价格补贴（Parker & Van Alstyne，2005）、开发种子用户（Gawer & Henderson 2007；Boudreau，2012）、在平台界面建构次级市场（Evans & Schmalensee，2010）等方式增强现有用户黏性并持续开发新用户，从而减弱在位平台企业的强网络效应与高转换成本的威胁（Evans & Schmalensee，2007），实现对新业务领域的进入。

二是平台建构战略，意指新创平台企业建构平台的过程与手段，主要包含如何形成双边关系联结，创造并发挥跨边网络效应的行动策略。平台建构的战略意义在于，建立联结多种用户与互补者的双边市场，积累用以实现网络效应的用户基础（Eisenmann et al. 2006，2011；Boudreau，2010），从而实现用户驱动的成长。

三是平台包围战略，意指平台企业利用当前的用户基础，实现向新业务领域的拓展，从而形成多元化的战略布局（Eisenmann et al. 2011）。在大规模用户基础的支撑下，多业务布局更容易实现，塑造平台企业的竞争优势。

3. 依托生态系统形成的成长

"生态系统观"视角下平台企业的成长，是平台企业作为发起者、互补企业作为行动匹配者共同建构并高度嵌入生态系统的过程。依托生态系统形成揭示平台企业成长，学者们援引网络理论与匹配观点（Adner，2017），主张这一过程主要涉及生态系统的设计与调整问题。在生态系统的设计与调整过程中，平台企业需要承担塑造生态系统的领导者角色，设计匹配结构并吸引其他伙伴的参与（Snihur et al.，2018）。平台企业能否通过生态系统设计实现企业成长以及成长的速度如何，主要取决于以下两个要素。

一是能否吸引足够多的参与者。平台生态系统形成的关键在于，能否充分吸引生态系统匹配结构中各环节的参与者，并持续保持与他们的关系黏性（Meyer，1999）。建立参与者价值主张与平台生态系统价值主张相一致的匹配结构，平台生态系统才具有相依生存的生态特质，不完整的匹配结构难以助力平台企业实现网络效应与多样化布局。

二是能否满足平台企业参与者的价值创造需求。平台企业在生态系统的设计过程中需要对价值创造蓝图进行全面思考，设计一个多方参与的联合行动计划，并要为系统中的每一方创造不同的价值（Adner & Kapoor，2010），这样才能将参与者持续性地锁定在生态系统中并促进其繁衍发展。

上述两个要素分别解决了生态系统中参与者的引入与保持，有利于促进生态系统的规模性与多样性，最终转化为平台企业的突破式增长。

综上所述，学者们从不同的理论视角对平台作出差异化的解释，使得相关研究基于不同的理论基础挖掘平台企业的成长路径。综观上述三个理论视角，其蕴含着依靠网络效应推动企业成长的底层逻辑，这意味着无论是依托技术升级、战略布局还是生态系统的平台企业成长，需要借助网络效应吸引数字创业者推动技术更新换代，利用网络的范围经济实现多样化布局，经由具有网络形态的生态系统驱动平台发起企业的成长。更进一步，已有研究多以成熟的平台企业为研究对象，以已经确立的平台为研究的起点，关注依托已确立平台的成长过程，而缺乏对平台生成以及伴随这一生成过程的平台企业前端成长研究。立足新创平台企业情境，技术架构、战略布局与生态系统的实现需要依靠新创企业的创业网络以诱发网络效应，形成对新创平台企业的支撑，这为本书的研究设计提供了重要思路。

1.2　平台生态情境下的网络结构属性

1.2.1　以平台为媒介的网络效应

由于平台蕴含着连接多边主体的内涵，因而与网络概念存在紧密联系。基于此，已有研究提出"以平台为媒介的网络"概念，聚焦于经由平台架构连接多方用户所形成的网络结构（Eisenmann et al.，2006；Evans & Schmalensee，2008；Gawer，2009；Hagiu，2005；Rochet & Tirole，2006）。在这种网络中，网络形成的根本前提在于一方用户由于另一方用户数量的增加，而获得更高的价值。从已有研究来看，价值的提升源于两种网络效应：一是直接的网络效应，即网络参与者（如用户）所获得价值的提升，有赖于与之互动的其他参与者（或用户）数量的增加（Eisenmann，2006；Farrell & Saloner，1985；Katz & Shapiro，1986）；二是间接的网络效应，即当网络参与者预期，由于更多互补者的涌入会带来更为丰富的互补产品与服务时，价值提升将间接地实现。由此，连接多方主体的平台诱发网络效应的本质在于，多方主体的交互关联性与互补的多样性及可获性，这些都构成网络的基础（Bonardi & Durand，2003；Eisenmann et al.，2011；Cenamo & Santaló，2013）。关于以平台为媒介的网络及其网络效应，已有研究主要从产业组织经济学、技术管理、战略管理的理论视角予以解释。

1. 产业组织经济学视角

产业组织经济学聚焦直接与间接网络效应，以及由此诱发的平台生成（Parker & Van Alstyne，2005）。在这一视角下，已有研究围绕用户数量基础所构成的网络效应如何影响用户与互补者的决策，形成了较为丰富的研究成果（Evans，2003；Rochet & Tirole，2006；Rysman，2009）。新近研究还对平台企业如何利用网络效应，吸引多边参与者接入平台而展开研究（Gawer，2014），而经济学的解释在于利用定价机制形成不同参与者间的交叉补贴以塑造关系黏性。然而，经济学解释存在三方面的研究局限。第一，经济学主张网络效应所产生的正反馈以及"赢家通吃"结局是平台企业网络的外生因素（McIntyre & Subramaniam，2009），这使得先前研究弱化甚至忽视了平台企业营造网络效应方面的主动性与战略性。第二，经济学视角下的网络效应具有二分特征，基于此对网络效应影响的揭示也仅侧重于有无，而未关注影响过程机理（Afuah，2013）。事实上，网络结构及其动态性非常复杂，平台情境下由用户、互补者、在位企业、其他相关企业等所构成的网络，其网络结构、关系强度、资源组合等内容可能比网络效应存在性能够提供更为丰富的解释。第三，先前研究尚未打开平台企业与互补者、互补者之间的关系链条，未能深入解析不同类型主体间关系的构成、内容、强度等特征，而仅关注可获互补品数量对市场结果的影响（Srinivasan & Venkatraman，2010）。此类研究既缺乏对平台企业所构成的网络中不同节点企业战略定位的关注，也忽视了平台企业如何利用网络不同主体间的关系形成排他性的关系承诺，从而在网络中进行资源配置。这有助于超越用户数量的单一角度，从战略、关系、资源等多个角度解释平台企业的成长。

2. 技术管理研究视角

技术管理研究则聚焦于平台发起者如何吸引第三方互补者，从而激发间接网络效应（Eisenmann，2006；Evans et al.，2006）。技术管理视角下，关于平台企业网络效应的研究聚焦于平台设计属性对网络效应生成的影响。技术管理研究将平台视为一种技术架构（Gawer，2014），主张从工程设计的角度将平台解构为模块化系统（Baldwin & Clark，2000；Baldwin & Woodard，2009；Gawer & Henderson，2007；Gawer，2009，2014；Schilling，2000），从而将复杂系统拆分为在标准化界面上互动的具体模块部件。在这一视角下，研究侧重于探讨技术界面的最优设计、技术架构的开放性如何影响平台企业的吸引第三方互补者的能力（Baldwin & von Hippel，2011；Boudreau，2010），及其系统性创新结果（Eisenmann et al.，2008）。尽管技术管理视角下的平台企业研究基于对间接网络效应与平台设计战略的融合，在揭示以平台为媒介的网络架构设计方面积累了一定的研究成果，但其仍存在一定的局限性，至少表现在以下两个方面。第一，这一脉络的大多数研究以理论研究与案例研究为主，缺乏检验平台企业的设计决策如何影响互补者接入平台的支持决策，以及这些决策所诱发的结果效应的实证证据（Mcintyre & Srinivasan，2017）。第二，缺乏对以平台为媒介的网络动态性的认识，因而难以深入解析在技术变革背景下基于平台的竞争如何动态演化（Clements & Ohashi，2005），如何推动网络中其他构成要素的变化以驱动新平台的设计或现有平台的创新。

3. 战略管理研究视角

战略管理学者强调平台企业如何利用网络效应获得并保持竞争优势，优势的塑造源于平台企业以更低的成本为顾客提供更大的价值（Besanko et al.，1999；Hoopes et al.，2003；Peteraf & Barney，2003）。战略管理视角下，关于平台企业网络效应的研究聚焦于平台企业如何通过具体的战略手段或战略行动，如价格策略、产品质量、进入时机等，促进用户数量的增长，以激发网络效应。相关文献更凸显平台企业利用多边用户间关系的网络效应，激发参与者之间价值共创的能力（Adner & Kapoor，2010）。然而，已有研究不足体现在以下两个方面。第一，战略视角下的平台企业网络效应研究多拘泥于个体用户端，而对于互补者端关注不足（Mcintyre & Srinivasan，2017）。更进一步地，已有研究对于互补者特征的差异、互补类型的异质性以及互补者接入特定平台的异质化动机尚缺乏深入研究。第二，与技术管理视角下的研究局限相似，战略管理视角下的研究也多采用静态的、截面的研究设计，没有能够揭示平台企业与互补者动态互动与演化的过程机理。对于外部环境中的技术演化、新平台架构的引入、新跨边界标准的涌现对平台企业与互补者关系的影响尚缺乏系统性研究。

1.2.2　以平台为媒介的网络资源构造

1. 多主体联结的资源构造

以平台为媒介连接多方参与主体，拓展了企业所能接触到的资源的广度、深度与类型，提升了资源交换、整理、利用的效率（Amit & Han，2017），这进一步塑造了平台网络中基于多主体联结的资源构造。关于以平台为媒介的网络中的资源构造问题，目前研究大体形成"顾客中心"和"伙伴中心"两种观点。

2. "顾客中心"观点

"顾客中心"观点强调以顾客作为价值创造的核心，而以平台企业的伙伴作为资源提供者（Priem et al.，2013）。立足这一观点解释平台网络中的资源构造，学者们遵循价值创造的产品逻辑，基于需求端而非供应端的战略观，认为平台企业与其伙伴进行资源交换与价值共创，意在为顾客创造价值，而价值共创活动是由顾客的价值主张所驱动的。这实际上延循了战略管理理论中企业为所有的价值创造伙伴（包括顾客和供应商）创造总体价值，从而建构其战略内涵的理论观点（Makadok，2003）。而在基于需求的战略观（Priem et al.，2013）涌现后，呼唤价值创造与价值获取间的平衡之声迭起，学者们逐渐将研究焦点逐渐转向需求异质性所诱发的企业价值创造（Priem，2007；Ye et al.，2012）。而随着平台情境下数字技术、信息技术所带来的互补伙伴间信息传递与沟通愈加透明，伙伴间资源交换、整合的效率与效果不断提升，因而平台企业与互补伙伴成为价值共创的主力军，而顾客则是价值创造的对象。

"伙伴中心"观点则将平台企业的伙伴纳入价值创造的核心范畴，以顾客作为资源提供者的重要构成（Shah & Tripsas，2007；Afuah，2000；Chatain，2011）。立足这一观点解释平台网络中的资源构造，学者们遵循价值创造的服务逻辑，认为平台情境下的数字化使动技术激发了信息通路建设与网络机会挖掘，进一步凸显了顾客作为价值共创伙伴的重要性（Prahalad & Ramaswamy，2004；Vargo & Lusch，2004）。例如，在关于数字平台情境下多主体间资源构造的研究（Amit & Han，2017）中，倡导采用基于系统层面的研究思路与价值创造观点，指出平台情境下平台企业的顾客和互补者，同时具有资源提供者与价值获益者的双重角色。这有别于以往基于企业层面的研究思路与价值获取的观点建立对资源构造的解释（Sirmon et al.，2011；Zott et al.，2011），有助于解释平台情境下资源如何在多主体间进行安排以实现价值创造。该研究进一步提出了四种资源构造方式，包括整合式（integrator）、合作式（collaborator）、交易式（transaction enabler）、桥接式（bridge provider）。这一研究结论展示出在数字驱动的平台情境下，新创企业能够接入的资源范围、能够满足的资源需求都进一步扩大。新创企业能够通过调用来自不同主体的不同资源，以更新颖的方式满足不同的需求，借助连接、协调、杠杆等作用建构资源组合。

3. 资源编排视角

比较而言，上述两种观点可能诱发不同结构与内容的资源构造，引发具有不同属性的以平台为媒介的网络。前者更突出互补者的资源供给作用，及其与平台企业间的资源配置与价值共创，并强调顾客的需求引导作用；后者则突出顾客参与的资源安排，统合顾客与互补者的双重身份建构二者交互影响的资源组合。然而，这两种观点都从战略与组织设计的角度出发，强调以平台为媒介的网络中资源构造的结果特质，即将资源编排视为可引致不同资源组合的结果，而忽视了资源编排的行动特质与过程属性（Hansen et al.，2004；Crook et al.，2008）。从基于资源基础观而衍生出来的资源编排观点来看，资源编排更强调管理者运用资源创造价值的能动作用，且更聚焦过程，表现为由行动序列所组成的过程（Sirmon & Hitt，2003；Sirmon et al.，2010，2011）。从资源组合建构，到依托从资源组合中抽取的互补性资源塑造能力，再到依托能力联结锁定不同的主体以释放资源价值，资源编排实现了资源的"组合建构—能力利用—价值传递"的过程（Sirmon et al., 2007）。有鉴于此，尽管已有研究关注到了平台企业在网络中建构资源组合的相关问题，也围绕资源构造的结果类型积累了一定的成果，但仍未能对平台企业如何在网络中多主体间进行资源编排，其行动与过程为何作出深入的研究与解释，忽视了资源编排与构造的行动属性与过程属性。

1.2.3 以平台为媒介的网络竞合安排

在蕴含着多种类型主体的网络中，竞争与合作是一个重要话题，而当网络被置于平台情境下，竞合呈现出多维而复杂的新特征。在平台情境下，竞合存在于平台企业与互补者之间，表现出"价值导向"的竞合，以及新创企业平台与在位企业平台之间，表现出"创新导向"的竞合。

1. "价值导向"的竞合

"价值导向"的竞合是将竞合关系与价值创造相结合，主张以合作创造价值，以竞争分割价值。对这一类竞合关系的探讨，往往聚焦以平台为媒介的网络中的竞合，围绕平台企业与互补者之间如何通过价值创造与价值获取的活动安排塑造竞合机制（Jacobides et al., 2018）。

"价值导向"的竞合将竞合的层次聚焦于企业层面，主张平台企业与互补者之间围绕价值创造所展开的合作，以及围绕价值获取展开的竞争是竞合的焦点。尽管关于平台企业与互补者之间关系的研究尚不丰富，但当前少数研究开始援引价值创造与获取的框架下，关注平台企业与互补者之间既合作又竞争的关系平衡，而其本质上体现出价值层面的平衡。已有研究多从价值创造的角度理解合作，认为企业间通过合作创造价值；而从价值分割的角度理解竞争，认为企业间通过竞争攫取价值（Hannah & Eisenhardt, 2018）。过度合作会使得平台企业无法赢得价值，而过度竞争则使以平台为媒介的网络难以形成（Ozcan & Santos, 2015），这意味着企业应当平衡竞争与合作以兼顾价值创造和价值获取。在此基础上，学者们进一步探讨平台企业如何促使互补者持续性地与之合作，从而形成对互补者的锁定（Gawer & Cusumano，2014；Eckhardt et al.，2018）；与之相对地，平台企业在创造网络效应、吸引互补者方面的较差表现，将减弱互补者的关系黏性，使其作出接入多个平台（multi-homing）的转换决策（Wang & Miller，2020；Srinivasan & Ventatraman，2018）。这意味着，当平台企业无法为互补者带来源自其他参与者的可获互补品时，互补者可能作出转换平台的对抗反应，这并非双边关系竞争威胁所驱动的，而是价值创造难以满足需求所引致的。综上所述，"价值导向"的竞合研究关注平台企业与互补者之间的关系互动，尽管在众多关注用户端的平台企业网络研究中，聚焦互补者关系的研究并不丰富，但也启示后续研究围绕互补关系的有效管理展开深入研究。

2. "创新导向"的竞合

"创新导向"的竞合是将竞合关系与突破性创新相结合，主张新创企业所打造的具有突破性创新特质的新平台形成对在位企业平台的破坏威胁，使得新创企业面对难以寻求在位企业合作支持的竞合张力（Ansari et al.，2016）。对这一类竞合关系的讨论，则立足网络外部，聚焦以平台为边界的企业间竞合。

"创新导向"的竞合将竞合的层次提升到平台层面，主张竞争的焦点不再是企业间的对抗，而是平台间的竞争。新创企业所打造的新平台对在位企业的既有平台造成威胁，这一方面引起学者们关注在位企业反应，如在位企业如何利用既有的用户基础（Eisenmann et al.，2011；Sheremata，2004）、既有的商业模式保持平台的竞争优势（Kumaraswamy et al.，2018；Ozalp et al.，2016）；另一方面，部分学者则对新创平台企业如何与在位企业竞争，甚至如何向其所颠覆的在位企业寻求合作给予了重点关注（Ansari et al.，2016）。从突破性创新解释竞合关系的形成与演化，学者们倡导围绕平台的突破性创新探讨新创平台企业与在位企业之间的竞合博弈（Eisenmann et al.，2011），主张新创平台企业可以通过适宜的战略选择减缓在位企业的威胁感知，如采用弱化自身威胁的缓和策略（Ansari et al.，2016），增强在位企业的合作意愿。更进一步，新创平台企业与在位企业之间的竞合博弈，会对互补者接入新平台的决策产生影响。具有合作倾向的在位企业会对互补者产生示范效应，增强新平台对互补者的吸引力。如在关于 Tivo 的研究案例中，Tivo 得到了传统电视节目运营商的支持，因而有越来越多的广告商愿意接入 Tivo 平台（Ansari et al.，2016）；同时，互补者接入新平台的意愿与程度，也会对在位企业作出合作反应产生影响，如在有关 Salesforce 系统的研究案例中，Salesforce 系统中有越来越多的中小企业愿意使用其软件平台，并基于此开发了子系统，这使得传统的软件商也考虑与 Salesforce 的合作（Snihur et al.，2018）。然而，大多数关于"创新导向"的竞合研究仍聚焦于新创平台企业与在位企业双边关系中，并未拓展至网络层面以关注多主体间的竞合互动，这使得我们很难深入解析不同关系间的交互关联性对竞合互动的影响。

综上，对于在互联网浪潮中快速崛起的新创企业来说，网络是其进行资源整合、实施价值共创的工具，而网络工具的使用要由新创企业的商业模式设计来作出总体规划。这意味着，网络在创业过程中不断演化的动态过程，是由新创企业商业模式设计所推动的。例如，新创企业初始网络的建构源于创业团队针对商业概念的解读，确立初始的用于调用资源的网络架构。在此基础上，创业团队在与网络伙伴的资源交换中施以试错、调整的创业行动，推动创业网络向商业模式网络、生态网络演化。例如，Facebook利用选课产品确立以大学生为主体的初始网络后，不断试错其交友的商业概念，衍生出适用于各个年龄层的社交网络；进而通过引入第三方 App，与搜索引擎、通信、视频等领域伙伴合作，开放其网络架构从而形成生态网络。同样在试错与调整的创业行动推动下，Uber 实现由出租车平台网络向私家车网络转型，Airbnb 则由匹配室友的人际网络转向匹配房源与租房者的平台网络。新创企业仅仅利用网络理论聚焦于创业网络本身的特征与功能是不够的，需要整合战略管理理论和创业理论，探究创业情境下的设计思维和行为要素如何融入创业网络嵌入结构形成与演化的过程，有助于深入解释创业网络如何被设计出来用以驱动新创企业成长。

1.3 平台生态情境下创业研究的新问题

尽管互联网与数字化带来了创业活动的蓬勃发展，但由于创业网络建构与利用有效性的差异使得新创企业呈现出两极分化：一类新创企业借助互联网带来的契机以及信息技术所蕴含的工具，快速建构有利于新创企业成长的创业网络从而实现极速扩张；另一类新创企业未能捕捉互联网情境下成长的主导逻辑，难以快速建立创业网络以满足成长背后的资源扩张需求，短暂辉煌后甚至尚未实现成长即走向灭亡。因此，识别互联网、平台情境下新创企业成长背后的动因与逻辑显得尤为重要，这需要深刻揭示创业网络的新特征与新功能，及其作用于新创企业成长的内在机理。在这一研究情境下课题组利用数字创业网络数据库，着重探讨以下研究问题。

第一，平台生态中的创业者如何实施创新型创业活动？手机操作系统平台上的 App 开发商是为此类平台生态提供互补品的创业者，他们的创新型创业活动是指其不断推进产品的迭代创新，表现为开发商在特定时间范围内更新软件的频次、内容等特征。在数字化的平台生态中，创业者的创业活动更多地表现为数字产品的迭代升级，因而我们通过创业者更新软件来衡量其创业活动。每一次更新蕴含着创业者通过为产品增加功能而进入多个类别领域，推出梯度化的应用内购买产品价格组合，为多类型用户提供交流互动的空间，抑或对软件功能的小幅修补。我们通过对更新内容与轨迹的分析识别出创业者推动创新的过程，从而回答平台生态中的创业者如何开展创新，以及创新会对创业者带来怎样的影响。

第二，平台生态中创业者的商业模式具有什么样的创新特征？商业模式是创业者实现从创业构想、商业概念到创业绩效的重要手段，也是刻画新创企业"成本—价值"系统化体系的关键架构。依托平台生态系统，特别是本数据库所关注的手机操作系统平台上的数字创业者，其商业模式可以从多产品组合、多类别组合、多平台组合等角度展开研究；而聚焦数字创业者投放在平台上的单一互补品而言，则可以从盈利模式（免费增值还是付费下载）、内嵌产品（是否有应用内购买及其购买结构）等角度展开研究。尽管我们尚未能沿用已有的系列研究（Amit & Zott，2001；Zott & Amit，2007）对数字创业者的商业模式在效率和新颖的价值属性维度进行刻画，但围绕上述方面的测量仍能够使我们在平台生态情境下对数字创业者的商业模式研究进行有益的尝试。

第三，平台生态中的创业者如何建立与平台的关系联结？将产品投放在平台生态中的创业者并不是孤立的行动者，他们在平台生态中形成两种关系联结。一种是平台联结，它意指互补品开发商与平台之间的联结，通过开发商使用平台所提供模块的数量来测量。另一种是互补联结，意指不同的互补品开发商之间的联结，通过一种互补品需要调用其他互补品（以使自身功能得到更好发挥）的数量来测量。这两种关系联结展现出了平台生态中多样化参与者之间的网络关系，这既包含所有者—参与者之间的二元关系，也包含参与者之间的细分关系。基于此，哪些因素会影响创业者建立哪种类型的联结，以及不同类型联结会带来何种结果，是最能够展现平台情境下网络特征的问题，而对这些问题的回答需要对平台生态模块化网络及其结构特征的深入挖掘。

第四，创业者是否以及为什么在多平台之间建立跨平台的网络联结？同时接入多个平台的多栖战略越来越被平台情境下数字创业者所关注，而成为平台市场竞争的普遍现象（Cennamo et al.，2018）。这些数字创业者在作出多栖战略决策时面临着两难的选择：一方面，创业者借助接入多个平台能够拓展市场范围，因而将其作为连接更多用户的重要战略选择；另一方面，创业者也面临着接入多个平台的产品开发成本，原因在于不同平台架构、技术标准与接口的不同，使得创业者为不同平台设计定制化产品时不得不承受技术成本。基于这些现象观察与学术判断，课题组围绕平台上创业者是否以及为什么作出跨平台布局，这种跨平台布局是否经由在多平台间建立联结而对创业绩效产生影响，什么样的创业者更可能在跨平台间建立联结等问题进行深入探讨。

第五，创业者如何塑造平台生态中的网络效应？平台是典型的双边市场，因而网络效应是平台的基石，其包含同边网络效应，即随着单边用户数量越来越多，单位用户增加的边际成本降低；也包含跨边网络效应，即一边用户数量增加，会使得另一边用户所获价值增加。这种网络效应是专指平台企业而言，而平台上的创业者如何塑造并撬动自身在平台生态中的网络效应，是我们关注的重点问题。课题组在本数据库中通过两种方式测量创业者依托平台所创造的网络效应：一是通过单边用户数量，如某个 App 在某个类别市场或国家市场，乃至全球市场的下载量，衡量同边网络效应；二是通过 App 开发游戏中心（游戏类 App）等衡量创业者所建构的"平台中的平台"，以刻画跨边网络效应。

1.4　研究框架与研究内容

1. 研究框架

本书以国家自然科学基金重点项目团队所建构的数字创业网络数据库为基础，将 iOS 和 Android 两大操作系统上的移动应用作为分析单元，具体相关数据取自苹果商店和谷歌商店所发布的移动应用，形成具有动态跟踪特征的数字创业网络数据库。移动平台的两大操作系统，即 iOS 与 Android 系统，几乎占据全球移动市场，数字创业网络数据库所采集的数据覆盖 60 个国家和地区，累计包括 21 万个 App，观测记录超过 5 亿条。数据库分别从数字创业者的技术创新、商业模式设计、广告平台与广告网络、竞争与合作行动、SDK 模块连接等方面开展特征描述。基于这一数据库，本书的整体研究框架如图 1 - 1 所示。

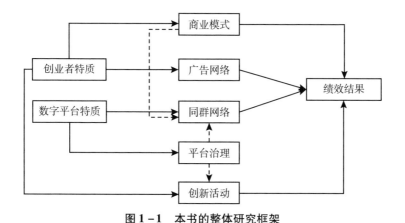

图 1-1 本书的整体研究框架

注：虚线表示下一步研究工作。

2. 研究内容

（1）平台情境下数字创业者的创新活动是否带来高绩效？

依托数字平台而实施创业的创业者，需要在考量平台另一端用户需求的情况下不断地进行产品更新、版本升级、补丁修补等创新活动，用创新联结自身作为互补者与平台另一端用户之间的关系。这就构成了平台情境下联结双边用户的创业网络，而这种创业网络之于数字创业者而言是其以平台为媒介所建构的双边市场网络。从这个意义上说，创业者需要不断进行产品更新从而吸引用户，然而创新同样需要资源的投入，这意味着创新成本的付出。平台情境下数字创业者的创新活动是否会带来创业者的高绩效？本书将对此进行深入讨论，通过刻画数字创业者实施不同类型创新活动的情况，揭示创新活动影响数字创业者绩效的作用规律。

（2）数字创业者商业模式涉及如何助力其提升业绩水平？

尽管本书所依托的数据库没有形成对平台上数字创业者商业模式创新程度的编码测量，但大量的创业实践与数据观察显示，依托平台生态而成长的数字创业者商业模式创新可能表现在，所开发产品的特色定位、收益模式设计、应用内购买结构等多个方面。本书着重探讨在数字平台情境下，探索表现为免费增值或付费模式、多版本产品组合、多层级应用内购买等数字创业者新型商业模式创新，如何影响数字创业者的绩效结果，以及基于平台的网络建构（如用户网络、技术网络等），以期回应平台情境下商业模式创新诱发创业网络建构的理论问题。

（3）数字创业者如何建构广告网络以提升绩效水平？

广告是数字创业者的重要收入来源之一，因而广告策略是其商业模式的重要构成。立足数字平台的独特情境，创业者往往需要借助广告平台联结广告投放者和广告载体，前者为创业者提供收入来源，后者为创业者提供拓展市场的机会。这里的广告平台不同于数字创业者所依托的平台生态，广告平台为数字创业者提供了联结多样化互补者的机会因而成为其广告网络构成的关键枢纽。基于上述实践现象的认知，本书着重探讨数字创业者如何建构广告网络，并基于广告网络的结构与内容特征，揭示创业者利用什么样的广告网络更能够提升自身的绩效水平。

（4）数字创业者如何建构同群网络并利用同群效应提升绩效？

创业网络本质上是一种合作关系，这在数字平台生态情境下体现得更为突出，但由于平台生态中蕴含多样化的参与者，因而平台生态中多主体价值共创的合作逻辑，与以往创业网络研究关注"一对一"合作关系或单条关系联结的分析思路存在差异。深入到数字平台情境下，数字创业者与平台主以及其他互补者之间的关系复杂而有趣，从价值共创角度来看多主体共同创造价值体现"合"的内涵，而从价值分割角度来看多主体又在自身收益上进行博弈体现"竞"的内涵。基于上述学术判断，本书通过刻画数字平台上数字创业者经由与其他互补者共享技术模块所形成的技术同群网络，利用空间计量模型和机器学习方法勾勒出同群网络基本样貌与结构特征基础上，进一步分析数字创业者在网络中的位势，探索创业者网络位势对其调用同群伙伴共创价值的影响作用机制。

第2章 数字创业网络数据库

数字创业网络数据库是以移动操作系统平台为研究对象，采用数据爬虫、算法识别、数据清洗等设计与方法建构的动态跟踪数据库。该数据库以依附于数字平台的 App 开发商为研究对象中最重要的研究主体，以 iOS 和 Android 操作系统上 App 为分析单元，通过爬取 App Store 和 Google Play 自 2019 年 1 月 1 日至 2022 年 3 月 31 日共计 39 个月 1185 天的数据，建构了数字创业网络数据库。由于 iOS 与 Android 两大操作系统覆盖世界上绝大多数国家，因此该数据库包含 60 个国家累计 21 万个 App 数据。数据内容涉及 App 开发商所开展的技术创新、设计的商业模式、联结的广告平台与广告商、竞争行动与合作方面数据、SDK 模块数据等，共包含超过 5 亿条观测记录。

2.1 理论模型与基本架构

创业网络如何促进新创企业生成和成长，是创业研究领域的经典话题。但在平台情境下，创业网络与新创企业成长之间的作用关系独特、复杂而有趣，新兴实践给已有理论带来了重要挑战和机遇，这主要源自创业活动本身发生的重要变化。概括起来，有关创业网络研究的大多数以机会为主线，注重挖掘基于社会属性的网络关系如何为机会识别和开发活动提供信息、资源、声誉、合法性等支持的作用机理，同时进一步揭示了创业网络从人格化网络向非人格化网络的 Larson 过程机制（Larson & Starr，1993；Hoang & Antoncic，2003；Elfring & Hulsink，2003；Shane & Cable，2002；Stuart et al.，1999）。基于互联网和信息技术等诱发的连接红利和网络效应，不断涌现的新型商业模式被认为是解释新兴平台企业生成和成长的主流逻辑（Snihur et al.，2018；Ansari et al.，2016），与机会强调价值创造可能性不同，商业模式本质上是以价值创造和获取为主要逻辑的跨边界组织交易关系（Amit & Zott，2001），因此创业者在创业之初就注重聚焦于商业模式实施来布局其网络关系，同时因商业模式天生的经济属性，这一网络关系不再拘泥于社会属性关系的聚合，而是社会属性（如个人网络）与经济属性（如交易关系）相融合的混合网络（Williamson，1992），一旦布局成功，就会呈现为快速的非线性成长，产生强劲的颠覆效应（Christensen，1997）。

在平台情境下，新创企业以商业模式创新而非机会为起点来布局创业网络，这一事实挑战了经典创业网络研究的基本假设，这至少表现在四个方面。

第一，新创企业的网络布局不再局限于资源获取，而是具有更强的主动性和战略性。联结多边市场的平台企业通过与来自不同行业的伙伴建立网络关系，不断向不同领域延伸拓展，形成涉足多领域的多元化战略布局。伙伴之于新创企业的作用不再拘泥于资源提供者，而是新创企业战略版图中的棋子，使其成为创造顾客价值的合作者。

第二，新创企业不再以网络伙伴的地位和资源含量为主要的筛选标准，而是以伙伴与新创企业所形成的互补类型作为判断依据（Jacobides，et al.，2018）。在传统的工业化背景下，新创企业倾向于与拥有丰富资源的高地位主体建立关系，从而获得有价值的资源（Baum et al.，2000）。而在互联网背景下，以平台方式成长的新创企业更倾向于寻找能够与自身在价值活动上形成多种互补类型的伙伴，目的在于双方共同实施价值活动，甚至允许顾客直接从伙伴手中获取价值，而非传统方式中整合伙伴资源再由新创企业向顾客传递价值（Hagiu & Wright，2015）。

第三，以往的创业网络更关注通过紧密的网络关系促进资源的传递与共享,而新创平台企业则侧重与伙伴建立松散的联结,在治理成本最优化的条件下编排优质资源。传统的网络理论指出表征为频繁互动、紧密关系的强联结能够提供丰富的资源与情感支持(Jack,2010),但在互联网背景下,双边市场驱动的平台企业的创业网络呈几何式增长,新创企业难以承受大规模强联结网络所需要的高治理成本,代之以松散的网络联结提高网络治理效率。

第四,相比传统的创业网络逐步建构过程,新创平台企业需要以更快的速度选择、接入网络伙伴,避免使其最初吸引的网络伙伴因网络形成的迟缓而脱离网络。平台企业的创业网络需要通过一方的基群规模形成对另一方的吸引,这种网络效应来自新创企业能够快速联结网络伙伴并形成关系黏性,激发并维持网络效应(Cennamo & Santaló,2013;Cennamo,2021)。由此可见,以战略布局为导向,以快速、松散的方式建立蕴含多种类型价值活动互补的创业网络,是新创平台企业依托网络实现高速成长的独特路径,非常值得关注。

事实上,近期研究已经开始关注到这一变化,尽管研究相对零散但结论具有较强的启发性,构成本课题组开展数据库设计的重要基础。目前,主流学者认同平台不仅成为新的网络组织形式,更是新创企业布局战略版图、推进创业活动的重要手段(Srinivasan & Venkatraman,2018)。具体而言,创业网络是平台企业借以进行战略布局,实施并检验商业模式的工具,挑战的是平台企业快速而高效地进行多主体间资源编排的能力,以及调配多个价值模块共创价值的能力,而不再是获取资源后的自我整合能力。这一判断得到战略研究领域关于平台战略的观点支撑,例如,麦金泰尔和斯里尼瓦桑(Mcintyre & Srinivasan,2017)关于网络、平台与战略的理论性研究显示,基于战略管理视角对平台的研究聚焦于平台发起者如何影响网络伙伴接入网络的时机策略(Suarez et al.,2015;Chintakananda & McIntyre,2016;Fuentelsaz et al.,2015)、如何抵御在位企业的竞争威胁(Eisenmann et al.,2011;Schilling,2002;Sheremata,2004),以及如何利用平台所建构的网络获取竞争优势(Eisenmann,2006;Kapoor & Lee,2013)。这些研究成果论证了平台与网络、战略的相关性，但由于当前战略管理视角下的平台研究过分拘泥于对用户端的关注，而缺乏对如何管理基于平台开展创业活动的互补者的研究，因而不能很好地解释新创平台企业如何利用创业网络实现战略布局从而推动成长的过程机制。

基于这一现实难题和理论挑战，课题组从以下几个方面入手设计数据库的理论模型。

第一，创业网络从形成到演化是与新创企业成长相伴相随的共演化过程，其中包含着新创企业通过试错、学习从无到有地建构创业网络的过程，也包含着根据环境变化与商业模式调整所诱发的创业网络演变过程。在平台情境下，创业网络形成的周期缩短，演化更为频繁而快速（Smith et al.，2017），捕捉新创企业如何通过创业学习、试错调整等行动推动创业网络的快速形成与演化，将有助于挖掘新创企业成长过程中创业网络的动态性及其影响新创企业成长的作用机制。因此，课题组围绕依托移动操作系统平台创业的 App 开发商进行产品迭代更新的行为为研究现象，捕捉他们在不断创新过程中的学习效应与试错行动。

第二，创业网络以关系为基本的分析单元，但不应仅关注关系内一方主体的行动，而更要关注关系双方的互动。这种互动表现在行动者双方围绕网络行为的博弈，以及由此引发的资源在行动者之间的来回往复（Hoang & Yi，2015）。同时，互动是过程推进的动力，探究新创企业在与网络伙伴的关系互动中进行资源编排与竞合动态，有助于丰富对创业网络形成与演化过程的理论解释。因此，课题组重点围绕平台情境下的网络效应与主体间关系展开数据库设计，一方面利用 App 开发商借助平台联结不同边参与主体的规模情况来刻画单边网络效应与跨边网络效应，另一方面利用开发商在平台上开发子平台以衡量平台架构中嵌入性网络特征。

第三，创业网络从形成到演化还是网络正规化的过程，折射出新创企业对网络中关系的管理模式。交易成本理论主张以契约的方式进行交易管理（Williamson，1993），社会网络理论主张以信任的方式维系交易关系（Uzzi，1997），而从嵌入的角度解析创业网络的管理则聚焦于上述两种方式的中间路线，融合经济理性和社会理性的混合治理（Hite，2005）。在平台情境下，新创企业的创业网络正规化并非交易成本的契约管理，也不是社会网络理论的信任管理，管理方式的选择不仅与网络伙伴的类型与关系性质，而且与新创企业利用创业网络的战略布局有关。因此，课题组围绕平台治理展开数据库设计，着重识别平台企业如何设计治理规则从而激励与约束并举地管理与平台参与者之间的关系，同时剖析平台治理规则对参与者行动反应的影响。

2.2 数据库建设过程

蕴含多主体互动的平台生态系统为本课题提供了很好的研究样本。通过文献检索，课题组发现已有对平台生态系统感兴趣的学者开始以其为对象采集数据，包括 App 详细信息与 App Store 排行、推荐应用、推荐素材，App 下载与收入，活跃用户，广告平台绩效，用户画像等平台生态系统中多主体的数据，同时已经有国际管理学研究学者围绕数字平台 App 的数据在国际顶级刊物上发表了论文，基于移动平台 App 的相关研究开始频繁出现在前沿领域。

为此，课题组联系了世界领先的开发 iOS 和 Android 平台上商业数据的 App Annie 数据公司，围绕课题研究设计，联合开发专有数据，包括 App 详情/排行和推荐、评级/评价与 ASO Ranks 等数据，整合了学术研究过程中可能用到的大部分基础数据。同时，双方还共同爬取与开发市场尚无或获取难度较大的下载和收入、活跃用户、安装相关指标等特色研究数据，为进一步的研究拓展奠定了坚实的基础。

首先，课题组进行了数据库整体设计，从苹果和谷歌作为生态系统所有者的整体性视角、商业生态系统中 App 开发商视角、平台上 App 视角三个层面建立数据库结构。生态系统层面涉及商业生态系统的价值活动内容、模块化结构、参与者规模、生态系统治理规则等内容；开发商层面涉及企业开发 App 投放哪个平台的战略决策、App 产品开发组合的产品策略、海外投放 App 的国际化战略等内容；App 层面涉及 App 详情/排行和推荐、商店评级与用户评价、用户下载安装使用情况等内容。

其次，基于上述数据库整体设计，课题组利用 App Annie 数据公司提供的数据接口，爬取了 App Store 和 Google Play 自 2019 年 1 月 1 日至 2022 年 3 月 31 日共计 39 个月 1185 天的数据。数据库共包含 60 个国家累计约 21 万个 App 数据，超过 5 亿条观测记录。由于 App Annie 数据公司仅提供了单个 App 的详情展示而非结构化数据，课题组需要逐个进行 App 数据下载、爬取与清理，耗时超过 6 个月时间。

最后，遵循上述数据库整体设计安排，我们对数据进行下载、整理和编码。由于 App Annie 公司所提供的数据接口（10 个账号）是针对单一 App 的信息查询，而不是一个类别 App 或一个国家 App 的整体下载，因此我们采用手动下载的方式，逐一将 App 相关信息进行下载。同时由于该公司数据服务器在美国，单次数据下载仅能实现以 20 个 App 为单元，因而我们为数据下载投入了大量的时间。经过 4 个月的时间，我们完成了全球 60 个国家游戏市场排名前 1000 的 App 数据下载。后续又针对教育、医疗、工具、社交四类 App 进行了与游戏类 App 相同数据结构的下载。

数据结构主要包括：一是每一个 App 的基本特征，包括软件包大小、上架时间、所属类别、是否有应用内购买、免费还是付费等，这些特征不随时间变化，因而构成了 App 的特征数据组合。二是每一个 App 的动态变化特征，包括每日下载量、收入水平、下载/收入排名、用户评分、用户评论数量、月活用户数、装机率、打开率等，这些特征以天为单位形成动态变化。三是每一个 App 进行更新的事件，包括更新的版本号、更新内容、更新大小、更新时间等；App 所使用 SDK 情况，包括使用 SDK 的数量与类型，每一种 SDK 安装和卸载的时间，SDK 的提供方等；App 接受其他 App 投放广告的情况，以及 App 在其他 App 上做广告的情况。这些构成了特色 App 数据。

2.3 基于数据库的系列研究

利用数字创业网络数据库,课题组开展了系列研究,主要围绕以下五个方面展开。

第一项研究关注操作系统平台上,创业者进行软件更新的技术创新活动是否会对创业者绩效产生影响。利用课题组编码的数据库中关于软件技术创新的数据,我们识别出 App 开发商作为数字创业者开展的整体性创新(版本号首位更新)与创业者绩效的关系呈现倒 U 型曲线关系。这意味着,较高程度的技术更新会在初期带来绩效的提升,但较多的更新会给用户带来反感,因为这蕴含着对用户硬件设备的更高要求。进一步地,课题组利用 60 个国家的跨文化指标作为调节变量,分析得出在不确定性程度、长期导向还是短期导向等方面具有不同文化特质的环境中,App 数字创业者进行软件技术更新对其绩效的影响存在差异。

第二项研究在第一项研究基础上,进一步挖掘 App 数字创业者在进行软件技术更新时,其对平台技术架构模块的调用程度如何,这有助于识别数字创业者与平台的网络连接程度。平台连接性是平台情境下彰显网络结构的重要特征,其是指平台上参与者与平台建立网络联结的紧密程度。App 设计使用时在多大范围内调用了平台的技术架构模块,调用的模块越多说明 App 与平台的连接程度越高。利用这一网络特征指标,课题组一方面考察了 App 数字创业者塑造的平台连接性是否影响其基于平台的创业绩效,另一方面分析了数字创业者设计 App 时调用平台连接性的程度是否对 App 更新的绩效作用产生调节影响。

第三项研究则聚焦平台情境下的广告网络,着重识别 App 数字创业者如何利用广告平台对接广告主承接广告,抑或对接广告载体以投放广告,从而建构广告网络以形成围绕广告的收入模式和营销模式。围绕广告网络,首先,课题组建构了对 App 数字创业者依托操作系统平台,进而联结广告平台以建构广告网络的多平台网络嵌入特征进行分析，通过对广告网络的类型进行细分，揭示广告网络影响基于平台的创业绩效的作用机理。其次，课题组在第一项研究基础上，着重分析了数字创业者设计 App 时利用广告网络建立的收入模式与营销努力是否对 App 软件更新的绩效作用产生调节影响。

第四项研究聚焦于手机操作系统生态的治理规则对生态系统参与者创新行为及其绩效的影响。对于操作系统生态治理规则的测量主要体现在两个方面：一是 Android 操作系统因其开放性与复杂性特征，其被已有研究普遍认可采用了分散化治理机制，而 iOS 操作系统因其封闭性特征，则被认为采用了集中化治理机制；二是两大操作系统发布的治理规则，如 Android 在 2021 年 2 月发布隐私沙盒规则，iOS 也于 2021 年 4 月推出 ATT 框架，即隐私采集许可新政。基于此，该项研究重点挖掘商业生态系统所有者颁布的治理规则（如隐私政策）是否会影响 App 开发商接受这一规则而进行软件更新，从而将这一规则纳入 App 技术框架中；研究进一步挖掘，当生态系统采用集中化或分散化治理机制时，上述影响作用是否发生变化。

第五项研究聚焦于生态系统所有者与参与者之间的竞争互动。该研究主要围绕生态系统所有者进入 App 开发商所在业务领域所带来的进入威胁，是否会影响开发商的技术创新行为与绩效结果。利用课题组建构的数据库中的 App 数据，我们识别出了生态系统所有者根据 App 排名，投放业绩优异的 App 产品的市场进入事件。同时，我们也识别出了 App 开发商发布新版本的数量用以测量创新投入的努力。研究发现，当生态系统所有者进入 App 开发商所在产品领域时，后者会调整技术创新的方向与努力程度，表现在开发商会减少受到所有者冲击的产品创新，但他们同时会转向在未受影响的、新的 App 上寻求创新。进一步地，课题组还采用实物期权模型围绕生态系统所有者与参与者间的竞合互动与决策进行建模分析，用以揭示平台参与者针对所有者行动作出反应的决策诱因。

第3章 依托平台的创业者创新活动差异及其绩效表现

平台对于创业者而言意味着什么？创业者开启创业活动的前端机会与信息源泉（Eckhardt et al.，2018），还是创业过程机会利用所需的资源网络、模块网络（Srinivasan & Ventatranan，2018）？已有研究围绕平台之于创业的作用，形成平台"激发创业"与"阻碍创业"两类观点。从平台激发创业的角度来看，平台开放性与风险性彰显出平台促进创业的作用。一方面，平台企业的开放性通过对外提供边界资源得以体现，也以此塑造创业机会的密度与范畴（Nambisan，2017），创业者也正是基于平台企业所提供的边界资源以及由此定义的商业模式开发创业机会；另一方面，基于平台的新创企业利用平台更快速高效地接入本地甚至全球市场，这将极大地降低市场进入的成本与风险（Nambisan et al.，2018）。以融资、众筹、众包为例，正是平台所蕴含的多主体互动使得新创企业风险共担成为可能。

从平台阻碍创业的角度来看，同样是平台的开放性，加之权力不平等形成对创业过程的阻碍。一方面，平台企业总是有选择地对外开放，这就使得平台创业者的产品创新和商业模式在很大程度被形容为"在黑暗中行走"（Eckhardt et al.，2018）；另一方面，创业者能够选择的平台毕竟有限，这就导致创业者必将面临极为不对等的权力差距，而这一差距将通过不同方式增加基于平台创业的风险。例如，隔离创业者与最终用户，平台进入创业者的业务领域以及对创业者的并购威胁等（Cutolo & Kenney，2020），这都将极大地阻碍基于平台创业机会的发展。

在上述依托平台的创业研究基础上，本章重点聚焦依托数字化平台的创业者实施创新活动的情况，特别围绕不同情境下数字创业者创新活动的差异及其产生的诱因、造成的结果等展开深入研究，以期形成对依托平台的数字创业者创新活动规律的识别与提炼。

3.1 依托平台的数字创业者创新活动总体状况

软件更新是不同操作系统平台上的创业者开展创新活动的集中表现，而这些创业者对于平台而言，是操作系统之上数字化产品的开发者和提供者，简称数字创业者。课题组选择游戏类 App 作为数字创业者创新活动研究的主要对象，原因在于游戏类 App 的更新事件更为频发，游戏版本更新是其不断完善产品品质，维持对用户吸引力的重要途径，同时也是这些数字创业者持续刺激市场，以获得盈利的必要手段。这种创新活动包括更新迭代次数、更新性质和内容、更新时机，以及不同系统平台上的更新间隔，这都体现出数字创业者精心设计的市场策略，会对这些 App 的市场绩效产生显著影响。

3.1.1 数字创业者创新活动特征及其国家间差异

根据全球范围 60 个国家在其市场上公开发行的手机游戏 App 数据，选择在 2019 年 1 月 1 日至 2022 年 3 月 31 日共 39 个月期间，各国市场上下载量或者收入排名前 1000 的手机游戏应用，合并去重后构成研究样本。样本统计结果如图 3 - 1 所示，基于 iOS 平台的手机游戏累计 85335 款，基于 Android平台的手机游戏共有 95360 款。基于 iOS 平台的游戏应用，版本更新平均发生 8.306 次，有 81.63% 的游戏应用在上述研究期间更新迭代次数在 2 次及以上，有 35.25% 的游戏应用更新迭代次数超过平均值，单个 App 更新频率最高达 70 次，最少更新频率为 1 次。基于 Android 平台的游戏应用，版本更新平均发生 10.074 次,有 88.52% 的游戏应用在上述研究期间更新迭代次数在 2 次及以上,有 35.73% 的游戏应用更新迭代次数超过平均值,单个 App 更新频率最高达 85 次,最少更新频率为 1 次。

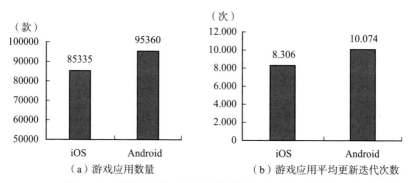

图 3-1　两类平台上手机游戏数量及更新迭代次数对比

注:两类平台手机游戏更新迭代次数统计包括主版本号、次版本号和补丁版本号更新在内。

1. 数字创业者创新活动在不同文化背景下的差异

尽管已有研究大多认可互联网平台、数字平台、平台生态的相关实践,跨越了国家边界,减弱了国家间差异对平台上创业活动的影响,然而不同文化背景下平台用户端的消费偏好与习惯存在差异,造就了数字创业者所实施创新活动的差异。不同地域具有不同的文化背景,即地理位置不同,文化诉求不同,这在跨文化研究中是显而易见的结论,而这在手机操作系统平台的游戏领域中同样日益凸显。例如,亚洲地区的"剧本杀"游戏通常具有较高的社交性质,玩家之间的互动非常重要,"剧本杀"已经成为一种社交活动;欧美地区的"剧本杀"游戏通常更加注重剧情和故事性,玩家需要更多地投入角色中,并与其他玩家进行推理和交流。在亚洲,韩国手机游戏受到韩流文化影响,近年来以明星为原型并代言的游戏迅速占领年轻人群体;日本的二次元文化氛围浓厚,以动漫改编的玩偶育成游戏不在少数;具有悠久历史和优秀传统文化的中国,市场上以四大名著为基础改编的游戏非常频繁。上述实例表明,操作系统平台上游戏开发的数字创业者开展创新活动时，会考虑不同的地域文化、不同的国家或民族习俗的影响，而后者是否对数字创业者进行更新迭代的节奏产生影响，是值得关注的重要问题。

（1）不同国家间数字创业者产品更新的频次差异。按照各款手机游戏上市所在地域划分，比较各大洲所属国家手机游戏更新迭代次数，如图3-2所示。由图3-2可知，大洋洲国家，包括澳大利亚和新西兰，平均更新迭代次数最高，达到9.20次；非洲国家平均更新迭代次数最低，包括埃及、肯尼亚等国家在内，仅为7.83次；其余四大洲，所属国家手机游戏平均更新迭代次数为8~9次。

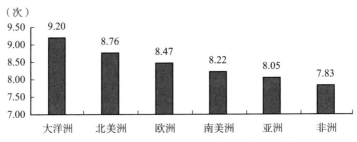

图3-2　各国所属大洲 iOS 平台手机游戏平均更新迭代次数

具体到各个国家，数字创业者产品更新的频次表现差异更加明显。更新迭代次数最高的国家是美国，手机游戏平均更新迭代次数为9.40次。更新迭代次数最低的国家为哈萨克斯坦，手机游戏平均更新迭代次数为4.09次。手机游戏平均更新迭代次数超过7次的国家有57个，占比例为95%，仅有土耳其、肯尼亚和哈萨克斯坦3个国家的手机游戏平均更新迭代次数少于7次。手机游戏平均更新迭代次数排名前十的国家分别是：美国、加拿大、澳大利亚、英国、德国、法国、新西兰、瑞士、奥地利和泰国，如图3-3所示。其中，位列前两位的国家均来自北美洲，欧洲所属国家占一半比例，大洋洲的两个国家均进入前十的排名，亚洲仅有泰国进入榜单。

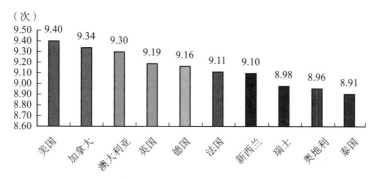

图 3 - 3 iOS 平台手机游戏平均更新迭代次数排名前十国家

（2）更新周期。更新周期是指数字创业者在多长时间范围内实施一次互补品更新。基于这一定义，我们将各大洲和各国游戏类互补品更新周期与更新迭代次数进行对比分析，围绕这两个不同角度所得到的结论形成交叉印证。

按各个国家所属大洲划分，游戏类互补品更新周期情况如图 3 - 4 所示。由图 3 - 4 可知，在大洋洲所属国家上市的游戏类互补品，其更新周期最短，平均 36.83 天更新一次。非洲国家游戏类互补品更新最慢，平均更新周期最长，需要 43.67 天更新一次。其余四大洲，所属国家类互补品游戏平均更新周期为 40 天。

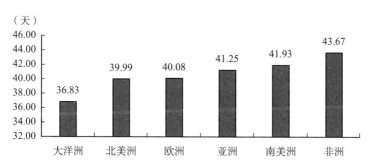

图 3 - 4 各国所属大洲 iOS 平台手机游戏平均更新周期

基于国家层面，进一步分析不同国家内游戏类互补品的更新周期情况。

手机游戏更新周期最短的国家是法国，平均更新周期为 35.71 天。更新周期最长的国家依然是哈萨克斯坦，手机游戏平均更新周期达到 72.8 天。手机游戏平均更新周期在 50 天以内的国家有 57 个，占比例为 95%，仅有土耳其、阿塞拜疆和哈萨克斯坦 3 个国家的手机游戏平均更新周期长于 50 天。手机游戏平均更新速度最快的 10 个国家分别是：法国、泰国、新西兰、加拿大、新加坡、奥地利、德国、马来西亚、韩国和日本，如图 3 - 5 所示。其中，来自亚洲的国家有 5 个，占据半壁江山，泰国排在第 2 名。此外，更新频繁的国家中，欧洲国家有 3 个，大洋洲和北美洲国家各 1 个。

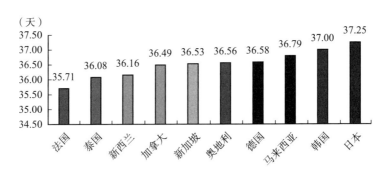

图 3 - 5　iOS 平台手机游戏平均更新周期排名前十国家

2. 数字创业者创新活动在不同经济发展水平下的差异

经济发展水平会对平台用户作为消费者的行为产生重要影响，这源于经济发展状况对用户收入水平与支付能力的影响。从消费者的角度来看，当消费者面临不良经济状况时，会控制用于娱乐消费的预算。特别是在全球遭遇疫情后经济复苏的挑战情境下，消费者的决策行为、消费行为都发生了较大的变化，针对这些消费者提供产品的数字创业者必须依靠持续更新的行动响应消费者的行为变化，制定有针对性的产品开发策略，这主要体现在互补品更新迭代次数和更新周期上。

对于经济发展水平，根据世界银行 2022 年标准，按照各国人均国民总收入将数据库所涉及的国家划分为高收入国家、中等偏上收入国家、中等偏下收入国家和低收入国家共四类。由于本数据库包含的 60 个国家中没有覆盖低收入国家，因此我们将上述分组最终确定为高收入国家、中上收入国家和中下收入国家三个组别。基于这一分组，手机移动操作系统平台上互补品的平均更新迭代次数和更新周期状况如图 3 - 6 所示。

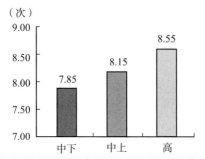
（a）不同经济发展水平下手机游戏更新迭代次数

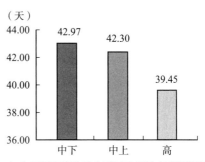
（b）不同经济发展水平下手机游戏更新周期

图 3 - 6 不同经济发展水平下 iOS 平台手机游戏平均更新迭代次数和更新周期

由图 3 - 6 可知，在经济发展水平越高的国家或地区，游戏类互补品的更新迭代次数越快。具体而言，在高经济发展水平的国家或地区，游戏类互补品的平均更新迭代次数为 8.55 次，而在中等经济发展水平的国家或地区（综合中上和中下两类），游戏类互补品的更新迭代次数为 8 次。从经济发展水平的国家分布情况可知，北美洲、欧洲、大洋洲的绝大多数国家属于高经济发展水平，而亚洲各国以中等偏上或者中等偏下的经济发展水平为主。然而，值得注意的是，亚洲地区是全球最大的游戏用户市场，占据了全球用户总数的一半以上，由于亚洲地区样本量所占比例更高，这可能对游戏类互补品更新迭代次数与互补品绩效之间的关系产生影响，有必要针对亚洲各国游戏类互补品更新的绩效影响作用进行更为深入的分析，从而为开发游戏的数字创业者的产品更新策略提供决策依据。

3. 数字创业者创新活动在不同创新环境、知识产权保护环境中的差异

（1）数字创业者创新活动在不同创新环境中的差异。创新环境所营造出的鼓励创新的氛围以及形成的支持创新的政策，都赋予身处其中的创新主体以创新的动力，而随着用以衡量创新环境成熟水平的创新指数越高，这一环境中的创新主体，尤以数字创业者为例，其进行产品更新的创新活动表现出更高的数量和更快的速度。关于创新环境，世界知识产权组织（WIPO）发布的《2022 年全球创新指数（GII）报告》从创新投入和创新产出两个方面，对全球 100 多个经济体创新生态系统表现进行综合评价，给出每个经济体的具体创新指数，我们据此分析数字创业者创新活动在不同创新环境中的差异。

我们依据不同国家或地区的创新指数对本数据库的样本进行分组。具体而言，一方面，依据 GII 指数取值将游戏类样本划分为前 20 名、20 ~ 50 名、50 名后三组；另一方面，依据 GII 指数排名将游戏类样本划分为前 20 名、20 ~ 50 名、50 名后三组。在不同创新指数水平下，手机游戏的平均更新迭代次数和更新周期状况如图 3 - 7 所示。由图 3 - 7 可知，在创新指数较高的国家或地区，创新环境往往较好，营造出了有利于创新的氛围，游戏类互补品开发商往往会积极地投入创新活动，表现出产品更新迭代次数更多，更新周期更短。GII 排前 20 名的市场上，手机游戏平均更新次数为 8.82 次，平均更新周期为 37.64 天；GII 排 20 ~ 50 名的市场，手机游戏平均更新次数为 8.32 次，平均更新周期为 40.67 天；GII 排 50 名后的市场上，手机游戏平均更新迭代次数为 7.95，平均更新周期为 43.41 天。对三组手机游戏进行比较，更新迭代次数与更新周期的变化规律，都符合已有认知。

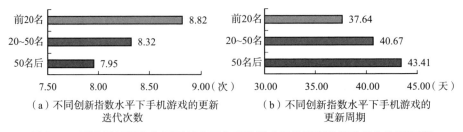

（a）不同创新指数水平下手机游戏的更新迭代次数

（b）不同创新指数水平下手机游戏的更新周期

图 3 - 7　不同创新指数水平下 iOS 平台手机游戏平均更新迭代次数和更新周期

根据上述分析，我们可以发现数字创业者所作出的产品更新类创新活动，其更新迭代次数和更新周期与产品所投放市场的创新环境有关，如图 3-8 所示。从整体上看，无论是以创新指数 GII 数值还是 GII 排名来衡量的创新环境，环境的创新程度高低与游戏类互补品更新迭代次数正相关，而与其更新周期负相关。例如，在创新环境的低水平组，包括哈萨克斯坦等国家或地区在内，游戏类互补品更新迭代次数表现最差，最低值仅为 4.09 次，更新周期最长达到 72.75 天。

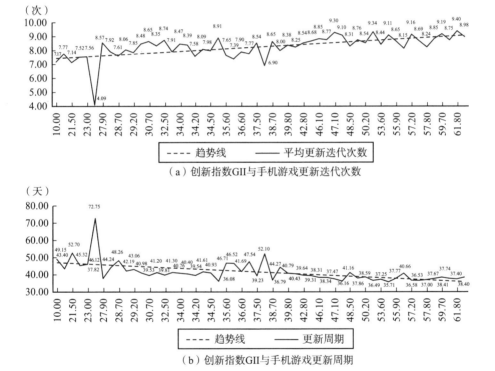

（a）创新指数GII与手机游戏更新迭代次数

（b）创新指数GII与手机游戏更新周期

图 3-8　创新指数水平与 iOS 平台手机游戏平均更新迭代次数和更新周期

上述数据结果表明，良好的市场创新环境，市场的开放性越强，对创新的包容度更高，有助于激励依托平台创业的数字创业者致力于产品升级完善和新功能的拓展。政府管理部门减税降费、简化手续和加大资金支持力度，能够为创新提供良好的政策环境，激发创新活力。鼓励社会各界为创新投入更多资源，对资源充分利用并进行整合，能够为创新提供更加丰富可靠的支持。社会对创新的认可度越高，形成尊重创新的文化氛围，能够给予创新者更多的包容和理解。开放的市场环境，使创新者能够更多更快地接触到行业前沿技术和先进管理经验，提高创新的成功率，创新者创新动力更强，使得创新活动能够创造更多社会价值。

（2）知识产权保护环境与手机游戏更新。知识产权保护作为政策与制度环境的重要构成，会对企业创新行为产生重要影响，进而影响到企业所开发产品的更新策略，及其与用户消费行为之间的关系。以本数据库中的游戏类产品为例，这一行业本质上是一类创意型行业，属于知识密集型产业，而知识产权就是创新主体获取经济利益的重要方式。良好的知识产权保护环境，能够吸引更多的资本投资和专业人才进入产业，提供行业发展所需的资金和人力支持。在有序竞争的产业环境下，游戏类产品开发商能够向市场提供更多更优秀的作品，而消费者也能够获得更高附加价值。

为了更好地衡量不同国家或地区的知识产权保护水平，我们采用国际产权指数（以下简称 IPRI），即国际产权联盟组织制定的产权指标体系。该指标体系主要用以评估全球 129 个国家和地区的产权水平，主要考虑实物产权、知识产权、法治环境三方面的因素来建构指标内容。这三个方面又包括了 10 个具体的指标，比如土地所有权、专利保护、版权保护、司法独立、政府廉洁等。这些指标都是从权威的数据来源收集和分析的，比如世界银行、世界经济论坛、联合国教科文组织等。课题组根据《国际产权指数2022 年报告》的评估结果，选择 IPRI 体系中的 IPR 指数，作为数据样本中各个国家或地区知识产权保护水平的取值。

依据 IPR 指数取值，我们将数据库中游戏类样本划分为高保护组（IPR指数≥7 分）、中高保护组（IPR 指数在 5 ~ 7 分，包含 5 分）、中低保护组（IPR 指数在 4 ~ 5 分，包含 4 分）、低保护组（IPR 指数 < 4 分）四个类别。依据 IPR 排名情况，我们将数据库中游戏类样本划分为高排名组（IPR 排名为前 20 名，包含 20 名）、中高排名组（IPR 排名为 20 ~ 50 名，包含 50

名)、中低排名组（IPR 排名为 50 ~ 100 名，包含 100 名）、低排名组（IPR 排名为 100 名以后）四个类别。本章样本数据中，游戏类产品在四个 IPR 指数组的分布情况，如图 3 – 9 所示。可见，IPR 指数在 5 ~ 7 分的中高保护组的游戏类产品数量最多，其次是 IPR 指数大于 7 分的高保护组，落在低保护组的游戏产品数量最少，不及数量最多的中高保护组的 1/10。基于上述分组，无论是知识产权指数还是知识产权排序，游戏类产品的更新迭代次数和更新周期都呈现出组间差异，如图 3 – 10 所示。

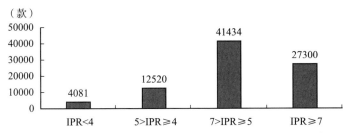

图 3 – 9　不同知识产权指数水平下 iOS 平台手机游戏分布情况

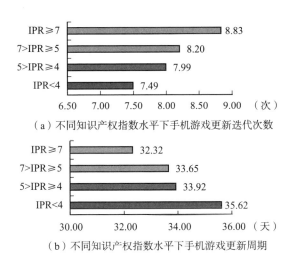

（a）不同知识产权指数水平下手机游戏更新迭代次数

（b）不同知识产权指数水平下手机游戏更新周期

图 3 – 10　不同知识产权指数水平下 iOS 平台手机游戏平均更新迭代次数和更新周期

由图 3 – 10 可知，知识产权指数值越高，意味着知识产权保护环境越有利于对产品与技术的保护，在这种情境下游戏类产品的更新迭代次数越多，更新周期越短。具体而言，在高保护组国家或地区，游戏类产品平均迭代次数为 8.83 次，平均更新周期为 32.32 天；在中高保护组国家或地区，游戏类产品平均迭代次数为 8.20 次，平均更新周期为 33.65 天；在高保护组国家或地区，游戏类产品平均更新迭代次数为 7.99 次，平均更新周期为 33.92 天；在高保护组国家或地区，游戏类产品平均更新迭代次数为 7.49 次，平均更新周期为 35.62 天。上述数据结果表明，知识产权指数与游戏类产品更新迭代次数正相关，而与更新周期负相关，如图 3 - 11 所示。在知识产权指数为 4.54 的低保护国家或地区，游戏类产品更新迭代次数最低仅为 4.09 次，平均更新周期最长为 39.68 天。

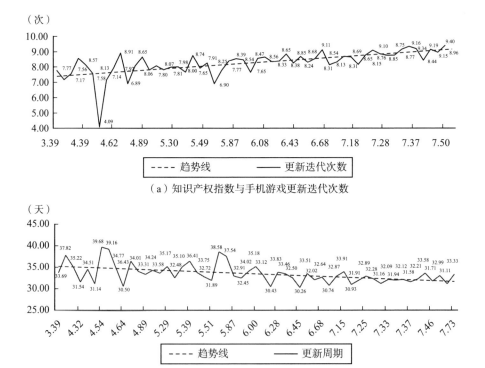

（a）知识产权指数与手机游戏更新迭代次数

（b）知识产权指数与手机游戏更新周期

图 3 - 11　知识产权指数与 iOS 平台手机游戏平均更新迭代次数和更新周期

4. Android 平台统计结果与 iOS 平台的比较

（1）不同国家间数字创业者产品的更新迭代的差异。将 60 个国家按照所属大洲进行划分，得到 Android 平台上各大洲市场上手机游戏的更新迭代次数和更新周期情况，如图 3－12 所示。与 iOS 平台上手机游戏更新状况相比较，发现存在明显的差异。其一，Android 平台上各大洲市场的手机游戏更新迭代次数普遍高于 iOS 市场，Android 平台上各州平均更新迭代次数最低值为 9.62 次，明显高于 iOS 平台各州平均更新迭代次数的最高值 9.20 次。相应地，Android 平台上手机游戏的更新周期普遍更短，各大洲指标均在 38.26 天之内。其二，Android 平台上，亚洲各国市场上的手机游戏更新迭代次数最少，更新周期最长。不同于 iOS 平台上非洲地区指标均位列最末，Android 平台上非洲地区的游戏更新迭代次数处于中间水平。究竟是市场份额最高的亚洲消费者更青睐稳定的版本策略，还是操作系统平台的因素，导致上述明显差异，需要进一步结合绩效来探讨。

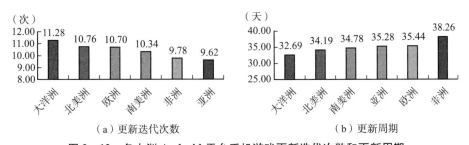

（a）更新迭代次数   （b）更新周期

图 3－12　各大洲 Android 平台手机游戏更新迭代次数和更新周期

从国家排名来看，Android 平台上手机游戏更新迭代次数高的是欧洲和北美洲国家，更新周期短的主要是欧洲和亚洲西部的国家，明显不同于 iOS 平台上手机游戏更新情况，如图 3－13 所示。这可能与各个地域不同平台的游戏消费者数量有关，例如，澳大利亚的 iOS 市场规模约是

Android 市场的两倍，iOS 系统占据市场主流，因此澳大利亚出现在 iOS 平台上手机游戏更新最快的前 10 排行中，居第 3 位；但 Android 平台上更新迭代次数前 10 国家中，没有澳大利亚。比较两平台上更新周期前 10 排名发现，东亚国家更多出现在 iOS 平台，西亚国家更多出现在 Android平台，这种现象能够通过各个国家主流操作系统平台不同这一因素来进行解释。

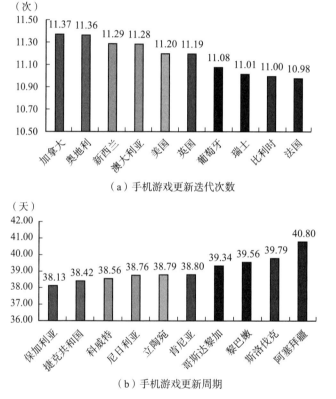

（a）手机游戏更新迭代次数

（b）手机游戏更新周期

图 3 – 13　Android 平台手机游戏更新迭代次数和更新周期排名前 10 国家

（2）不同经济发展水平下的数字创业者产品的更新迭代的差异。首先，Android 平台上经济发展水平与手机游戏更新迭代次数呈正相关关系、经济发展水平与更新周期呈负相关关系，与 iOS 在 Android 平台背景下结论一致。其次，手机游戏的更新迭代次数全面超越 iOS 平台。如图 3 - 14 所示，即使在中等偏下的经济发展水平下，Android 市场上手机更新迭代次数达到9.63 次，明显高于 iOS 平台对应高经济发展水平的最大手机游戏更新迭代次数 8.55 次。类似地，Android 平台中等偏下经济发展水平对应的游戏类产品更新周期最长，为 36.18 天，而 iOS 平台最短更新周期是高经济发展水平对应的 39.45 天，即整体上 Android 平台下游戏类产品更新比 iOS 平台的更新更快。

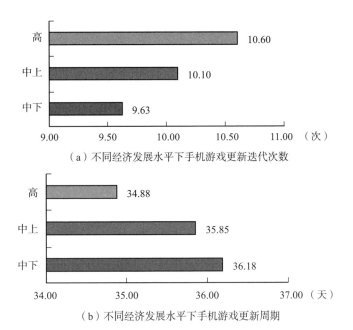

（a）不同经济发展水平下手机游戏更新迭代次数

（b）不同经济发展水平下手机游戏更新周期

图 3 - 14　不同经济发展水平下 Android 平台手机游戏平均更新迭代次数和更新周期

（3）不同创新环境和知识产权保护环境下数字创业者产品更新迭代的差异。政策制度方面，同样从创新环境和知识产权保护水平两个方面来探讨。创新指数和知识产权指数的分段依据，与 iOS 平台上的标准相同，如图 3 - 15 所示。首先，Android 平台上，创新指数 GII、知识产权指数 IPR 与手机游戏产品的更新迭代次数都呈现正相关关系，与 iOS 平台上结论一致。其次，Android 平台上市场中的手机游戏产品，其更新迭代次数普遍高于 iOS 平台，这一特征趋势显著。在各个不同创新指数水平下，Android 平台的手机游戏产品的更新迭代次数平均高出 iOS 平台 2 次。

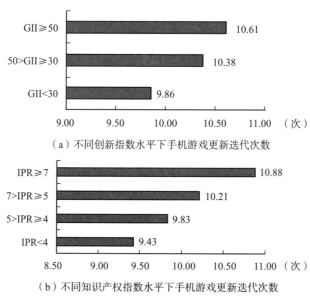

（a）不同创新指数水平下手机游戏更新迭代次数

（b）不同知识产权指数水平下手机游戏更新迭代次数

图 3 – 15　不同创新环境和知识产权保护水平下
Android 平台手机游戏平均更新迭代次数

Android 平台上，创新指数、知识产权指数与手机游戏更新迭代次数的关系，均体现为正向线性相关，如图 3 – 16 所示。在两张折线图中，表现突出的数据点在更新迭代次数对应 7.075 之处重合，即当创新指数为 57.8，知识产权指数为 6.45 水平时，Android 平台上手机游戏更新迭代次数跳跃式下降到 7 次左右。对该数据进行跟踪挖掘，代表性市场指向韩国，Android 平台上其手机游戏平均更新周期为 32.9 天。iOS 平台上，韩国手机游戏更新迭代次数为 8.24 次，更新周期为 30.3 天。在 Android 平台手机游戏更新较 iOS 平台更加频繁的普遍背景下，韩国成为其中一个特例。在韩国本土存在三星等知名手机品牌，Android 系统占据主流，市场份额超过 70%，其中三星的市场份额独占六成。韩国手机游戏开发商，作为数字创业者角色，对于更新尤其谨慎的态度，背后原因值得更加深入的探讨。

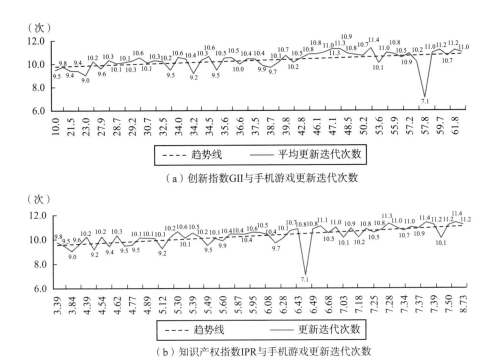

（a）创新指数 GII 与手机游戏更新迭代次数

（b）知识产权指数 IPR 与手机游戏更新迭代次数

图 3−16　创新指数、知识产权指数与 Android 平台手机游戏平均更新迭代次数

此外，Android 平台上，创新指数和知识产权指数与手机游戏产品更新周期之间，仍然都呈现较强的负相关关系。与 iOS 平台情况相比较，最大区别在于 Android 平台手机游戏产品的更新周期明显更短。

3.1.2　数字创业者创新活动的绩效影响效应

有别于独立创业者创新活动所带来的绩效结果，依托平台的数字创业者开展创新活动所产生的绩效影响，表现为对平台另一端用户的吸引，这是平台网络效应的集中反应。根据已有关于数字创业者创新绩效的相关研究，可以形成以下的学术判断：数字创业者创新活动能够促进其所开发互补品在产品性能与质量、用户体验等方面的日臻完善，提高其在市场上的合法性与利益相关者的认知，这一判断也得到了部分研究的支持。例如，陈等（Chen et al.，2021）在以游戏类平台互补品为研究样本，探讨提升数字化新产品开发绩效的研究中发现，平台互补品的更新迭代会对新产品绩效产生显著的正向影响。然而，陈等（2022）利用数字创业者更新解释用户端行为而非产品市场绩效时，却得到了不同的发现，即游戏类互补品的更新迭代升级可能与客户行为习惯形成冲突，从而引发用户短期内的负向反馈，这种负效应会因游戏类互补品在市场中的地位优势而得到缓解。前期研究在结论上的不一致表明，依托平台的数字创业者产品更新与绩效的关系作用，值得更加深入的研究探讨。同时，对特定的平台互补品，可能存在着一个最优的更新水平，设法求解该最优更新水平的取值，能够为平台互补品开发商提供有价值的决策支持。

1. 数字创业者的产品更新对用户端下载与收入的影响

平台网络效应的本质在于利用一端参与者的接入数量与对价值创造的贡献，来吸引另一端参与者对平台价值共创的参与与投入。从这个意义上来说，为平台提供产品的数字创业者作为重要的参与主体，其通过不断推动的产品更新有助于对其产品质量的完善，提升平台用户端的产品体验，增强所开发产品的市场竞争力，最终反映在更多的用户下载和来自用户的更高收入。利用本数据库数据，我们模拟了操作系统平台游戏类互补品更新与绩效的关系，如图 3 – 17 所示。关于绩效，采取用户下载量和运营收入两个指标进行衡量，同时以用户下载排名和收入排名作为参照指标，补充衡量与印证。为了减弱数据规模差距过大所产生的影响，下载量和运营收入都采用自然对数计算后作为统计基数。

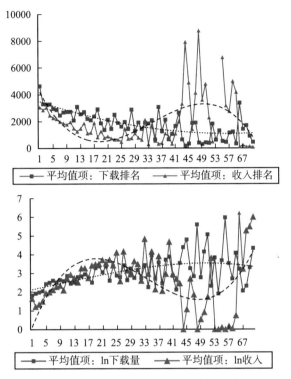

图 3 - 17　iOS 平台手机游戏更新迭代次数影响市场绩效

从游戏类互补品的下载量来看，更新迭代次数与用户下载量正相关，与用户下载排名负相关。即产品版本更新次数越多，其下载量越大，下载量排名越靠前。从游戏类互补品的运营收入来看，更新迭代次数与运营收入之间并非简单的线性关系，观察可知，二者之间可能呈现曲线关系。随着游戏类产品更新迭代次数增加，游戏类互补品的收入逐渐升高，收入排名逐渐靠前；在更新迭代次数达到 25~40 次，产品收入及其排名相对稳定，但波动幅度明显变大；当更新迭代次数继续增加达到 40 次以上后，产品收入显著下降，收入排名快速后退，且不同产品的市场表现分化更加严重。因此，游戏类互补品更新迭代次数与运营收入呈 U 型关系，与收入排名呈倒 U 型关系，最优更新迭代次数出现在 25~40 更新次数的区间内，在这一区间的互补品收入及排名均表现最好。

　　值得注意的是，平台互补品更新迭代次数在时间维度上具有累计效应。对于对平台上较早投放产品的数字创业者，他们凭借先动优势在市场上占据一席之地，逐步积累了较强的技术实力和高品质的产品，这构成了数字创业者积极投入产品更新迭代的基础。为了排除产品上市时间这一因素的干扰，我们进一步采用更新周期作为更新频繁程度的反向测度，探讨平台互补品更新对以用户端测量的市场绩效的影响，如图3-18所示。从平台互补品平均更新周期和市场绩效的散点图可知，无论是用户下载量还是运营收入，其与产品更新周期都表现为负相关关系，相对来说收入与产品更新周期的负相关性更强。同时，从产品更新周期与排名的正相关性来看，产品更新周期越长则其排名越靠后，更新越频繁表现为周期越短则排名越靠前，且收入排名对更新周期更加敏感，进一步印证了上述结论。具体而言，当产品更新周期为200天左右，集中性地出现了一批下载量排名非常靠后的产品，表现为排名在15000名以后。而对于排名较前的产品，更新周期绝大多数在100天范围内，即至少3个月更新一次。当更新周期小于200天时，无论是下载量还是收入都随着更新周期变长而快速下降；当更新周期超过200天后，数据点呈现出均匀散布状态，产品的用户下载量和收入与更新周期的相关性不再显著。

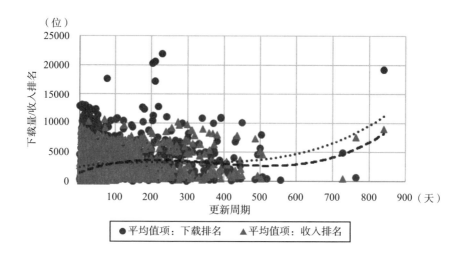

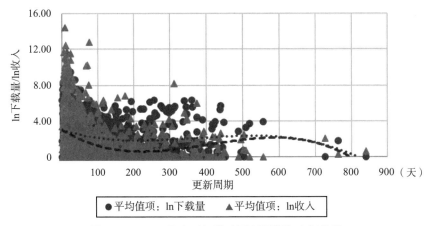

图 3 – 18　iOS 平台手机游戏更新周期与市场绩效

2. 数字创业者产品更新影响用户端绩效的滞后效应

平台生态系统是一个面向双边市场的独特结构，为平台提供产品的数字创业者所推动的产品更新迭代，于平台另一端的用户而言，是一次独立的外部事件。当更新事件发生时，市场对事件的反应存在一个窗口期。这意味着，平台用户面对其所消费产品的更新而作出的反应存在时滞，也就是说用户并不一定在产品更新当日即作出下载或者应用内购买等决策。因此，平台互补品更新后，用户下载更新后产品及其为数字创业者创造的收入可能存在一定程度的滞后效应，如图 3 – 19 所示。对比 iOS 平台游戏类互补品更新当日和更新一周后的用户下载量与运营收入，可以发现一周后下载量与收入及其排名所受到影响更加明显，幅度和趋势都大于更新当日状态。同时，游戏类互补品更新对一周后用户下载量和收入及其排名的影响，倒 U 型和 U 型关系仍然存在，且图形凹凸趋势表现更加明显，最优更新迭代次数落在 18 ~ 40 次的更宽区间。

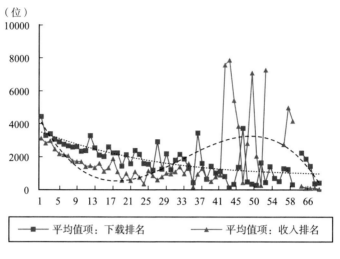

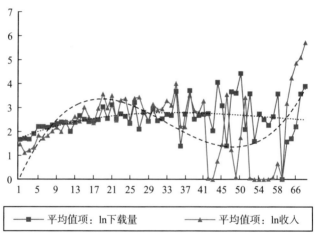

图 3 - 19　iOS 平台手机游戏更新迭代次数影响市场绩效（滞后一周）

由图 3 - 20 可知，游戏类互补品更新周期与滞后一周的用户下载量、收入之间呈正相关关系，更新周期与滞后一周的下载排名、收入排名呈负相关关系，总体趋势没有改变，但趋势线表现更加平缓，强度有所下降。其中，产品更新周期在 0 ~ 100 天，收入和下载量随着更新周期变长而迅速下降；当产品更新周期超过 100 天以后，下降的幅度明显放缓，更新周期对下载量和收入的影响明显减弱。

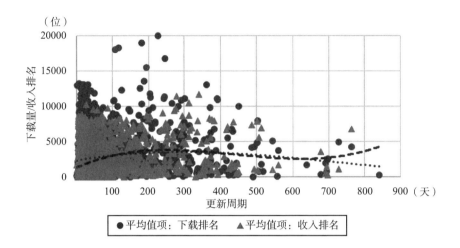

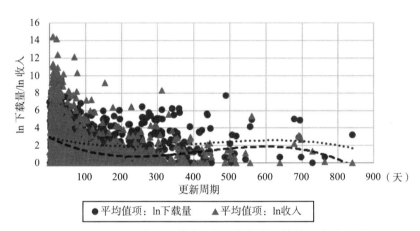

图 3 – 20 iOS 平台手机游戏更新周期与市场绩效（滞后一周）

3. Android 平台数字创业者产品更新影响用户端绩效

Android 平台手机游戏产品更新与市场绩效的关系，与 iOS 平台情况有所不同，如图 3 – 21 所示。Android 平台下数字创业者的游戏产品更新迭代次数与市场绩效之间，没有观察到明显的 U 型或倒 U 型曲线。数字创业者的手机游戏产品更新迭代次数越高，市场收入和下载量越高，对应的排名越靠前，同时波动幅度逐渐放大，体现出不同的数字创业者游戏产品在相关关系上存在着非常显著的差异。

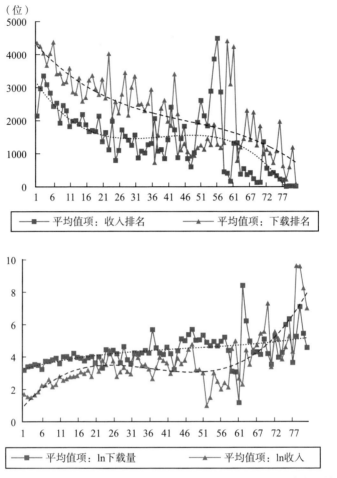

图3-21 Android平台数字创业者游戏产品更新迭代次数影响市场绩效

关于更新周期与市场绩效的关系，如图3-22所示，总体趋势与iOS平台情况相类似。当更新周期间隔很短时，即图中横坐标靠近0值的区域，存在相当多数量的排名非常靠后的手机游戏产品。这部分手机游戏产品，大多数是初入市场尚未形成气候或者市场影响力不够大，由于数字创业者期望短期内迅速完善产品，采用高频的更新迭代策略；随着这些新游戏逐步被市场认可，其下载量和收入快速增加，排名也会不断提前。

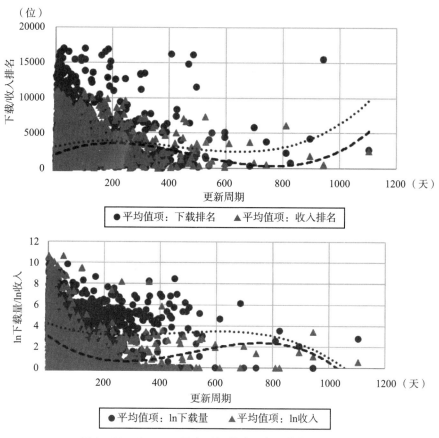

图 3 - 22　Android 平台手机游戏更新周期与市场绩效

　　关于 Android 平台手机游戏产品更新的滞后效应，分析后发现，更新迭代次数对更新当日市场绩效的影响，与对一周后市场绩效的影响，几乎具有相同趋势。因此，更新迭代次数能够在一周甚至更长的时间内对市场绩效产生持续影响，具有一定程度的滞后效应。同时观察更新周期，比较图 3 - 22 和图 3 - 23，可知更新周期对一周后市场绩效的影响明显弱化。滞后一周的市场表现，样本点广泛分散在更新周期为 0 ~ 600 天，而当日市场绩效的样本点集中在更新周期小于 100 天的区间。无论是下载量还是收入，以及下载量或收入排名，趋势线都表现得更加平缓。故此，在 Android 平台上，更新周期对市场绩效的影响没有明显的滞后效应。

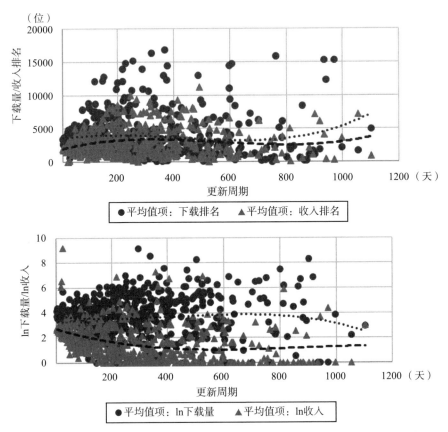

图 3–23　Android 平台手机游戏产品更新周期与市场绩效关系中的滞后效应

　　综上所述，平台互补品更新迭代次数与更新周期反映出互补品开发商的创新行为特征和产品开发策略，通过上述一系列关于平台互补品更新迭代次数影响用户端绩效的分析，得到三点结论：第一，平台互补品更新迭代次数会受到互补品开发商所在环境因素的影响，这些环境因素至少包括地域文化、经济发展水平和制度环境三个方面。第二，平台互补品更新会对用户端绩效产生影响，无论是更新迭代次数还是更新周期，两项指标与更新后互补品的用户端绩效都存在显著的相关关系，并且存在一定程度的滞后效应。第三，不同的平台生态系统中，平台互补品更新策略与用户端绩效之间的关系存在明显差异。

3.2 数字创业者更新类型的诱因与绩效作用

平台用户对数字创业者所提供产品的下载与使用，不仅会受到产品更新迭代次数与周期的影响，还会受到更新类型的影响。对于移动操作系统平台而言，数字创业者是那些开发移动应用（App）的开发者，他们对产品进行更新的类型表现为 App 版本的升级，并以 App 版本号的变化作为测量方式，该方式已被已有研究所广泛认可。具体而言，以最常用的三位版本号为例，从左往右分别为主版本号、次版本号和修订版本号，对应更新类型分别为重大更新、功能更新和修订更新三类。重大更新是指 App 产品在架构、功能或者界面上进行了重大改变，可能导致兼容性问题；功能更新是指在 App 产品中添加新功能或者改进优化时，不会影响与旧版本的兼容；修订更新则是修复游戏中的错误，也称为修订更新。基于上述测量方式，我们将深入探讨平台互补品作出什么类型的更新会对用户端绩效产生更为重要的影响，从而为平台互补品开发商提供有价值的平台产品开发策略。

3.2.1 平台互补品多类型更新的环境诱因

对于平台互补品开发商而言，每一次互补品的更新都具有明确目的，包括推出新的功能，或者增加内部购买的产品，也可能是修复产品中原来存在的问题等。开发商会根据更新目的，以及对产品本身修改程度的大小，将更新划分为不同等级，采用不同级别的版本号来进行标识。按照前述三种更新类型，我们对平台游戏类互补品更新类型及其绩效进行分类比较分析。

创业者对创新的意愿、动力以及投入水平往往与其所处环境的社会经济发展水平相关，在经济发展水平较高的地区，高市场活力、创新的氛围、较强的购买力等都会激发创业者的创新动力。然而，受到通货膨胀和全球经济复苏困难的影响，游戏类互补品出现下载量增加但收入下降的问题，这对平台上游戏类互补品开发商的更新策略产生双重推动作用。一方面作用来自经济发展水平的积极性推动，经由市场活力与创新氛围帮助数字创业者推动产品大幅度更新；另一方面作用来自经济下行导致收入减少的创新压力，数字创业者需要经由产品更新迭代扭转收入降低的状况。表3-1展示出不同经济发展水平下，游戏类互补品更新类型的分布情况。整体来看，在不同的经济发展水平下，重大更新、功能更新和修订更新三者的比例相当，重大更新所占比例最少，功能更新占比居中，修订更新所占比例最高。对于重大更新，其在高经济发展水平下的比例，低于其在中上和中下经济发展水平的比例；对于修订更新，其在高经济发展水平下的比例，高于另两类经济发展水平。可见，经济发展水平越高，手机游戏的重大更新次数会减少，修订更新的频率增加。

表3-1　　不同经济发展水平下 iOS 和 Android 平台手机游戏更新级别分布

经济发展水平 + 更新级别	iOS 平台		Android 平台	
	更新计数	百分比（%）	更新计数	百分比（%）
高经济发展水平	440533	62.33	576036	59.56
重大更新	77198	17.52	91019	15.80
功能更新	163745	37.17	173693	30.15
修订更新	199590	45.31	311324	54.05
中上经济发展水平	157689	22.31	242318	25.50
重大更新	28647	18.17	38683	15.96
功能更新	58932	37.37	71001	29.30
修订更新	70110	44.46	132634	54.74
中下经济发展水平	108564	15.36	148867	15.39
重大更新	20086	18.50	25818	17.34
功能更新	41065	37.83	43200	29.02
修订更新	47413	43.67	79849	53.64
总计	706786	100	967221	100

与经济发展水平的影响作用相似，各个经济体的政策制度环境也可能会影响平台互补品开发商在更新类型上的选择，尤其是与创新和知识产权保护有关的制度环境因素。因此，我们援引 3.1 节分析时所采用的创新指数（GII）和知识产权指数（IPR）作为衡量制度环境的指标，分析在不同的创新与知识产权保护环境下，数字创业者进行产品更新类型选择的差异。如表 3－2 所示，我们得到了较为有趣的结论，即制度环境的创新程度与知识产权保护程度，与数字创业者所作产品创新的程度都呈现负相关关系。具体而言，在创新指数和知识产权指数较低的情境下，数字创业者更可能作出重大创新；而在创新指数和知识产权指数较高的情境下，数字创业者则更倾向于作出修订更新。可能的原因在于，在知识产权保护不足，创新普遍性不强的制度环境下，创业者更倾向于通过重大更新塑造自己的竞争优势，这些创新往往涉及产品底层架构的革新，凭借这种底层技术创新作为自然屏蔽能够发挥相比知识产权保护更强的抵御竞争模仿的作用。

表 3－2　　　　iOS 平台手机游戏产品不同级别更新与制度环境因素

行标签	平均创新指数 GII	平均知识产权指数 IPR
重大更新	40.59643376	6.100171523
功能更新	40.95478157	6.137987693
修订更新	41.21173903	6.157174793
总计	41.00622211	6.139858486

仍然采用全球创新指数（GII）和国际知识产权指数（IPR）作为衡量指标，对 Android 平台下制度环境因素与手机游戏更新级别的关系进行分析。比较可知，在同一个地域范围内，Android 平台手机游戏开展重大更新的比例更小，功能更新的比例也相对减少，修订更新的占比显著增加，均达到50%以上。以北美洲市场为例，iOS 平台手机游戏产品重大更新的比例为17.52%，而 Android 平台重大更新比例仅为15.80%；iOS 平台手机游戏产品的修订更新比例为45.31%，Android 平台修订更新比例则高达

54.05%；iOS 平台下手机游戏产品功能更新占比 37.17%，高于 Android 平台功能更新比例 30.15%。类似地，相同经济发展水平下，Android 平台手机游戏产品进行重大更新和功能更新的比例低于 iOS 平台，Android 平台修订更新的比例平均高出 iOS 平台近 10 个百分点。

最后关于制度环境因素，两个平台下更新级别与制度环境指数的对应关系，有所不同，如表 3 - 2 和表 3 - 3 所示。一方面，两个平台重大更新对应的平均创新指数和知识产权指数均为最低；另一方面，iOS 平台创新指数和知识产权指数平均值最高的更新级别是修订更新，而 Android 平台两个指数值最高水平对应的是功能更新。在更优良的创新环境下，iOS 平台手机游戏产品将开展更多的修订更新，而 Android 平台手机游戏产品更新更多选择功能更新。

表 3 - 3　　　　Android 平台手机游戏产品不同级别更新与制度环境因素

行标签	平均创新指数 GII	平均知识产权指数 IPR
重大更新	39.98907729	6.031202096
功能更新	40.52209876	6.097972344
修订更新	40.28132194	6.07330112
总计	40.30599915	6.073875402

3.2.2　数字创业者产品的更新类型对市场绩效的作用

1. iOS 平台互补品更新类型与市场绩效

根据对产品更新类型的分类，我们分析了 iOS 平台游戏类互补品采用不同方式更新时所获得的用户端市场绩效，如图 3 - 24 所示。以游戏类互补品的用户下载量和运营收入作为衡量市场绩效的重要指标，对应次版本号升级的功能更新，能够带来更高的用户下载量和收入，平均值分别为 245.87

次和2031.41美元；而升级主版本号的重大更新所能带来的市场绩效最低，平均值分别为209.20次下载量和1522.52美元的收入水平；当进行修订更新时，市场绩效水平居于上述两者之间。从游戏类互补品排名情况来看，功能更新所对应收入排名最为靠前，平均名次为1547.45；修订更新对应的下载量排名最靠前，平均名次为2062.35；重大更新对应的两种排名都最为靠后，分别是收入排名2149.16和下载量排名2708.91，远远落后于功能更新和修订更新所产生的市场影响。

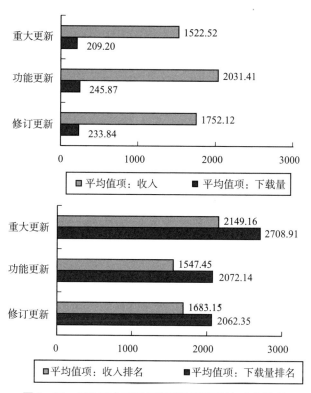

图 3 – 24　iOS 平台下手机游戏更新级别与市场绩效

上述数据结果表明，iOS平台互补品更新与用户端绩效的关系复杂而有趣，总体来看当数字创业者针对游戏类互补品作出重大创新时并不能吸引用户的下载和使用，反而带来下载、收入以及排名的降低。可能的原因在于，一是重大创新会给用户带来较高的学习成本，用户需要付出更多的时间与努力熟悉新产品功能。重大更新大多涉及软件底层架构，会对游戏模式、游戏界面等进行大范围改变，造成新版本往往与游戏用户长期形成的行为习惯相悖，导致用户产生抵触情绪，甚至直接放弃转投其他竞品。二是重大创新会增加用户承载游戏产品的硬件负担，如占用用户更多的内存空间，加速其硬件设备被淘汰的速度，这些原因叠加起来降低了用户下载更新的动力。因此，在平台情境下，数字创业者推行替代版本的重大更新并不能立刻获得用户端市场绩效的迅速反应。

2. Android 平台手机游戏更新级别的影响

Android 平台手机游戏更新级别对市场绩效的影响，统计分析如图 3 – 25 所示。从手机游戏下载量和收入的情况来看，这两个指标的表现有所区别。当 Android 平台手机游戏进行功能更新时，实现的运营收入明显高于重大更新和修订更新，达到 1224.12 美元，较其他两类更新平均多出 140 ~ 170 美元的收入；Android 平台手机游戏进行不同级别更新，在下载量上的表现差异很小。其中，修订更新下载量最大，达 934.35 次。从市场表现排名来看，当手机游戏进行功能更新时，平均收入排名在 1639.84 名，表现最好，较重大更新和修订更新分别提前 205 名和 360 名；当手机游戏开展修订更新时，下载量排名最靠前，平均排名为 2563 名，较功能更新和重大更新分别提前 230 名和 310 名。

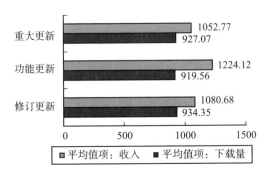

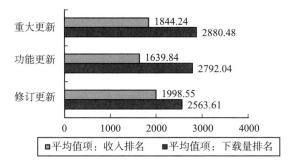

图 3 - 25 Android 平台手机游戏更新级别与市场绩效

因此，Android 平台数字创业者开发手机游戏产品选择更新级别时，需要根据细分市场特征制定精准策略。如果数字创业者的目的在于增加收入和提升收入排名时，可以提供更多的功能更新；当数字创业者致力于下载量增加及其排名上升时，则可以更加频繁地开展修订更新。

3. iOS 平台和 Android 平台手机游戏更新级别的滞后效应

为了探讨平台互补品更新类型对用户端市场绩效的影响是否存在滞后效应，按照相同的统计口径，对平台互补品更新一周后市场绩效指标进行了分析，包括 iOS 和 Android 两个平台为研究情境，结果如图 3 - 26 所示。通过比较可以发现，无论是重大更新、功能更新还是修订更新，更新发生当日的市场绩效，与更新发生一周后的市场绩效情况没有显著区别。

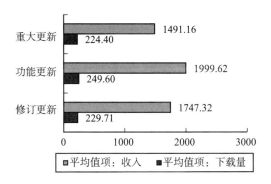

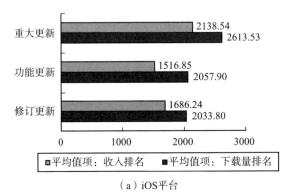

（a）iOS平台

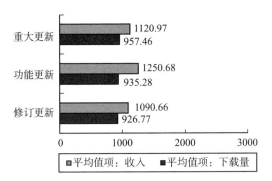

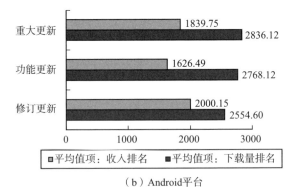

（b）Android平台

图 3－26　两类平台上手机游戏更新级别与一周后市场绩效

3.3 数字创业者产品更新内容的绩效作用

数字创业者进行产品更新的内容是通过对产品新版本发布时的说明文件进行文本挖掘，所发现的新版本信息，如与此前版本的区别、新特征、新功能或者已解决的问题等。我们着重从两个方面分析产品更新内容，即更新内容复杂度和更新是否与平台相关两个维度。以本数据库中的游戏类产品为例，其本质上是一种软件程序，具有自身的更新迭代规律，该软件产品的持续更新都是在核心程序基础上不断改进优化或者查漏补缺，这使得整个游戏产品不断扩容。从直觉上判断，游戏类产品的单次更新所涉及内容越多，或者技术越复杂，相应的产品更新说明的文字描述越长。同时，如果数字创业者单次更新内容中谈及底层平台，如该互补品的更新是基于 iOS 系统或 Android 系统进行的升级，那么这些互补品本身势必要针对平台系统升级作出相应调整，才能够在平台升级后的操作系统上运行，这也意味着这些数字创业者需要调整自身的底层架构。

3.3.1 更新内容是否与平台升级相关

从本质上讲，游戏类互补品是在操作系统基础上运行的应用软件。如果操作系统进行升级，对游戏类互补品来说就是底层架构发生改变，其需要随之调整以适应新版本操作系统的要求。这些平台互补品创业者由于操作系统升级而进行的调整，属于被动更新，有别于创业者为满足消费者需求主动进行功能增加或者补丁修复等。结合 3.2 节的更新类别与更新内容进行综合分析，表 3-4 给出了在不同更新级别下手机游戏类互补品更新内容是否与平台升级相关的情况。

表 3 – 4　　　　　　不同更新级别下手机游戏更新与平台相关的比例

平台	行标签	计数平台相关	百分比（%）	平台	行标签	计数平台相关	百分比（%）
	重大更新	125931	100.00		重大更新	155520	100.00
	0	123868	98.36		0	154232	99.17
	1	2063	1.64		1	1288	0.83
	功能更新	263742	100.00		功能更新	287894	100.00
iOS	0	262703	99.61	Android	0	286807	99.62
	1	1039	0.39		1	1087	0.38
	修订更新	317113	100.00		修订更新	523807	100.00
	0	315054	99.35		0	522020	99.66
	1	2059	0.65		1	1787	0.34
	总计	706786			总计	967221	

　　当操作系统升级时，数字创业者会快速跟随作出技术架构与产品功能的调整，还是等待观望考察系统升级可能带来的影响？利用表 3 – 4 的数据发现，数字创业者面对操作系统的升级会采用不同的更新方式予以回应。具体来看，当 iOS 操作系统升级时，40% 的数字创业者通过重大更新来应对操作系统升级带来的技术压力，40% 的数字创业者则通过修订更新作出调整，仅有 20% 的数字创业者采用功能更新的方式。Android 操作系统发生升级时，实施重大更新的数字创业者占比为 31%，实施功能更新的数字创业者占比为 26%，而实施修订更新的数字创业者占比最低为 43%。综合来看，大多数的数字创业者都会通过重大更新来应对、跟随平台的系统升级，这与平台系统升级往往涉及底层平台架构变化有关，及时应对才能够将平台架构变化纳入平台互补品的技术体系中。值得说明的是，平台架构与平台互补品之间通过软件工具包（SDK）建立连接，这赋予平台以多主体参与的网络结构，结合 SDK 数据分析结果并对更新说明进行深层次的文本分析，应该能够发现更有趣的结论。

3.3.2 更新内容的复杂度

1. 不同更新类别与更新内容复杂度

为了体现单次更新内容的复杂度，采用更新说明的字符数进行测度，这与已有研究利用软件容量大小（size）测量软件复杂度的方式相一致。具体来说，平台互补品的产品说明中文字描述较长，意味着产品更新涉及内容较多，技术难度可能较大；文字描述较短，意味着产品更新较为简单。基于此，我们在区分不同操作系统平台的情况下，分析了当数字创业者实施不同的更新类别时，其更新内容的复杂程度如何，结果如表 3 - 5 所示。

表 3 - 5　　　　　不同平台下手机游戏更新级别与更新复杂度

平台	行标签	更新说明平均字符数量
iOS	重大更新	233.91
	功能更新	257.90
	修订更新	221.82
总计		237.44
Android	重大更新	194.01
	功能更新	217.61
	修订更新	183.90
总计		195.56

综合两个平台来看，无论采用哪种更新，iOS 平台上互补品更新的复杂度都显著高于 Android 平台，表现为在 iOS 平台上互补品更新内容的字符平均值超出 Android 平台约 40 个字符。其原因可能在于 iOS 平台是一个封闭的平台生态系统，其对数字创业者的控制也较为集中和严格，因此加入这一封闭平台的数字创业者时常有更多独特性问题需要解决和说明；Android 平台具有开放性特征，其通用性和标准化程度更高，这降低了数字创业者开发互补品并加入平台的技术难度。

2. 不同制度环境下平台互补品更新复杂度

从制度理论来看，制度环境会对创新产生重要影响，制度环境中蕴含着有利于创新的积极因素。由此形成的学术判断是，当市场环境有序，知识产权保护法治化程度高，创新环境优良时，数字创业者具有更好的创新激励，他们更可能作出技术复杂度高的创新，并在更新说明中更加全面和详细地进行信息公布，使得整个市场氛围更加开放，进一步促进后续创新，形成良性循环。为了验证这一学术判断，我们同样利用创新指数和知识产权指数衡量制度环境，借此分析不同制度环境下数字创业者在更新中的复杂性投入。

首先，从创新指数的角度来看，不同国家市场上创新指数的水平差异与数字创业者对产品更新的投入，以及更新内容的复杂程度之间存在相关性，结果如图 3 - 27 所示。利用数据透视分析，在剔除显著异常值后，我们发现在 iOS 平台，创新指数 GII 与数字创业者的三种类型更新复杂度，都呈现倒 U 型关系，尤其以功能更新最为明显。这意味着，对在 iOS 平台上进行功能更新的数字创业者来说，存在一个"最优"创新指数的国家选择，这对于数字创业者选择什么样的国家投放产品，以及如何推动全球范围内的产品更新具有重要意义。在 iOS 平台上进行重大更新的互补品创业者，往往出现在创新指数低于 50 的国家范围内，且创新指数与互补品更新复杂程度呈正相关关系。而在 iOS 平台进行修订更新的互补品创业者往往在创新指数超过 20 的国家范围，且创新指数与互补品更新复杂程度呈负相关关系。这些特征可能与 iOS 平台自身的封闭性有关，iOS 平台上的互补品更新受到更多平台治理方面的约束。

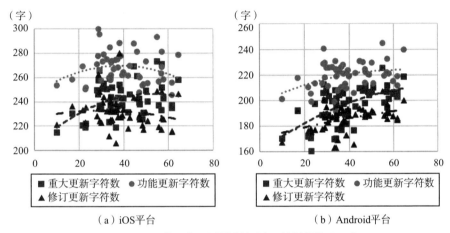

（a）iOS平台　　　　　　　　（b）Android平台

图 3 - 27　两类平台不同更新级别下创新指数 GII 与

产品更新说明字符数的相关性

在 Android 平台上，无论是实施重大更新、功能更新还是修订更新，数字创业者的更新复杂度都与创新指数呈现正相关关系，其中以重大更新最为显著。这表明，在创新程度高的环境中，数字创业者更倾向于作出复杂程度高的更新行动，这源自创新环境鼓励创新的良好氛围，以及支持创新的政策与资源禀赋。

其次，采用类似的统计口径分析知识产权指数，结果如图 3 - 28 所示。由图 3 - 28 可知，数字创业者进行产品更新的复杂度与其所属国家或地区的知识产权指数之间的关系，与创新指数的分析结论几乎一致。但值得说明的是，iOS 平台的倒 U 型关系和 Android 平台的正线性相关关系，都更加显著。由此可见，在创新环境因素中，知识产权制度及知识产权保护水平等因素对更新复杂度的影响更为突出。

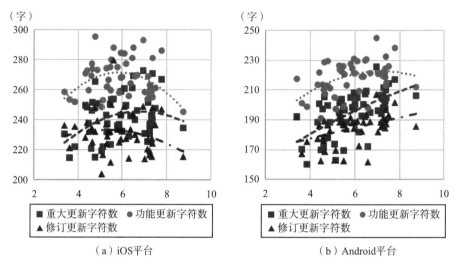

（a）iOS平台　　　　　　　　　　（b）Android平台

图 3-28　两类平台不同更新级别下知识产权指数 **IPR** 与

产品更新说明字符数的相关性

3.3.3　更新内容与用户端市场绩效

1. 更新内容的平台相关性与用户端市场绩效

移动操作系统以苹果的 iOS 平台和谷歌的 Android 平台为主要的两大平台，其中苹果 iOS 平台采用封闭式平台模式，而谷歌将 Android 平台设计为开放式平台，从而实现市场的快速扩张而形成庞大的生态圈。随着时间的推移，这两大平台的更新策略有了明显的差异，体现出对待老客户的不同态度。

苹果一直以来都以系统更新频繁而著称，而升级新系统确实可以带来许多好处，例如新系统包含更多功能或改进的应用程序，提升用户的使用体验；也可以修复旧版本存在的漏洞或错误，提高手机的安全性。苹果在推出新 iOS 版本的同时，也会给旧机型提供升级支持，但这看似对老用户的特殊关怀，存在着"负优化"的风险。所谓负优化，是指苹果通过 iOS 系统更新来降低旧机型的性能和体验，而且一旦用户升级新系统，就很难再降回旧版本，降级通道很快会关闭，从而迫使用户舍弃旧手机去购买市面上最新款苹果产品。iOS 系统的升级对手机硬件有着较高的要求，一次升级往往需要数小时之久，升级之后原有应用程序不兼容是常见现象。因此，大多数苹果手机用户对于系统升级的态度非常慎重，部分用户坚持能不升级就不升级。

与苹果公司升级 iOS 平台的用户反馈相对应，Android 平台用户在面临系统升级时的态度呈现出差异。以华为 HarmonyOS 为例，为很多旧机型提供升级支持，HarmonyOS 不仅有着全新的界面和功能，还有着出色的性能和流畅度，老机型在升级系统后，手机性能都有明显提升和改善，用户反馈非常好，体现了华为对老用户的重视，以及对产品的自信和负责。由于 Android 平台的系统优化往往将流畅性的提升放在重要地位，因此包括华为、小米等在内基于 Android 平台拓展推出子平台，都因升级体验良好而收获好评。此外，由于 Android 平台的开放性，系统可能因漏洞而存在被利用的风险，通过系统升级修补漏洞，提升安全性对 Android 用户来说具有必要性。更重要的是，Android 平台的升级，能够实现对平台上原有互补品的兼容与支持，因此对于 Android 用户而言，系统升级是一件体验良好并受到普遍欢迎的事情。

尽管 iOS 平台与 Android 平台的用户对操作系统升级有着不同的反应，但从总体上来看，由于操作系统升级导致用户原有手机设备及其平台互补品无法正常运行的现象并不少见。当苹果手机系统更新到 iOS 14 时，王者荣耀用户面临无法登录或者闪退的问题。iOS 16 更新导致多款节奏音乐游戏无法进行操作，用户发现类似问题在 iOS 3 发布时曾经出现过，在 iOS 16 测试阶段没有得到解决，到了 iOS 16 公开版本仍然存在该问题。数字创业者为了紧跟 iOS 系统的更新步伐，需要及时配合苹果公司为 iOS 系统升级，做好游戏顺利移植到新 iOS 系统上的准备。基于上述实践观察，我们区分了两大平台上数字创业者实施不同类别的更新时，更新内容与平台的相关性是否影响其市场绩效，统计结果见表 3 - 6。

表 3－6　　　　　创业者更新内容的平台相关性与市场绩效的关系

平台	更新类别	平台相关	平均 ln_DL	平均 ln_RV	平均 Rank_DL	平均 Rank_RV
iOS	重大更新		2.720	2.744	2708.914	2149.163
		0	2.735	2.754	2685.333	2147.154
		1	1.838	2.121	4110.958	2267.924
	功能更新		2.960	2.951	2072.140	1547.448
		0	2.962	2.952	2071.370	1548.436
		1	2.616	2.700	2266.468	1292.107
	修订更新		2.936	2.703	2062.348	1683.146
		0	2.936	2.705	2063.305	1680.200
		1	2.894	2.286	1916.314	2106.635
	总计		2.907	2.803	2181.586	1714.741
Android	重大更新		4.080	2.833	2880.483	1844.238
		0	4.081	2.844	2876.359	1844.257
		1	3.891	1.552	3393.640	1841.078
	功能更新		4.181	3.284	2792.039	1639.836
		0	4.184	3.288	2786.144	1636.935
		1	3.313	2.102	4365.293	2483.741
	修订更新		4.322	2.886	2563.607	1998.554
		0	4.324	2.886	2561.045	1999.334
		1	3.888	2.974	3308.791	1771.719
	总计		4.241	2.996	2682.481	1864.650

以用户下载量和收入作为市场绩效衡量标准来看，无论是 iOS 平台还是 Android 平台，对于数字创业者采取重大更新与功能更新策略的情境下，当其所实施更新的内容与平台无关时（并非根据平台系统升级而实施跟随更新），该互补品的市场绩效显著更优。将与平台相关和与平台无关两种情况相比较，iOS 平台互补品下载量（或收入）的自然对数值相差 0.1 ~ 0.9，而 Android 平台上互补品下载量（或收入）的自然对数，因平台相关取值不同，值差扩大到 0.2 ~ 1.3。特别地，在 Android 平台上数字创业者采取修订更新时，当其所实施更新的内容与平台相关时（根据平台系统升级而跟随更新，或作出与平台架构有关的更新），该互补品的市场绩效更高。可能的解释是：对于

Android 这样的开放性平台，数字创业者在进行补丁修复时，更多地要从与平台架构有关的、聚焦平台与互补品接口展开修订更新，这种基于平台的修订更新更有利于保障互补品与平台的兼容，为用户提供更好的使用体验。

2. 更新内容的复杂度与用户端市场绩效

当数字创业者进行较为复杂的更新时，用户是否会产生积极的反应，表现在市场绩效上，用户积极下载和购买新的应用内产品等。本部分我们同样采用更新说明内容的字符数测度平台互补品更新内容的复杂度，探讨更新内容复杂度对互补品市场绩效的影响。图 3-29 展示了 iOS 平台游戏类互补品更新内容复杂度与用户下载量、收入及其排名之间的关系。

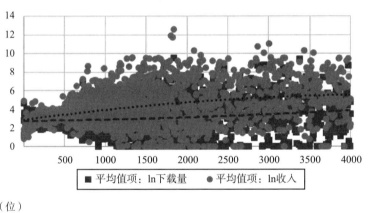

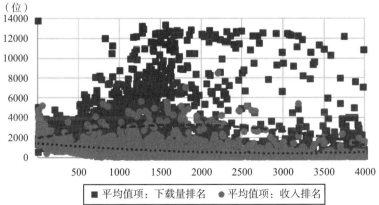

图 3-29　iOS 平台游戏类互补品更新内容复杂度与市场绩效

由图 3-29 可知，iOS 平台游戏类互补品的下载量和收入都随着更新内容复杂度的增加而增加。在这一关系中，下载量伴随更新内容复杂度的变化趋势相对平缓，收入与更新内容复杂度之间的正相关关系表现更强。同时，iOS 平台游戏类互补品的收入排名也随着更新内容复杂度的增加而呈现出更好的表现，即排名位置靠前。而从下载量排名来看，平台互补品的下载量排名与更新复杂度之间呈现倒 U 型关系，即更新内容非常简单或者非常复杂时，互补品的下载排名较好，用户更青睐与认可此类互补品及其更新结果。更新内容较少时，用户不会对更新包过多地占用空间产生担忧，更新完成的速度快，且往往不会对游戏界面或者用户操作习惯产生影响；而当更新内容较复杂时，往往是解决互补品技术方面的重大问题，互补品开发商针对复杂度高的更新进行详尽的说明文字，一方面体现开发商为此次更新所付出的努力，另一方面有利于用户更加全面地理解更新目的和具体内容，帮助用户顺利完成系统升级。

Android 平台互补品创业者更新内容复杂度与市场绩效的关系，呈现出较为复杂的规律，如图 3-30 所示。我们得到以下结论：其一，互补品更新内容复杂度与下载量和收入两类绩效指标的关系表现出差异性；其二，互补品更新内容复杂度在绩效实值与绩效排名上的作用表现出一致性。从下载量及其排名来看，互补品更新内容复杂度与下载量呈现 U 型关系，与下载量排名呈现倒 U 型关系。这意味着，当互补品创业者实施低复杂度的更新（如修订更新），或者高复杂度的更新（如重大更新）时，互补品更能够获得高下载量和高下载排名。因此，如果创业者以提高互补品下载量和提升下载量排名为目的，更新策略应以简单的修订更新和创新程度高的重大更新为主。从收入及其排名来看，互补品更新内容复杂度与收入呈现倒 U 型关系，与收入排名呈现 U 型关系。这意味着，当互补品创业者实施中等复杂度的更新，即功能更新，互补品更能够获得高下载量和高下载排名。因此，如果创业者期望短期内快速增加运营收入，同时提升收入排名，更新策略则应以增加新内容、提供更丰富的内购产品或者完善游戏界面等的功能更新为主。

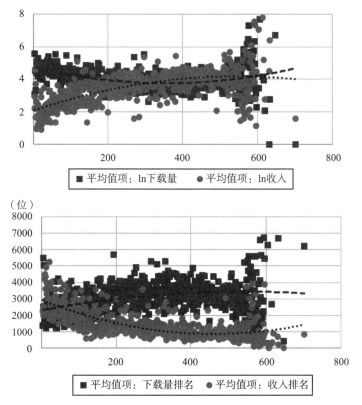

图 3 − 30　Android 平台手机游戏更新说明字符数与市场绩效

　　上述数据结果对依托平台的创业者实施更新活动给出了新的解释。创业者往往会不断更新升级，试图依靠各种创新，获得市场竞争优势。然而，创新程度高，不等同于在市场上得到认可，创新同样面对着高风险。创业者所实施的重大更新如果不能很好地契合消费者需要，上市后市场反应会走向极端，因此被认可的重大更新会让互补品得到迅速推广，而不被认可的重大更新会使得互补品在短期内流失大量老客户。在图 3 − 30 中，当互补品更新说明字符数继续增加接近 600 时，即更新内容复杂度非常高，数据点突然上下扩散开来，说明不同游戏互补品的市场表现急剧向上拉升或者向下跌落，很好地展示了这种两极分化的情况。可见，与创新绩效密切相关的更新策略，是游戏类互补品开发商非常关键的决策问题。

3. 市场绩效的滞后效应

为了探讨数字创业者更新复杂度对市场绩效的影响是否存在滞后效应，采用上述类似方法，对数字创业者所开发产品的单次更新说明字符数与更新后一周的市场绩效指标之间的相关关系进行拟合，结果在表 3-7 进行汇总。比较后得到两点结论：第一，数字创业者实施更新后，当日市场绩效与一周后市场绩效的分布状态大体相当，没有显著差异。第二，数字创业者实施更新的一周前后市场绩效的二次方多项式的趋势线，形状特征基本一致。

表 3-7　　　　　数字创业者更新复杂度影响市场绩效的滞后效应

平台	绩效指标	时序	拟合二项式	R^2
iOS	下载量排名	当日	$y = -0.0004x^2 + 1.4742x + 1961$	0.0260
		一周后	$y = -0.0004x^2 + 1.338x + 2004$	0.0231
	收入排名	当日	$y = 0.0001x^2 - 0.6675x + 1435.5$	0.1112
		一周后	$y = 0.0001x^2 - 0.6758x + 1421.3$	0.0888
Android	下载量排名	当日	$y = -0.0038x^2 + 4.1304x + 2321.5$	0.0850
		一周后	$y = -0.0033x^2 + 3.8614x + 2329.2$	0.0837
	收入排名	当日	$y = 0.0097x^2 - 8.9677x + 2937$	0.4953
		一周后	$y = 0.0096x^2 - 8.9982x + 2942.9$	0.5194

结合表 3-7 二项式拟合结果，我们发现不同平台上数字创业者实施更新的复杂度水平所带来的市场绩效存在差异。iOS 平台上，更新复杂度与用户端下载量排名和收入排名的关系，在更新后一周均被强化。而 Android 平台上，数字创业者更新复杂度与用户端下载量排名，在更新后一周稍有弱化；更新复杂度与收入排名的关系，在更新后一周被加强。以 iOS 数字创业者更新复杂度对其收入排名的影响为例，更新复杂度与更新当日收入排名的二项式拟合方程显示，说明二者呈 U 型曲线关系，即存

在一个最优复杂度水平，使得更新当日的收入排名达到最优水平，R^2 拟合度为 0.1112。这也意味着，数字创业者所进行的更新，不能过于复杂使得用户不容易理解其新功能、新特性所在，也不应过于简单而没有达到更新的目的。进一步地，更新复杂度与更新一周后日收入排名同样呈现 U 型曲线关系，R^2 拟合度略有下降，为 0.0888。

综上所述，更新内容复杂度对用户端下载量排名的影响，没有显著的滞后效应；而更新复杂度影响收入排名的滞后效应，则只存在于 Android 平台。可能的原因在于，在 iOS 封闭的平台架构中，互补品 App 的应用效果与苹果所提供的硬件设备有关，用户更担心更新 App 互补品对硬件承载能力的影响，因此较为复杂的更新对用户下载的影响可能持续时间较长。而在 Android 开放的平台架构中，多样化的硬件提供商满足着用户的多样化更新需求，平台为了推动用户下载可能放松对硬件开发者的治理，而数字创业者为了吸引用户也会放松更新对硬件设备的依赖。然而，当用户面对 App 功能更新时，尽管用户会及时响应完成更新下载，但消费支付的态度普遍谨慎，尤其是需要付费才能体验的新功能，会推迟支付行动，等待先动者的信息反馈，以降低决策风险，如果得到的正面反馈占优，再作出支付消费的决定，这就导致收入呈现出滞后效应。

3.4　数字创业者更新时机特征及其绩效作用

在时间维度下审视数字创业者的更新活动，能够让我们对更新形成更为丰富的观察和理解。时间维度下的更新包含更新时机、更新迭代次数、更新速度等，本节仅以更新时机作为研究对象。以平台上的游戏产品为例，数字创业者时常将精心打造的游戏放在新年前后发售（12 月底），主要是为了增加曝光度。同时，他们也发现在节假日期间，消费者的购买欲望高涨，极有可能在此期间购入新的设备；而叠加各商家官方打折活动集中，并且优惠力度大等原因，用户更可能对此时发布的新产品、更新的新功能、游戏内的新装备等进行下载和购买。因此，每年 12 月末的移动操作系统平台上游戏类数字创业者销售大战引人瞩目，众多数字创业者偏爱在此时集中进行升级更新。

数字创业者更新时机的分析，可以按照年、月、周、日、时等不同层级来划分为度。基于不同层级的分析，一些有趣的问题浮现出来，例如，游戏类数字创业者实施更新有没有月度偏好？他们更喜欢在月初、月中还是月末推出游戏更新？大多数游戏开发的数字创业者选择在周四更新的现象是否存在？为什么游戏类数字创业者总是将游戏更新设置在凌晨 4 点而不是 12 点？这些问题，很难在章节有限的内容中充分披露，我们主要关注更新时机在两个方面的表现：在一周内的天分布和一个月内的旬分布。

3.4.1　数字创业者更新在不同时间维度上的分布

1. 数字创业者上市新产品时间的月度分布

基于数据的可获得性以及一致性要求，我们在下载量或收入排名前 1000 的游戏类 App 样本中，抽取 2019 年和 2020 年两年期间上市的手机游戏作为分析对象，统计手机游戏上市时间的月度分布，如表 3－8 所示。

表 3－8　　　　　两类平台下手机游戏上市时间的月度分布

月份	iOS			Android		
	2019 年	2020 年	小计	2019 年	2020 年	小计
1	130	184	314	13	157	170
2	251	304	555	68	161	229
3	204	262	466	65	205	270
4	222	371	593	135	158	293
5	142	310	452	68	212	280

月份	iOS			Android		
	2019 年	2020 年	小计	2019 年	2020 年	小计
6	335	431	766	162	318	480
7	93	277	370	76	715	791
8	230	293	523	205	308	513
9	212	450	662	83	466	549
10	268	470	738	114	544	658
11	352	747	1099	100	818	918
12	370	641	1011	244	876	1120
总计	2809	4740	7549	1333	4938	6271

从统计结果可知，在 iOS 和 Android 两大平台上，下半年上市的游戏类 App 明显多于上半年，数字创业者更喜欢在下半年向市场上推出新 App 产品。新产品上市集中在 11 月和 12 月，该结果很好地印证了我们对于游戏类数字创业者偏爱在年底上市新产品的现象。经历了上一年年末新产品上市高潮后，随之而来的是 1 月新产品上市的低谷，此时恰是规模较小、实力较弱的数字创业者选择发布新产品的良好契机，可以避开大游戏厂商的锋芒，获得足够高的关注度，而不是在年底与大厂商抢蛋糕。此外，上半年在 6 月也有一个新产品上市的小高峰，经过半年的辛勤耕作，部分数字创业者会在上半年即将结束之际发布自己精心打造的游戏产品，期望在下半年高峰期到来前尽早地在用户面前闪亮登场。

2. 实施不同更新类型的数字创业者更新的月内分布

除了对月度的选择外，在一个月中的哪个时间段上市或者更新，也是数字创业者需要权衡决策的问题。我们将数字创业者更新月内时段分为月初、月中和月末，按照前述对更新类型的划分，对数字创业者更新时间在月度内前后三个时段的分布进行统计，见表 3 - 9。

表3-9 两类平台下不同更新级别下手机游戏更新时间的月内分布 单位：次

平台	更新级别	月初	月中	月末	总计
iOS	重大更新	33392	18972	18665	71029
	功能更新	77621	90042	96079	263742
	修订更新	92673	107274	117166	317113
	总计	203686	216288	231910	651884
Android	重大更新	57133	43255	55132	155520
	功能更新	85095	96054	106745	287894
	修订更新	147033	181934	194840	523807
	总计	289261	321243	356717	967221

整体上看，iOS平台上，在某个月内前后三个时段的更新次数没有非常显著的区别，各时段更新次数约占总更新次数的1/3，但仍然是月末的更新次数最多，超出月初更新次数的10%。数字创业者更青睐月末进行更新升级的原因，一方面在于月末推出更新功能包能够为用户下月月初消费提前做好准备，也使得数字创业者为下一个月度或者季度的销售业绩做前期铺垫。另一方面每月末往往也是用户工资或收入到账的时段，有着较强的消费能力。细分考察不同类型更新的时间分布，我们发现当数字创业者进行重大更新时，他们更倾向于在月初进行，月初重大更新的次数超出月中或者月末更新次数的近80%；而当数字创业者进行功能更新或者修订更新时，他们更多地选择月中或者月末，尤其是月末功能更新或者修订更新的次数都较月初次数多出近1/4。因此，更新类型会影响数字创业者更新时机的选择，这源于用户对月初消费的关注。

Android平台上，数字创业者进行月初推新或更新的次数最少的现象更加突出，发生在月末的更新次数更多，比月初增加近25%，即在Android平台下月末更新更受青睐。针对不同类型的更新，Android平台上延续了重大更新更多地选择月初，功能更新和修订更新更多地选择月末的特征，但重大更新月末选择已经接近月初水平，修订更新月末更新次数超出月初 30% 以上，较 iOS 平台差距进一步拉大。

3. 实施不同更新类型的数字创业者更新的周内分布

与月内更新时机选择相似，数字创业者发布更新同样要考虑在一周之内时间点的选择，这源于用户在一周内的工作和生活状态，以及不同时间使用手机的行为偏好存在差异有关。数字创业者会选择一周之内的哪一天进行重大更新、功能升级或者补丁修复，需要考虑技术开发的工作量、用户的习惯以及产品自身特征等因素，作出最合适的选择。我们按照不同更新类型，对数字创业者更新时机在一周内各天的分布进行统计，如图 3 – 31 所示。

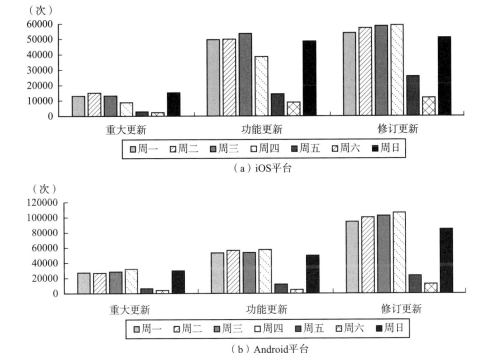

图 3 – 31 两类平台不同更新类型下数字创业者更新时间的周内分布

整体上看，在 iOS 平台上，发生在周五和周六的更新明显很少，其余 5 天的更新次数处于同一水平，均在 10 万次以上，约占总更新次数的 1/6。数字创业者往往会利用周五这个每周当中最后的工作日，集中对本周工作进行总结，对下周内容进行规划，而较少地在这一天投入产品更新升级工作。同时，如果在周五推出产品新版本，周六恰是用户集中使用产品形成消费的重要时段，新版本中隐藏的问题会集中在周六曝光，而数字创业者无法保证在非工作日用尽可能短的时间作出响应或者着手解决。

细分考察不同类型更新的时间分布，对于重大更新，数字创业者较多的选择在周二发布，原因可能在于数字创业者对一周工作时间内产品更新的总体规划，如在周一做好充分准备，周二正式上线推出，后面留出 3 天的工作日来解决重大更新可能引发的问题，让用户可以在周末充分体验新产品带来的消费体验。对于功能更新，数字创业者最多的选择在周三发布。而对于修订更新，数字创业者更多地选择在周四发布，既避开了注定繁忙的周五，又留出了一天时间及时应对紧急状况。由此可见，数字创业者会把复杂的更新类型安排在一周中更早的时间，以充分应对各种或复杂或简单的问题。

相较之下，Android 平台上数字创业者更倾向于在周四实施更新，总体来看，发生在周四的更新次数达到 195827 次，占总更新次数的 1/5；周五和周六仍然是选择最少的更新日，尤其是周六较 iOS 平台而言更新次数更少。与 iOS 平台上数字创业者更新时机不同的是，Android 平台上当数字创业者实施不同类型的更新时，他们更偏好选择周四进行产品更新。关于产生这一现象的原因，可以从以下三点解释：首先，数字创业者延续着行业传统，早期游戏机都是插卡模式，开发商在周四全线上新并开通预售，玩家在周五能够获得新游戏卡，确保周末顺利体验新游戏；其次，已有的统计数据表明，周四是一周中在线玩家最少的一天，这天开展更新能够尽可能地减少对运营的影响；最后，数字创业者可以利用周五全天时间营销造势，充分激发玩家关注和期待，保证尽可能多的玩家能够在周末同时参与游戏体验，检验游戏更新的实际效果。

统计分析还展现出一项令人意外的结果：在 iOS 和 Android 两个平台上，无论数字创业者实施了哪一类型的更新，周日都表现为一个次数较多的选择。特别是在 iOS 平台的重大更新中，周日更新次数甚至略超出周二的更新次数。由于发生这一现象的更新数据集中在 2021 年 8 月至 2022 年 3 月，这可能反映了游戏类互补品更新在时机选择上的新趋势，背后的原因值得进一步探讨。

3.4.2 手机游戏更新时机与市场绩效

数字创业者对更新时机的选择，始终围绕着更好地契合用户端的需求，激发用户的支付意愿，从而帮助数字创业者创造更高的产品下载量和运营收入，获得产品的市场竞争优势。从这个意义上说，我们有理由判断数字创业者更新时机与用户端市场绩效存在相关性，以下从当期市场绩效和滞后期市场绩效两个方面展开讨论。

1. 数字创业者月内更新时机对市场绩效的影响

iOS 平台上的数字创业者对月内更新时机的选择与用户端市场绩效的对应关系，如图 3 - 32 所示。左图展示的是数字创业者月内更新时机对市场绩效实际值的影响，结果显示月中实施更新的数字创业者下载量平均值稍高于月初和月末，但差距并不显著；而对收入而言，月末实施更新的数字创业者收入平均值比月初和月中高，月中对应的平均收入最低。右图展示的是数字创业者月内更新时机对表现为排名的市场绩效影响，结果显示月初实施更新的数字创业者下载量排名明显更加靠前，月末实施更新的数字创业者下载量排名最为靠后。

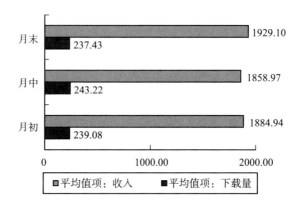

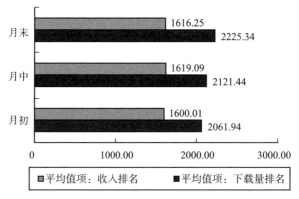

图 3 - 32　iOS 平台手机游戏月内更新时机与市场绩效

　　Android 平台数字创业者月内更新时机与用户端市场绩效的对应关系，展现了与 iOS 平台不同的特点，如图 3 - 33 所示。左图是关于市场绩效实际值的情况显示，月中实施更新的数字创业者下载量平均值更高，月初实施更新的数字创业者收入平均值高于月中和月末。右图是关于市场绩效排名的分析结果，月初实施更新的数字创业者平均下载量排名表现最佳；月中实施更新的数字创业者收入排名平均值最为靠前。无论是市场绩效的实际值或者排名，受到数字创业者月内更新时机选择的影响相对较小。总的来看，数字创业者更新时机的选择，对月度内时段的关注可能比较少，数字创业者更多考虑自身产品的开发时间进度并作出安排。

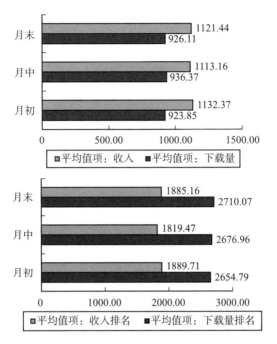

图 3 - 33　Android 平台上手机游戏月内更新时机与市场绩效

2. 数字创业者周内更新时机对用户端市场绩效的影响

与月度内更新时机相比较，数字创业者可能更在意选择一周的哪一天发布新产品或者进行更新升级。在当前生活节奏越来越快的经济社会背景下，无论数字创业者推出新产品上市或者已有产品的更新升级活动，都不会采用持久战的方式，而是追求在短期内能够吸引尽可能多的关注。如果能够持续数天成为热门话题，将成为现象级的营销效果。一周七天反复循环，成为全球经济社会通行的工作与生活方式，一方面涉及数字创业者更新产品的工作安排和人力资源的调配，另一方面也与平台用户的日常行为习惯关系密切。以一周时间为单元周期，数字创业者需要在做好充分准备完善产品质量、推陈出新激发用户消费需求以及及时响应有效解决问题之间进行权衡，选择能够取得最优市场绩效的更新时机。

根据 iOS 平台上一周内各天更新的产品市场绩效的平均值，分析更新时机对用户端市场绩效的影响，结果如图 3 - 34 所示。图中用数字 1 ~ 6 表示周一至周六，数字 7 则表示周日。左图展示了更新时机对市场绩效实值可能形成的影响，右图给出了更新时机与市场绩效排名之间的关系。首先，关于数字创业者在更新日的市场绩效实际值，从趋势线上看，周内更新时机的选择与市场绩效实际值之间呈现倒 U 型曲线关系，即在一周的时间内，存在使得下载量或收入达到最大值的最佳更新时机。具体来看，iOS 平台上数字创业者收入表现最优的周内更新时机为周三和周四，这一点与实际观察结论相一致。然而，下载量表现最优的更新时机对应为周五和周六，与实践中得到的习惯认知不符，关于这点需要进一步分析周内更新时机对数字创业者下载量的影响是否存在滞后效应。

其次，右图关于周内更新时机与市场绩效排名的关系，情况更加复杂。一方面，数字创业者下载量与周内更新时机之间呈现 U 型曲线关系，即在一周之内存在某个更新日期使得下载量排名最为靠前（名次最小），从趋势线上观察应落在周四至周六范围内。另一方面，数字创业者收入排名与周内更新时机之间的关系，与下载量排名正好相反，呈现倒 U 型曲线关系，这意味着更新时机在周四至周六时，收入排名更为靠后表现较差。由此得到结论，iOS 平台上，周内更新时机对数字创业者市场绩效有显著影响，但同时，关于市场排名与更新时机关系的结论与日常认知存在明显不相符的情况，背后的逻辑需要通过数据深挖进一步探讨。

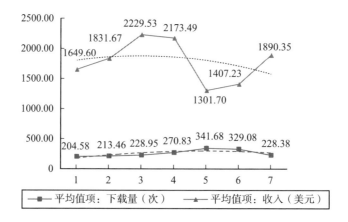

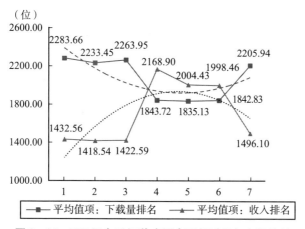

图 3–34 iOS 平台手机游戏周内更新时机与市场绩效

类似地, 对 Android 平台数字创业者周内更新时机与市场绩效的关系进行分析, 结果如图 3–35 所示。更新时机与市场绩效实际值的关系, 与 iOS 平台情况相一致, 但趋势线的弧度明显更大, 倒 U 型关系更加显著。同时, 更新时机与市场绩效排名的关系表现, 与 iOS 平台相类似, 下载量排名与更新时机之间呈现 U 型关系, 收入排名与更新时机之间呈现倒 U 型关系, 极值点都出现在最后一个工作日, 即周五。从上述分析可知, Android 平台数字创业者周内更新时机对其市场绩效有显著影响, 但很可能存在滞后效应。根据观察结果估计延迟时长为 1 ~ 2 天, 这些论点需要进一步开展规范的假设检验, 从而揭示更新时机影响市场绩效的作用途径。

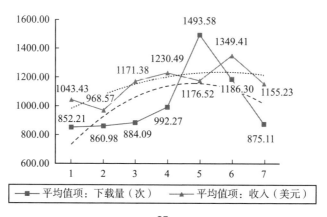

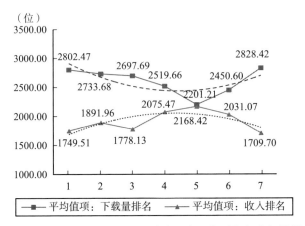

图 3 - 35　Android 平台手机游戏周内更新时机与市场绩效

3. 手机游戏更新时机影响市场绩效的滞后效应

根据前述统计结果，手机游戏月内更新时机对其市场绩效的影响并不显著，无须进一步分析滞后效应。在此，集中探讨手机游戏周内更新时机影响其市场绩效的滞后效应。基于对手机游戏周内更新时机与当日市场绩效的关系分析结果的观察，可能更新时机与绩效之间存在时长为 1～2 天的滞后现象，以下分别对更新当日、滞后 1 日和滞后 2 日的情况进行比较分析。

首先，对手机游戏周内更新时日与当日绩效之间的关系，进一步开展量化分析，给出更新日期与当日绩效之间关系的二次项方程式，以及相应的拟合系数 R^2，具体表达式及系数汇总在表 3 - 10 中。以 iOS 平台手机游戏当日下载量与周内更新时日之间的拟合二项式为例，方程表达式为

$$Y = -7.5048\,X^2 + 74.873\,X + 110.17$$

其中，自变量二次项的系数为负数，说明拟合曲线是开口向下，与图 3 - 34 中趋势线的倒 U 型相符；顶点的 X 轴坐标为 4.985，与折线图中"周五"所在位置相一致。该拟合方程的 R^2 系数为 0.5806，说明更新时日对市场收入的影响作用大且较为明显。这些内容与图表统计结果相呼应，论点得到直接的量化支持。

表 3-10　　　手机游戏周内更新时机影响市场绩效的滞后效应

平台	绩效指标	时序	拟合二项式	R^2
iOS	下载量	当日	$y = -7.5048x^2 + 74.873x + 110.17$	0.5806
		1 日后	$y = -11.883x^2 + 97.523x + 103.25$	0.6894
		2 日后	$y = -9.8936x^2 + 70.72x + 170.68$	0.5851
	收入	当日	$y = -18.903x^2 + 113.56x + 1707.2$	0.0922
		1 日后	$y = 29.713x^2 - 305.38x + 2308.8$	0.3188
		2 日后	$y = 62.539x^2 - 531.12x + 2555.3$	0.5593
	下载量排名	当日	$y = 33.046x^2 - 315.91x + 2675.4$	0.5801
		1 日后	$y = 46.368x^2 - 373.63x + 2653.8$	0.6354
		2 日后	$y = 36.366x^2 - 258.24x + 2392.3$	0.4956
	收入排名	当日	$y = -51.35x^2 + 479.81x + 813.7$	0.5291
		1 日后	$y = -73.397x^2 + 590.6x + 906.76$	0.6972
		2 日后	$y = -51.656x^2 + 344.6x + 1455.9$	0.5482
Android	下载量	当日	$y = -29.351x^2 + 282.27x + 478.6$	0.3919
		1 日后	$y = -47.042x^2 + 383.58x + 435.47$	0.5394
		2 日后	$y = -38.355x^2 + 272.44x + 705.72$	0.4495
	收入	当日	$y = -11.576x^2 + 131.97x + 860.06$	0.5978
		1 日后	$y = -32.526x^2 + 274.92x + 739.4$	0.7683
		2 日后	$y = -25.644x^2 + 169.8x + 1022.2$	0.7304
	下载量排名	当日	$y = 40.228x^2 - 356.99x + 3228.2$	0.5534
		1 日后	$y = 45.63x^2 - 353.05x + 3089.6$	0.6014
		2 日后	$y = 26.524x^2 - 166.86x + 2726.9$	0.3921
	收入排名	当日	$y = -33.875x^2 + 290.61x + 1430$	0.5574
		1 日后	$y = -31.789x^2 + 232.36x + 1612.4$	0.5845
		2 日后	$y = -15.233x^2 + 94.145x + 1834.1$	0.2436

其次，对周内更新时日与滞后一日的市场绩效之间关系进行量化分析。将手机游戏更新时日的后一天的市场绩效数据，与周内更新时日重新生成对应关系，即周一更新的手机游戏对应该手机游戏周二的市场绩效，周二

更新对应周三的数据，以此类推，周日更新的手机游戏对应紧接着周一的市场绩效。在此数据基础上，开展统计分析，以 Android 平台手机游戏下载量和收入为例，做折线图并绘制二次趋势线，如图 3 – 36 所示。由图 3 – 36 可知，周四更新的手机游戏下载量在周五时达到最高峰，收入方面则是在周五时出现一个明显的抑制并在周六取得最大值。这说明，游戏玩家面对喜爱的游戏时，会及时下载更新，但同时会有意识地推迟付费行为，在进行初步体验或者获得先动者信息反馈后，再作出支付决策。从趋势线看，滞后一日的下载量和收入与更新时日之间都呈现倒 U 型关系，方程式二次系数均为负数；下载量二次项系数绝对值大于收入二次项系数绝对值，说明下载量对更新时日的变化更加敏感，趋势线的凸出弧度更加明显；下载量和收入极值的横轴坐标点分别取值为 4.07 和 4.23，说明从时间上看，收入受手机游戏更新影响较下载量受影响更晚一些，时差在约为 1/5 天；两条趋势线的拟合系数都足够高，收入拟合方程的 R^2 系数为 0.7683，明显高于下载量拟合方程系数 0.5394。此外，手机游戏在周一、周二和周日更新时，滞后一天的市场绩效仍然表现不理想。

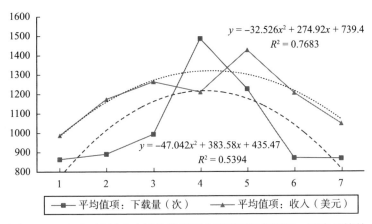

$$y = -32.526x^2 + 274.92x + 739.4$$
$$R^2 = 0.7683$$

$$y = -47.042x^2 + 383.58x + 435.47$$
$$R^2 = 0.5394$$

——■—— 平均值项：下载量（次）　　——▲—— 平均值项：收入（美元）

图 3 – 36　Android 平台上手机游戏周内更新时日与滞后一天市场绩效

然后，分析滞后 2 日的市场绩效的表现，并与滞后 1 日市场绩效的情况进行对比，如图 3 – 37 所示。将滞后 2 日的市场绩效数据前移两天与更新时日相对应，得到图中左侧的折线图，绘制趋势线，给出拟合方程式和 R^2 系数。量化分析显示更精确结果，滞后二日拟合方程中二次项系数的绝对值减小近 20%，拟合度 R^2 下降 16.7%，意味着手机游戏周内更新时机影响市场下载量的滞后效应在滞后 1 日时非常显著，但滞后 2 日时明显减弱。类似地，可以分析滞后 3 日甚至 1 周的效果，体现出逐渐弱化的趋势，没有达到显著性要求。

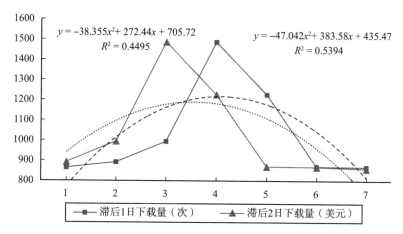

图 3 – 37　Android 平台上滞后 1 日与滞后 2 日的市场绩效对比

最后，基于表 3 – 10 汇总的数据，比较更新当日、滞后 1 日和滞后 2 日市场绩效与周内更新时机的关系表现。从整体上看，滞后 1 日市场绩效与更新时机关系的显著性全线高过当日绩效的状况；滞后 2 日市场绩效与更新时日关系的显著性，在市场绩效具体为 iOS 平台的下载量排名、Android 平台的下载量排名和收入排名时，显著性反而较当日绩效更低；与滞后 1 日相比，滞后 2 日仅在具体绩效指标为 iOS 平台的收入时显著性更加占优，其他绩效指标上的表现都有明显的回落。因此，无论是 iOS 平台还是 Android 平台，手机游戏的周内更新时机对其市场绩效存在影响，而且具有显著的滞后效应，滞后的时间长度为 1 天。

手机游戏产品是数字创业者开发移动应用的典型代表，具有最广泛的市场基础、创新性强等特点。手机游戏新入市场或者更新升级，是开发商创新行为产生成果的体现。本章集中探讨在不同环境条件下，手机游戏更新的相关因素对手机游戏市场绩效的影响，这些因素主要包括更新迭代次数、更新内容和更新时机三个方面。所涵盖的外界环境条件涉及四个方面，具体是：手机操作系统平台、地理位置、经济发展水平和政策制度因素等。分析结果发现，在不同外在环境条件下手机游戏更新策略有所不同，更新策略与市场绩效的关系表现不同；手机游戏的更新迭代次数、更新内容和更新时机对其市场绩效有显著影响；手机游戏更新内容和更新时机影响市场绩效的过程中，有明显的滞后效应。这些结论能够为手机游戏开发商开发新产品或推进游戏更新升级，提供切实可行的参考作用。归根到底，产品更新迭代是数字创业者开发和运营移动应用的重要市场手段。

第4章 依托平台的创业者商业模式设计及其绩效作用

产品结构是商业模式的重要构成内容，承载着创业者为平台另一端用户提供的价值主张，是其价值创造活动的重要载体。在移动操作系统平台情境下，依托平台而实施创业的数字创业者在设计商业模式时，重点关注其所设计的产品结构，尤其是产品的价格结构。从围绕移动操作系统平台情境下的商业模式研究来看，相关文献就免费模式和付费模式展开了深入的研究。所谓免费模式，是指数字创业者提供免费下载，用户可以不支付下载其 App 产品，但用户往往需要因某项功能的使用或某类产品的消费而付费，统称为应用内购买；而付费模式，则是指数字创业者提供付费下载，而将一些功能升级的费用包含在下载费用中。数字创业者依托平台联结用户端的接入模式包括免费和付费两种，由此构成数字创业者的不同收入来源，当前移动市场上开发者的收入更多来自应用内购买，消费者对契合其需求能够为其带来高附加值的内购项目具有较强的付费意愿，尤其在游戏类移动应用中表现明显。因此，本章将重点讨论依托平台实施创业的创业者利用应用内购买而形成的商业模式设计，是否会对其绩效产生影响。

4.1 依托平台的数字创业者内购模式设计

近年来，手机移动操作系统平台上创业者通过应用内购买获取收入的发展势头仍然强劲，特别是在游戏领域内购支出增长迅猛。Data. ai 数据显示，在2022年苹果应用商店中产生的1670亿美元消费支出中，手机游戏销售额占到1100亿美元，其中98%来自应用内购买。2023年，全球手机游戏市场呈现缓慢回暖态势，仅上半年全球移动应用的内购总收入达到675亿美元，同比增长5.3%，创造了历史最高纪录。从用户支出角度看，iOS 平台仍然领先Android 平台；iOS 平台应用内购买收入约436亿美元，同比上升6%，占全球移动应用内购总收入的65%；Android 平台则为240亿美元，同比增长了4%。

统计数据表明，数字创业者重视内购模式是其提升盈利能力的必然路径。促进用户作出应用内购买决策的途径很多，例如，提高内购项目的多样性、诱饵报价分散策略、设置购买截止时间以及提供节时增值服务等。本章基于 iOS 平台上中国手机游戏应用内购买的相关数据，探讨提高用户内购支付意愿从而增加手机游戏运营收入的关键要素和有效途径。

4.1.1　依托平台的创业者内购买模式概述

免费模式和付费模式展现出数字创业者依托平台联结用户端的接入模式，尽管这构成数字创业者的一类收入来源，但其更主要的收入来自应用内购买，因为大部分用户愿意持续为优秀且为他们带来价值的产品应用内购买项目付费。根据 data. ai 提供的2023年移动 App 收入报告，游戏类 App 的数字创业者更倾向于将应用内购买作为主要收入来源。从美国数据来看，近一半游戏应用的创业者的应用内购买收入来源于低端价位（少于10美元）的内购项目，但同时也有相当一部分应用内购买来自100美元以上的高价格。整体上来看，游戏应用的创业者在应用内购买变现方面更加偏好"哑铃型"价格策略，即着重在低价格和高价格档位上设计项目与制定适宜的价格策略。

在苹果的 iOS 平台上，应用内购买项目包括消耗型、非消耗型、自动续期订阅和非续期订阅四类。由于 iOS 平台关于应用内购买所披露的信息更为完备，本章分析主要基于 iOS 平台上游戏应用的创业者的消耗型内购项目而展开，即内购项目在使用之后即失效并可再次购买。iOS 平台允许用户购买拥有任意数量的应用内购买项目，数字创业者可以根据业务需求随时更换已经通过审核的应用内购买项目来吸引用户。在项目页面上，数字创业者可以一次性推广多达 20 个应用内购买项目，我们从中采集了每个游戏项目中排名前 10 的应用内购买项目，开展内购项目结构分析。

我们选取 2019—2021 年三年期间，在中国市场上下载量或者收入排名前 1000 的游戏类产品作为原始样本范围。创业者开发的游戏类产品提供的应用内购买项目非常丰富，不同类别移动应用产品的内购项目特征差异明显，因此本章选择其中的两类消费需求最高的内购项目作为分析重点，即币类项目和礼包项目。我们将应用内购买项目中既没有币类又不含礼包的游戏产品排除后，最终样本涵盖中国游戏市场 iOS 平台上的 672 款应用开发。

围绕研究目的，对 iOS 平台上游戏类产品所提供的内购项目进行类型划分，试图从不同层面抽取内购的结构特征，如图 4－1 所示。自上向下将内购项目划分为三层结构，分别定义为内购类别（顶层）、内购子类（中层）和具体内容（底层）。内购类别主要是指某一款游戏产品的内购项目包含多少个类别；根据样本情况，本章涉及的内购可划分为三类：第一类是类似货币计量单位的内购项目，如"金币""元宝""钻石"等，称为币类；第二类是名称固定为"礼包"的内购项目，简称礼包，礼包项目可以计量，如"30 元礼包"，也可以定性描述，如"超级梦幻礼包"等；第三类是其他，即将所有不能归属到第一类和第二类的项目都划入第三类，如"会员""月（周、季、年）卡""福利""去广告"等。内购子类是指某款游戏产品的内购中某类项目所包含的子类数量，如在一款名为"饥饿鲨进化"的游戏中，其币类项目包括"宝石"和"金币"两个子类，采用了不同的单位名称。针对币类项目，主币类是指某款游戏内购中在数量上占主体的子类币类，如"饥饿鲨进化"游戏中，"宝石"项目在排名前 10 的内购中占据半数，多于"金币"类项目，以"宝石"类项目为主币类项目，"金币"等项目归入其他币类项目。针对礼包，则划分为定量礼包和定性礼包两个子类。最底层是具体内容，如"饥饿鲨进化"游戏，具体主币类项目包括"3 宝石""20 宝石""60 宝石""130 宝石""900 宝石"共 5 项，作为本章最深层面的研究对象。

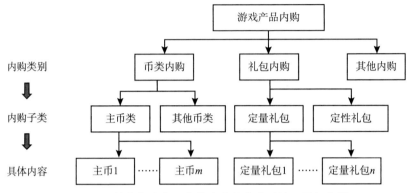

图 4 - 1 数字创业者开发游戏应用内购买的三层级分类

仍然以"饥饿鲨进化"为例，从上述三个层级对其前 10 位的内购项目进行解析，得到该游戏产品内购的结构特征，见表 4 - 1。"饥饿鲨进化"游戏产品的内购项目：内购类别数量为 3，同时有币类和礼包；币类数量为 7，主币类数量为 5，其他币类为 2；礼包数量为 1，为定性礼包；其他数量为 2。

表 4 - 1 不同设备支持数量的游戏产品应用内购买项目的分布

游戏产品	内购项目	内购类别	内购子类	具体内容
饥饿鲨进化	3 宝石，3 宝石赠 100 金币，解锁大白鲨，无敌礼包，900 宝石，13000 金币，130 宝石，60 宝石，2000 金币，20 宝石	币类 (7)	主币类 (5)	3 宝石
				900 宝石
				130 宝石
				60 宝石
				20 宝石
			其他币类 (2)	13000 金币
				2000 金币
		礼包 (1)	定量礼包（0）	-
			定性礼包（1）	无敌礼包
		其他 (2)	币类组合（1）	3 宝石赠 100 金币
			特殊功能（1）	解锁大白鲨

4.1.2 产品类型与应用内购买

1. 产品类型与内购的关系

在移动操作系统平台这一独特情境下,尤以 iOS 平台为例,平台对游戏类产品类型进行了更为细致的划分,包含动作、游乐场、桌面、休闲、音乐、益智、竞速、角色扮演、模拟、体育、策略、知识问答等 19 项子类。

根据上述定义,我们对数字创业者所设计的归属于 12 项类型的游戏产品,在内购不同层级上进行探讨,如图 4 - 2 所示,每类游戏产品的内购特征,均从左到右按照内购子类总数、内购币类数量和主币类数量进行展示。从内购子类来看,内购所覆盖的子类数量为 5.37,说明数字创业者着眼于设计尽可能丰富的内购结构,为用户提供多样化的内购项目。其中,桌面游戏和益智游戏的内购子类数量最多,分别为平均 9 项和 8 项类别;以动作游戏和策略游戏的内购子类数最少,分别为平均 2.5 项和 2.25 项类别。直观地判断,动作游戏和策略游戏的复杂程度普遍高于桌面游戏和益智游戏,说明游戏的复杂度越高,在内购子类设置上越集中。

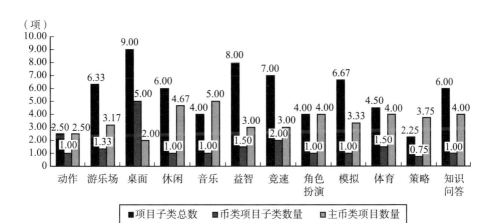

图 4 - 2 不同类型游戏产品的应用内购买项目的分布

针对内购币类，数字创业者不会在游戏产品中设置过多的内购币类及其下级子类，内购币类平均子类数量为1.29，即绝大多创业者在游戏产品的内购中仅设置一种币类单位。其中，桌面游戏具有最多的内购币类中子类数量，如桌面游戏的币类项目子类数量均值为5；而策略类游戏的内购币类项中类数量均值仅为0.75。

从内购的具体内容来看，如"主币类"，游戏产品的主币类数量平均达到3.52，体现数字创业者在内购的底层设计上普遍采用多样化策略。其中，音乐类的主币类数量最多，平均值为5；桌面游戏的主币类数量最少，平均值为2。总之，无论是内购类别层面还是具体内容层面的选择，数字创业者会基于应用产品本身的特征来设计具体内购结构。

2. 产品适用年龄与内购的关系

iOS平台要求数字创业者对其所提供产品适用于哪个年龄范围的用户作出明示，并据此进行内容分级，包括4岁以上（4＋）、9岁以上（9＋）、12岁以上（12＋）、17岁以上（17＋）共四个年龄分级。面对不同年龄层的用户群，数字创业者所设计的内购项目可能具有不同特征。对4个用户适用年龄层级下游戏类产品内购特征进行统计，如图4－3所示，每项特征的分布均从左到右按照4＋、9＋、12＋、17＋的顺序进行展示。

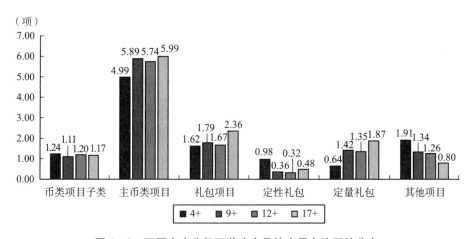

图4－3 不同内容分级下游戏产品的应用内购买的分布

由图 4－3 可知，数字创业者为游戏产品设计内购项目，在面向四个年龄段的用户分层时呈现出显著差异。具体表现为：适用于 4 岁以上用户的游戏产品，数字创业者采用的其他内购类别的数量最多，是 17 岁以上用户 0.8 水平的两倍。这意味着对于低龄段的游戏产品，多样化的非量化内购更能够吸引用户青睐。数字创业者以礼包形式设计内购项目时，在面向四个年龄段的用户分层类别下也呈现出显著差异，表现为适用于 17 岁以上用户的游戏产品，礼包项目数量最多为 2.36，远高于 4 岁以上 1.62。这说明在整体上，年龄层越大的用户偏好更多的礼包项目。这些礼包本身蕴含着消费优惠、累计积分等，如"6 元直购礼包"这种定量礼包，又或者如"月度召唤礼包"等具有某种功能的定性礼包。结果显示，4 岁以上低龄用户更偏好定性礼包，17 岁以上成年用户更喜爱定量礼包，不同年龄段的用户群体具有完全不同的选择倾向。而在计量式的币类项目方面，无论应用开发面向哪个年龄段的用户，其选择没有显著差异。

4.1.3　产品特征与应用内购买

1. 产品体量与内购的关系

对于移动应用产品而言，产品体量大小本无优劣之分，无论体量大小的游戏产品都有其生存空间。对于小体量的游戏产品而言，早期的市场调查数据表明，游戏产品下载包体量越小，下载量越大，这是由于首先体量更大的手机游戏需要更多的流量消耗，对设备性能也提出更高要求；其次用户等待游戏下载完成的时间更长，导致用户最终取消下载的干扰因素也更多；最后体量大的游戏对内存的占用更大，也更容易成为优先被清理的对象。以至于 Google Play 网站目前还有对开发者的相关提示："应用越小，其下载速度越快，安装成功率也越高，因此为了实现最佳效果，务必要监控应用大小并加以优化"。与之相似，苹果公司为了节约网络流量和提高用户体验，也曾经将 iOS 平台蜂窝流量限制设置为 200MB，即当游戏产品的体量超过 200MB 时，用户无法使用流量而必须连接无线网络才能完成下载。因此小游戏逐步占领市场，这些体量小的游戏，甚至"无须下载"的小游戏，创新出"道具+广告"的混合变现策略，让玩家获得别具一格的体验。但对于小游戏产品而言，典型特征是生命周期短，平均超过六成的用户三个月内会更换新游戏，因此如何在尽可能短的时间内通过内购途径，将流量变现，是小型游戏开发商的关键策略。

对于大体量的游戏产品而言，游戏的画面和内容越来越丰富，需要更多的数据来支持，同时一些免费游戏为了吸引玩家会不断推出新的更新和内容，也导致游戏体积膨胀，因此部分创业者将游戏体量做得越来越多。据 Sensor Tower App Intelligence 资料显示，自 2016 年以来，美国 App Store 中的手机游戏平均体量大小也增加了 76% 之多。值得注意的是大体量的游戏产品使得游戏开发商推广费用剧增但效果不尽如人意，因此如何在当前存量竞争环境下留住用户，保持老用户的热情，不断创新推出具有吸引力的内购商品，成为其最关注的焦点市场策略。

对游戏产品的体量进行离散化处理后可以将其划分为 5 个体量范围，从小到大分别为：0~200MB、200~1KMB、1K~2KMB、2K~4KMB 和 4KMB 以上。对 5 个不同体量范围下游戏类产品内购的分布进行统计，如图 4-4 所示。

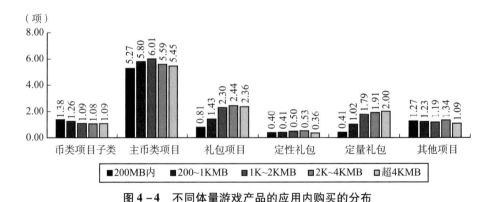

图 4-4　不同体量游戏产品的应用内购买的分布

首先，从内购类别层面分析，当数字创业者开发的游戏产品体量在200MB 以内时，会设置更多的币类子类和更多的其他内购项目。其次，从具体主币类看，面向 200MB 以内的游戏产品，创业者设置的主币类数量最少，但仍然超过了 5 项；1K～2KMB 的游戏产品中设置的主币类数量最多，平均达到 6 项；随着游戏体量增大，主币类数量先增后减，呈现类似正态的分布。

从礼包数量看，数字创业者开发的游戏产品体量越大，包含的礼包数量越多；体量在 200MB 内的游戏产品，平均礼包数量小于 1 项，说明有相当一部分小体量的游戏产品中，创业者没有设置任何礼包项目；当游戏产品体量超过 1KMB 之后，创业者设置的礼包数量平均超过 2 项。对于定量礼包，数量与游戏体量呈正相关关系；体量在 200MB 以内的游戏产品，定量礼包平均仅有 0.41 项；200MB 以上的游戏产品的定量礼包数量均超过 1 项；体量超过 4KMB 的游戏产品定量礼包数平均值最大达到 2 项。无论游戏体量大小，创业者设置定性礼包的平均数量普遍低于 1 项。小于 1KMB 产品的定量定性礼包数量之差（均值为 0.49），与规模大于 1KM 产品的定性定量礼包数量之差（均值为 1.35），存在显著差异（$p = 0.000$）。这说明，数字创业者开发大型游戏产品时，更多地依靠曲折的故事情节和精致的画面效果来吸引和留住用户，在其中设置礼包项目时会更倾向定量礼包。

2. 产品支持语言与内购项目

对于那些具有国际化战略考虑的数字创业者而言，他们在开发并投放产品时需要考虑面向多语言用户的语言支持设计，对此我们将从国际化战略视角分析数字创业者的产品支持语言策略。语言属于地域文化范畴，需要顺应用户的消费习惯。语言本地化的要求跟产品类型密切相关：对于有大量文字叙述、故事情节或者语音背景的产品而言，让用户拥有熟悉的语言环境，是这些产品实现本地化的基本前提；对于无须领会剧情，凭借操作通关的部分动作类游戏产品而言，是否采用本地化语言则影响不大。

实施国际化战略的数字创业者在全球范围内逐步推广产品在不同区域

上市，随之调整或者增加用户所在市场的语言支持，已是常规化操作。一般而言，产品覆盖市场范围越广，涉及国家或者地区越多，则支持的语言数量越多。例如，2023 年下半年，全球最大的数字发行平台之一的 Steam 推出了全新中文改进版，中文改进版完全支持简体中文，为了适应中国用户的使用习惯和审美需求，整体风格更加简洁明快，采用了更符合中国用户习惯的配色方案，甚至在字号、字距等细节方面也作出了调整，不断努力提升用户体验。在本章研究样本包含的 672 款中国市场上的游戏产品中，有 509 款产品支持唯一语言，95 款产品支持语言数量在 2～5 种，68 款产品支持语言数量超过 5 种。中国市场上绝大多数产品仅支持一种语言，该唯一语言主要为简体中文，少数为英语。按照不同支持语言数量分类对产品内购商品的分布进行统计，如图 4－5 所示。

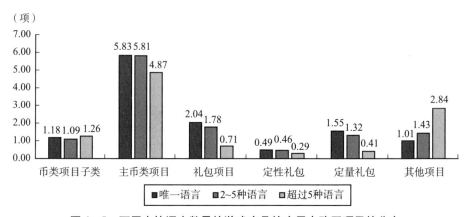

图 4－5 不同支持语言数量的游戏产品的应用内购买项目的分布

我们对产品所支持语言的结构特征与内购的关系进行分析，从内购类别层来看，当创业者开发的游戏产品支持超过 5 种语言时，币类内购的数量与其他内购类别的数量最多。尤其是其他内购项目，超过 5 种语言支持的产品的其他内购项目数量是唯一语言支持产品的近 3 倍。这意味着，当产品的语言支持结构愈加复杂时，其内购的结构也将更加复杂，复杂内购结构的原因可能来自不同语言支持的产品界面有着不同的内购项目，这与不同语言环境下用户的内购寻求存在差异有关。

从内购子类层来看，产品所支持语言的数量与主币类项目数量、礼包项目数量、定性礼包数量和定量礼包数量之间都呈现负相关关系。唯一语言支持和有 2～5 种语言支持的游戏产品具有更多的主币类内购项目，平均接近 6 项。从礼包数量来看，超过 5 种语言支持的产品，礼包数量平均不足 1 项；而唯一语言支持的游戏产品，礼包数量平均超过 2 项。由此得出初步的判断，创业者开发产品支持语言越少，在礼包项目提供上更丰富。无论创业者开发的游戏产品支持多少种语言数，定性礼包数量平均值都少于 0.5 项，超过 5 种语言支持的产品的定性礼包数量最少平均仅为 0.29 项；支持语言数量对定量礼包数量的影响更明显一些，唯一语言支持的产品定量礼包数量，是 5 种以上语言的产品的 3 倍以上。

由此，数字创业者开发的产品对语言支持力度越大，则在产品内购项目顶层设计上偏好多样化，设置更加丰富的内购类别。当创业者开发的游戏产品仅支持唯一语言时，则更倾向于在底层某类具体项目上提供多种选择，也更加青睐礼包项目尤其是定量礼包。这意味着当数字创业者的产品具有较为单一的语言结构时，他们的内购子类上的结构却较为复杂，结合内购类别的分析，这些单一语言结构产品有着简单的内购类别（大类），却有着复杂的内购子类（小类）。也就是说，对于这些想在一个国家深耕、面对一种语言用户的数字创业者，他们会设计主体内购结构简单，但内购内容多样的商业模式，以扩大经由多种内购小类带来的收入来源。

4.1.4 软硬件平台特征与应用内购买

1. iOS 系统支持设备与内购的关系

苹果公司的移动硬件设备，包括笔记本电脑、手机、平板、播放器以及手表在内，都能够支持游戏产品的应用内购买功能。但是，并非所有游戏产品能够支持苹果所有硬件设备，绝大多数游戏产品支持的设备是苹果手机、苹果平板和开发调试设备这三种。

为了考察 iOS 平台上游戏产品的内购结构是否受到硬件设备要求的影响，我们将本章样本中游戏产品按照设备支持数量划分为三类，分别为低设备支持组（支持 1~2 种设备），中设备支持组（支持 3 种设备）和高设备支持组（支持超过 3 种设备）。其中，支持设备为手机、平板和调试设备这 3 种的游戏产品共计 654 个，占到样本的绝大多数；支持设备限于 1~2 种的，只有 13 款产品；而支持设备超过 3 种的产品只有 5 款。基于上述三种支持设备数量分类，游戏产品的内购分布统计见表 4-2。

表 4-2　　　　不同支持设备数量的游戏产品应用内购买项目的分布　　　单位：项

支持设备	币类内购	其他内购	主币类	礼包	定性礼包	定量礼包
1~2 种设备	1.15	1.15	5.23	1.77	0.31	1.46
3 种设备	1.18	1.25	5.75	1.87	0.47	1.40
超过 3 种设备	1.40	1.60	5.20	1.80	0.60	1.20
平均	1.18	1.25	5.73	1.87	0.46	1.40

进一步分析基于数字创业者所开发产品支持的硬件设备进行的分组，在内购类别层面的差异。数字创业者所开发产品支持的硬件设备数量越多，其内购的类别多样性越强，意味着数字创业者期望通过提供类别更加丰富的内购项目，以适应不同设备涵盖的用户群的差异化需求。例如，在高设备支持组中，当游戏产品支持 3 种以上设备时，创业者需要考虑的不仅是手机和平板的用户，还需要满足苹果手表和笔记本电脑的用户需求。基于数字创业者所开发产品支持的硬件设备进行的分组，在内购子类层面也呈现出一定的差异。中设备支持组的数字创业者所开发产品设计主币类内购项目数量最多，平均值为 5.75 项；礼包类内购项目数量也最多，平均值为 1.87 项。

上述结果表明，数字创业者设计能够支持多种硬件设备的产品时，他们更倾向于建构具有多样化特征的内购项目。可能的原因在于，支持多种硬件设备的产品有更多样化的使用群体，他们的需求偏好也呈现出多样化特征，因而多种类型的内购类别及其子类才能够满足他们的需求。

2. iOS 系统版本与内购的关系

iOS 移动操作系统通常被视为封闭的平台生态系统，主要特征是平台所有者（苹果公司）拥有较高的平台治理决策权。而不同版本的 iOS 操作系统就是平台治理策略最直接的体现，因为它要求数字创业者设计开发的产品要符合不同版本操作系统的要求。例如，iOS 14 自 2020 年发布以来，在应用内购买、云游戏和审核流程等方面，表现出了更开放的态度，同时又推出了更严格的隐私条款；在 iOS 14.3 中，要求数字创业者增加完整的隐私使用说明；在 iOS 14.5 中，上线了应用追踪透明度功能。治理策略的改变不可避免地对创业者产品的获客成本、安装量以及内购情况产生重要影响。有数据表明，iOS 14.5 推出的隐私新政，导致 iOS 平台应用内购买收入暴跌 35%，同时 Android 平台内购收入增长 10%。

在本章研究样本中，数字创业者所开发产品对 iOS 版本的要求高低不等，最低要求为 iOS 7，最高要求为 iOS 13 以上版本。不同 iOS 版本要求的手机游戏产品数量统计见表 4 - 3。在 672 款应用开发样本中，要求系统在 iOS 9 以上的手机游戏最多，为 296 款，占样本的 44.1%。

表 4 - 3　　　　　　　不同 IOS 系统版本下游戏产品样本分布

行标签	iOS 7	iOS 8	iOS 9	iOS 10	iOS 11	iOS 12	iOS 13	总计
计数项（款）	17	145	296	126	62	23	3	672

对不同 iOS 版本要求下应用开发的内购分布进行统计，结果如图 4 - 6 所示。我们发现，数字创业者产品对 iOS 版本的要求与其内购类别的数量关系显著（$p < 0.001$）。图 4 - 6 中，创业者产品包含的其他类内购项目数量与内购商品数量高度线性正相关。随着创业者所开发产品对 iOS 系统版本要

求的升高，其产品中采用非礼包、非币类的其他内购类别数量随之增加。
当产品对 iOS 系统版本要求为 iOS 11 时，这些产品中采用其他内购类别的
项目数量平均值达到最高值 2.37；在 iOS 11 版本之后，应用开发中采用其
他内购类别的数量有所下降，但仍处于较高水平。

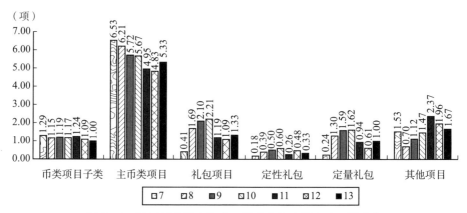

图 4 - 6　不同 iOS 版本要求下游戏产品应用内购买的分布

　　为此我们对 iOS 11 的治理策略进行更深入的分析，因为 iOS 11 的发布
对苹果应用商店和应用内购买的影响最为深刻。苹果发布 iOS 11 包含一项
重大更新即对 App Store 进行了全新改版，调整了推荐方式和搜索功能，突
出游戏和应用两大分类，弱化排行榜和类别。2018 年苹果向 iOS 操作系统
平台上的创业者提出新规定，要求苹果应用商店的未来所有的应用都要基
于 iOS 11 开发。对比 iOS 11 之前和 iOS 11 之后应用开发内购分布的情况，
如图 4 - 7 所示。整体而言 iOS 11 及其以上版本应用开发的内购数量更少，
iOS 11 之后主币类数量（均值为 4.93）与 iOS 11 之前主币类数量（均值为
5.85）存在显著差异（$p = 0.000$）。这表明，随着系统版本对应用开发的要
求提高，其内购最上层产品类别数量更加多样化，内购底层同一类产品内
部具有精简集中的趋势。iOS 平台的治理政策对手机游戏内购产品的影响是
显著存在的。

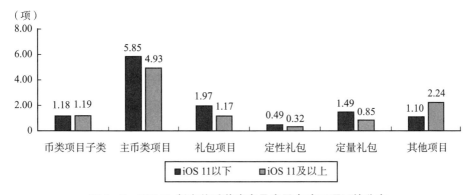

（项）

图 4 - 7　iOS 11 版本前后游戏产品应用内购买项目的分布

4.1.5　创业者特征与应用内购买

在游戏产业生态中，数字创业者主要包括开发商和发行商两大类角色。开发商是开发游戏产品的厂商，是产品的创造者和创新者，他们根据产品概念和需求，负责设计和开发游戏产品的内容、玩法、图形和音效等。发行商是为开发商提供资金，凭借其出版发行权将产品推广到市场上以获得更大的销量。发行商通常使用广告和同时在多个游戏运营平台上架的方法推广产品。当数字创业者是大型公司时，游戏产品开发和发行往往是一体的，小型开发商则更需要依赖较大的发行商进行推广。发行商是开发商的资源提供者，产品上市后实现的盈利大部分会分配给发行商，当然任何一款产品都可能亏损，发行商同样承担了更多风险。以下分别从开发商和发行商两个视角，探讨数字创业者特征对应用内购买的影响。

1. 开发商经验与内购的关系

从直觉上看，开发商经验越丰富，对内购产品的设置越精准有效。开发商根据前期已开发的游戏所收到的市场反馈，能够更好地了解用户的需求，及时调整产品的内容和改进产品的功能，提升用户体验。产品上市后，开发商再更有针对性地发布相关的更新和活动信息，展示产品的特点和优势，吸引更多的用户。

考察开发商的历史经验因素与内购的关系，可以从开发商上榜数量和开发商入市时长两个方面来分析，如图4-8所示。其中，上榜数量是指市场下载量或者收入排名进入前1000的产品数量，开发商入市时长以开发商最早发行的产品时间为起点计算已经历的年份。数据显示，开发商上榜产品数量差异较大，最少的仅有1款产品上榜，最多的则有117款产品进入前1000排名。开发商入市时长差异也很大，最短的在1年以内，最长的入市已达到13年之久。

就上榜产品数量而言，由图4-8可知，开发商上榜产品数量越多，内购的最上层的类别多样性水平越高；开发商上榜产品数量越多，礼包类内购的数量越少；币类内购的数量与上榜产品数量则没有明显的趋势关系。就入市时长而言，趋势与开发商上榜产品数量一致，比较明显的差异在于主币类内购数量与开发商入市时长呈现出正相关趋势。两方面结合来看，产品开发经验越丰富的开发商，偏爱在内购顶层设计更多不同类别的产品更多样性；在内购底层如礼包类内购的设计则采用更加集中的策略，并不设置过多的不同计量的礼包产品。

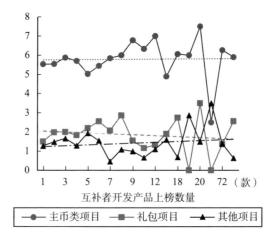

互补者开发产品上榜数量

—●— 主币类项目　—■— 礼包项目　—▲— 其他项目

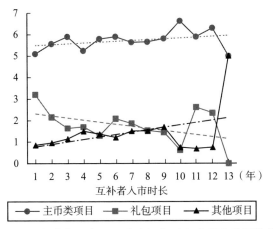

互补者入市时长

● 主币类项目　■ 礼包项目　▲ 其他项目

图 4 - 8　数字创业者（开发商）经验与应用内购买结构

2. 发行商背景与内购的关系

考察发行商背景可以从发行商的发行经验和发行商是否本地企业两个方面来分析。与开发商经验类似，发行商的发行经验用其发行的产品进入前 1000 排名的数量来度量，发行商是否本地企业按其是否为中国所属企业来描述。就上榜产品数量而言，着重从顶层内购类别的多样性和底层某个内购子类的集中性来进行探讨，主要呈现出图 4 - 9 的内购类别数、主币类数量和礼包类数量三条折线的趋势线。

由图 4 - 9 展现趋势我们不难发现，发行商上榜产品数量越多，表明发行商经验越丰富，其产品内购类别顶层设计的多样性越强，底层设计越集中。就发行商是否本地企业而言，国外发行商发行产品的内购项目，其顶层设计更加丰富，例如国外发行商币类内购项目（均值为 1.32）与国内发行商币类内购项目（均值为 1.16）存在显著差异（$p = 0.000$）。中国本地发行商发行产品的内购项目，则在底层设计上更加追求多样化，例如国外发行商主币类内购项目（均值为 4.74）与国内发行商主币类内购项目（均值为 5.86）存在显著差异（$p = 0.000$）。因此，国内和国外发行商选择推广的产品在内购结构上有着显著差异，上述结论能够为产品开发商选择发行商提供决策参考。

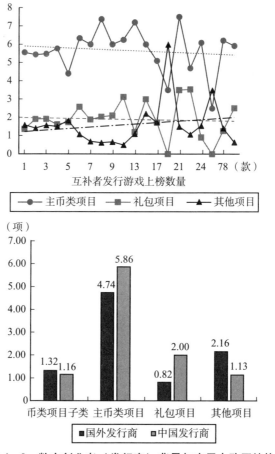

互补者发行游戏上榜数量

主币类项目 —●— 礼包项目 —■— 其他项目 —▲—

图4-9 数字创业者（发行商）背景与应用内购买结构

4.2 数字创业者开发应用内购结构的绩效影响作用

在当前快速消费时代背景下，消费者变得愈加"喜新厌旧"。有数据表明，移动操作系统平台上的小型游戏的淘汰周期仅为3个月。在进入门槛不高且竞争激烈的移动游戏产品市场，创业者需要及时调整产品的内容或者开发新的功能，寻找更多可能的变现方式，才能够提高产品运营收入。而内购是数字创业者主要盈利方式之一，即创业者在应用中提供各种虚拟产品或服务,让用户以真实货币进行购买。数字创业者所设计的不同内购结构是否会对其绩效产生影响?为了回答这一问题,本节着重探讨数字创业者所开发应用的内购结构的绩效影响作用。我们以 2022 年 12 月 1 日为时间节点采集了 622 款手机游戏当时最新版本的内购产品状态,市场绩效数据则为 2022 年 12 月全月的平均值。考虑到游戏类应用开发的特性,对于市场绩效的测量从收入和下载、活跃用户数以及用户评价三个方面进行。

4.2.1 内购顶层设计与市场绩效

内购顶层设计多样性是指数字创业者所开发产品中内购类别数量所展示出的多样类别。本样本中,数字创业者所开发产品中的内购类别数量在 0~9 变化,其分布见表 4-4。基于此,我们根据内购类别数量分布将游戏应用开发划分为三组,分别是低度多样化组(内购类别数为 1),应用开发为 101 款,占比 16.24%;中等多样化组(内购类别数为 2~3),应用开发为 328 款,占比 52.74%;高度多样化组(内购类别数超过 4),应用开发为 193 款,占比 31.02%。

表 4-4　　　　　　　不同的内购项目类别数量下游戏产品样本分布

内购项目 类别数量	1	2	3	4	5	6	7	8	9	总计
产品计数 (款)	101	189	139	104	40	24	15	6	4	622
占比(%)	16.24	30.39	22.35	16.72	6.43	3.86	2.41	0.96	0.64	100

1. 内购多样性与应用开发收入和下载

我们进一步分析基于内购类别数量进行的分组,在应用开发收入和下载上的差异。研究发现，具有不同内购类别数量的应用开发，在收入（$F = 4.822$，$p = 0.028$）和下载（$F = 2.979$，$p = 0.085$）上呈现出差异。具体而言，内购类别中等多样化组的平台应用开发，收入水平最高，取自然对数后值为 7.689，高于低度多样化组和高度多样化组；内购类别高度多样化组的应用开发，下载水平最高，取自然对数后值为 5.897，高于低度多样化组和中等多样化组。

应用开发中内购类别数量越多，表明创业者在内购项目的顶层设计，即内购类别上追求更高水平的多样性。内购类别多样性与产品收入及下载量的关系如图 4 - 10 所示。具体而言，随着内购类别数量增加，应用开发收入情况呈现先上升后下降的趋势。创业者可以通过设置合理数量的内购类别，即中等程度的内购类别数量来实现收入业绩最优化。这一数据结果表明，当数字创业者只有较少的内购产品时，他们不容易通过内购产品来获取收入，而当内购数量过多时，过于分散的产品布局则会影响消费者对高利润产品的购买，影响创业者收入。与收入有所不同，更多样化的内购结构能够提升消费者对产品的感知和体验，从而增加产品的下载。因此，设计更加丰富的内购类别是应用开发吸引更多用户下载的关键。

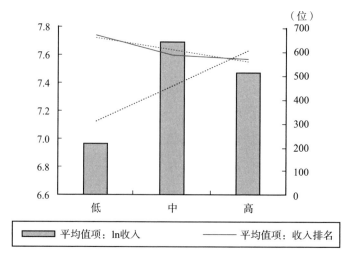

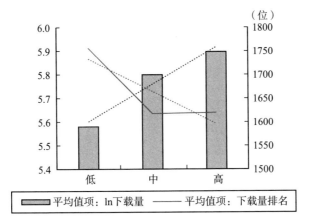

图 4 – 10　游戏产品内购顶层多样性与收入及下载量的关系

2. 内购类别多样性与用户黏性

用户黏性主要通过活跃用户数量与用户打开率两个指标进行测量。活跃用户数是去除重复用户后，在某个时段以内使用了该产品的用户数量；用户打开率是某个时间段内打开产品进行使用的用户占全部下载用户的比例。活跃用户数量与打开率越高说明用户的黏性越强。从研究样本产品内购类别数量变化与活跃用户数及用户打开率变化的趋势来看，随着产品内购类别数量增加，活跃用户数呈现出微弱的下降趋势，而打开率呈现先增后减的态势，如图 4 – 11 所示。

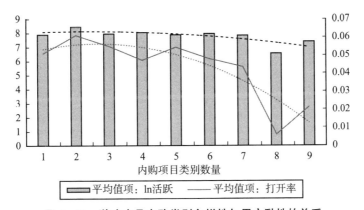

图 4 –11　游戏产品内购类别多样性与用户黏性的关系

　　根据内购类别数量进行分组，考察这一分组在活跃用户数量和用户打开率两个用户黏性指标上的差异。研究发现，具有不同内购类别数量的应用开发，在活跃用户数（$F = 3.837$，$p = 0.051$）和用户打开率（$F = 1.969$，$p = 0.048$）上呈现出差异。具体而言，内购类别中等多样化组的应用开发，活跃用户数最多，自然对数取值平均为 8.459，高于低多样化组的 7.833 和高多样化组的 7.478。内购类别的中等多样化组的应用开发，用户打开率水平最高，平均值为 0.056，高于低多样化组的 0.051 和高多样化组的 0.040。

　　这一数据结果与内购类别数量和收入下载业绩的关系相似，都表明数字创业者在考虑内购结构安排时应注重内购类别数量的"取中"设计，既不以较少的内购类别数量简化产品复杂性，也不以较多的内购类别数量分散消费者偏好。从数据结果来看，内购类别较少，意味着数字创业者用单一化的内购项目吸引用户流量，这并不利于激发用户的活跃度，也不利于促进用户更多地打开产品而使用产品；而过多的内购类别则会给用户在内购项目选择上带来困难，也会影响用户打开率和活跃度。因此，适宜数量的内购类别，在用户能够简化地选择适合自己的内购项目的情况下，有助于促进活跃用户数量的增加以及打开率的提高。

3. 内购类别多样性与用户评价

　　用户评价是数字创业者了解用户需求最直接也是最客观的途径。用户黏性主要通过用户评分和评价数量两个指标进行测量，每个指标被进一步划分为累计值和新增值，用以考察长期效应和短期效应。基于产品内购类别数量，考察产品的用户评分和评价数量的分布情况与发展趋势，如图 4 - 12 所示（内购项目类别数量为 8 时样本量太少对其进行排除）。从该趋势图可以看出，随着产品内购类别数量增加，累计用户评价数量和累计用户评分都呈现缓慢增加的态势。而当内购类别数量增加时，新增用户评价数呈现先增后减的倒 U 型趋势。当创业者在其开发的产品中设置内购类别在 2～5 的范围时，用户评价的积极性水平最高。同时，内购类别数量与新增用户评分之间呈现正相关关系，产品内购类别多样性越强，用户评分越高。

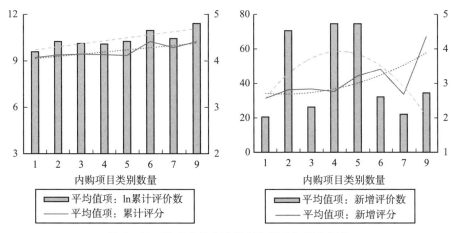

图 4 - 12　游戏产品内购类别多样性与用户评价

根据内购类别数量进行分组，考察这一分组在用户评价数量和用户评分两个评价指标上的差异。研究发现，具有不同内购类别数量的应用开发，在新增评价数（$F = 4.425$，$p = 0.036$）和新增评分（$F = 3.762$，$p = 0.053$）上呈现出差异。具体而言，内购类别中等多样化组的应用开发，新增用户评价数最多，平均值为 95.734，高于低多样化组的 33.976 和高多样化组 34.083。内购类别中等多样化组的应用开发，新增评分平均水平最低，为 3.783，低于高多样化组的 4.186 和低多样化组的 4.009。

上述数据结果呈现出相反的情形，一方面，内购类别数量与新增用户评价数呈倒 U 型关系，即中等数量的内购类别更能够吸引新增用户作出评价；另一方面，内购类别数量与新增用户评分值呈 U 型关系，即中等数量的内购类别所获得的用户评价分值最低，最高分值来自高度多样化的内购组别。其可能的原因在于，首先，内购类别非常丰富的应用开发所接收到的用户评价以正面评价为主，这带来的用户评分更高，意味着数字创业者尝试开发多样内购项目的努力得到了市场的认可，用户希望看到多样化的内购类别。这似与前述阶段相矛盾，但由于这里的用户评价是新增用户，意味着高度多样化的内购类别结构对于吸引新用户的作用更显著，而不在于促使用户为内购类别付费购买。其次，当创业者设计中等数量规模的内购类别时，新增用户会积极地作出评价，这也表明用户基于此形成对内购类别的基准认知，由此再判断增加或减少内购类别的价值，从而产生在用户评分上的差异。

综上，从数字创业者角度，如果创业者以增加收入、稳定用户和提高用户评价积极性为目的，则应在内购项目顶层设计中选择低多样性策略，且最优内购项目类别数量在 3 个左右；如果创业者追求更多的下载量和更高的用户评分，则应在设计产品内购项目类别时采取高多样性策略，用创新方式为用户提供更多更具特色的内购项目选择。用户会在多个效用之间进行权衡，一方面希望能够有更多选择权，另一方面希望内购项目能够更加精准契合自身个性化需求。

4.2.2 不同类别内购的定价策略

在 iOS 系统平台上，创业者无法自由决定所开发产品中内购类别的价格，必须遵循苹果公司制定的固定内购价格等级政策，这也体现出平台所有者对数字创业者的治理约束。根据 iOS 平台给出的内购类别定价表，从最低 0.99USD 到最高 999.99USD，共设置 94 个价格级别，苹果公司允许创业者在这 94 个价格点上进行选择性定价。创业者只能在某个价格点上调整内购项目所包含的内容和数量，以区别于同行竞争者。

数字创业者对不同类别内购的定价，始终是影响用户决策的重要因素。一方面，性价比更高的内购类别更加受到用户喜爱，用户希望在有限预算内体验到更多的功能或服务；另一方面，价格是商品或服务质量的代理信号，用户普遍认为价格更高的内购商品或者服务的体验会更好。在探讨创业者对内购项目的定价机制时，本部分将以"定性内购项目的平均价格"作为内购顶层类别定价策略的度量指标，以"主币类内购项目平均价格"和"定量礼包内购项目平均价格"作为内购底层子类定价策略的度量指标。

本章的分析样本为 622 款游戏产品，其中以定性项目方式设计了内购商业模式的产品有 338 款，见表 4 - 5。根据定性内购类项目的价格区分将这 338 款应用开发划分为两组，分别为低价格组（平均价格低于 1 美元），共有 193 款产品，占全部样本的 57.10%；高价格组（平均价格高于 1 美元低于 4 美元），共有 125 款产品，占全部样本的 36.98%。另有 2 款产品定性内购类项目平均价格分别为 18.295 美元和 20.998 美元，远高于其他内购项目，将其删除不予考虑。以下我们仍然从收入与下载量、用户黏性和用户评价三个方面来展开讨论。

表 4 - 5　　　　内购定性项目不同单价分段的游戏产品样本分布

价格区	1	2	3	4	5	6	7	8	总计
取值范围	≤1USD	1USD < ≤2USD	2USD < ≤3USD	3USD < ≤4USD	4USD < ≤5USD	5USD < ≤6USD	6USD < ≤7USD	>7USD	
分段计数（款）	193	78	30	17	7	9	2	2	338

1. 内购类别定价与产品收入及下载量

数字创业者对内购类别中定性类项目的定价，是否会对创业者所开发产品的市场收入和下载量产生影响？首先，对数字创业者就其内购类别定价的水平与应用开发收入和下载状况进行了基于样本分布的趋势分析。从图 4 - 13 来看，随着样本中设计了内购商业模式的定性类项目平均价格由低到高变化，应用开发的收入呈现先上升再下降的倒 U 型趋势，而应用开发的收入排名则呈现先下降再缓慢上升的 U 型趋势，二者结论相互印证。内购类别平均价格与下载的关系与此类似。

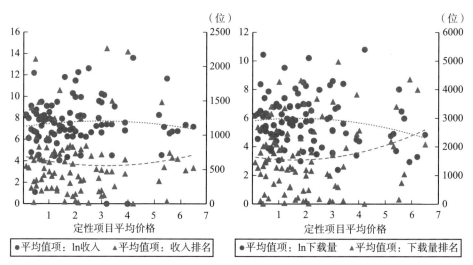

图 4 – 13　游戏产品内购顶层定价与收入和下载量

其次，基于内购类别定价所进行的分组，利用方差分析考察这一分组在应用开发收入和下载上的差异。研究发现，内购类别定价不同的应用开发，在收入排名（$F = 4.312$，$p < 0.001$）和下载排名（$F = 3.048$，$p = 0.009$）上呈现出差异。具体而言，内购类别低价格组的应用开发，收入排名更加靠前，平均自然对数取值为 5.858，小于高价格组的 6.121。内购类别低价格组的应用开发，下载排名更加靠前，自然对数平均取值为 6.878，小于高价格组的平均值 7.013。这一数据结果表明，在内购项目的低价区域，愿意支付的用户更多，但低价限制了收入的提高；在内购项目的高价区域，偏好更具特色和更高附加值内购项目的用户，所形成细分市场的份额始终有限，无法充分发挥价格对收入的正向作用。上述结论说明，绝大多数用户总是在价格和性能上追求平衡，期望能够获得最高性价比的产品体验。

2. 内购类别定价与用户黏性

移动游戏产品市场本就竞争激烈，同质化现象严重，数字创业者对产品内购价格的任何调整，都可能触动用户作出反应，舍弃原来使用的产品转而投入到同行竞争者的阵营。什么样的定价策略，才能够让数字创业者在努力发展新用户的同时，以其较高的用户黏性留住老用户，是一个颇具挑战性的命题。以下通过考察内购类别定价与活跃用户数、用户打开率的样本趋势关系，来分析内购定价对用户黏性的影响，结果如图 4 - 14 所示。总体上看，随着内购项目平均价格升高，活跃用户数量呈现下降趋势，在进入高价区域时，即平台互补产品平均价格高于 5 美元后，活跃用户数量又开始上升。在用户打开率方面，内购项目平均价格与用户打开率同样呈现负相关关系。

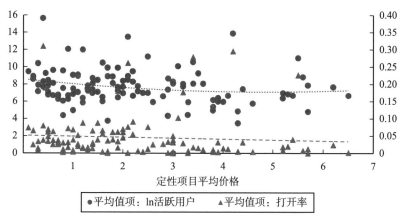

图 4 - 14　游戏产品内购类别定价与用户活跃程度及黏性

进一步地，我们基于内购类别定价所进行的分组，利用方差分析考察这一分组在用户活跃度和用户打开率上的差异。研究发现，内购类别定价不同的应用开发，在用户活跃度（$F = 2.963$，$p = 0.088$）和用户打开率（$F = 8.099$，$p = 0.005$）上呈现出差异。具体而言，低价格组的应用开发，活跃度水平更高，活跃用户数在取自然对数后平均值为 7.942，高于高价格组的平均值 7.193。类似地，低价格组的应用开发，用户打开率水平更高，平均值为 0.046，高于高价格组的 0.044。

上述数据结果说明，市场上绝大多数用户对价格仍然敏感，特别是由于互联网技术大幅缓解了市场上的信息不对称，用户可以轻而易举地在同类产品中选择最低定价，竞品之间同质化使得用户转换成本几乎为零，这些因素共同作用加剧了用户对价格变化的敏感。当产品中的内购项目没有足够特色时，用户必然理性选择价格更低的产品；反之，如果产品的内购项目具有鲜明的差异化特征，能够为用户提供独有体验，即使内购项目价格高昂，也能够吸引到高端用户的青睐。一方面，数字创业者要考虑内购项目的低价策略，这是数字创业者对产品定价时百试不爽的有效方法，尤其是全球化疫情对经济产生重大冲击的背景下，创业者制定具有竞争力的价格政策后，要第一时间推送给目标用户，让用户在短期内作出付费决策。另一方面，数字创业者还要针对高端用户的个性化需求，在产品中为其量身打造具有独特体验的内购项目，提高高端用户对产品的忠诚度。

3. 内购类别定价与用户评价

在分析内购类别定价与用户黏性的关系基础上，进一步探讨内购类别定价与用户评价的关系，以二者之间关系的趋势图分析为分析起点。如图4-15所示，随着分析样本游戏产品的内购类别平均价格逐步升高，相应产品获得的平均累计用户评分呈现较弱的上升趋势；而新增用户评分与内购类别定价之间，呈现非常显著的倒 U 型关系。从用户评价数来看，累计用户评价数与产品内购类别平均价格之间呈现为负相关关系；新增评价数与产品内购类别平均价格之间呈现较弱的递减趋势。

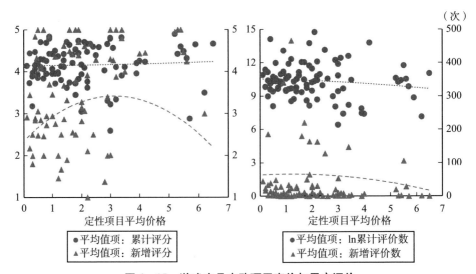

图 4 –15　游戏产品内购顶层定价与用户评价

我们基于内购类别定价所进行的分组，利用方差分析考察这一分组在用户评分和用户评价数上的差异。研究发现，内购类别定价不同的应用开发，在新增用户评分（$F = 13.759$，$p = 0.003$）和新增用户评价数（$F = 7.509$，$p = 0.007$）上呈现出差异。具体而言，高价格组的应用开发，新增用户评分更高，平均值为 4.463，高于低价格组的平均值 2.956。低价格组的应用开发，新增评价数更高，取自然对数后平均值为 2.905，高于高价格组的自然对数平均值 1.616。

上述数据结果说明，长期来看，价格较低的内购类别项目能够吸引更多用户购买，从而产生更多的用户评价。数字创业者为产品精心设计的高价项目，能够获得更高的用户评价，创业者的精品策略更能得到用户的认可。但是在当前游戏产品应用内购买市场上，由于低价项目过于同质化体验不佳，导致大多数用户对低价位产品的评分不高，选择低价位内购产品实际上是受到经济能力的限制，但这部分用户明显对内购产品质量有着更高的期待。从经济向好的长远预期来看，用户在追求低价的同时，仍然希望创业者能够开发出具有更佳体验的内购项目，并愿意承担部分由此产生的溢价。

总的来看，iOS 平台上的创业者在对游戏产品中的内购类别作出定价安排时，更适合采用纺锤形定价策略，以适合用户对高性价比的追求：一般性的低价项目无法满足用户体验要求，也不利于产品市场业绩的提高；高端项目能带给有支付能力的用户超值体验，但该细分市场的规模非常有限，需要投入更多时间培养。

4.2.3　内购类别的组合策略

关于内购类别多样性的分析，以币类项目为具体研究对象，观察数据发现，在 622 款包含币类项目的样本产品中，有 346 款产品出现了既包括币类项目又包括礼包项目的内购组合策略。平台创业者在为其所开发产品开展内购类别设计时，最常见采用的两种类别："币类"和"礼包"是否会同时出现，是多样性在顶层的另一种重要表现形式。在此，将内购类别中同时包括币类项目和礼包项目的产品划入"组合策略"组，只包括其中一类的产品归入"非组合策略"组。为了分析顶层组合策略的效用，分类统计"组合策略"与"非组合策略"两组产品的市场绩效，见表4-6。

表4-6　　　游戏产品内购"币类+礼包"组合策略的效应分析

币类+礼包	平均收入	平均收入排名	平均下载量	平均下载量排名	平均活跃用户数	平均打开率	平均累计评分	平均新增评分	平均累计评价数	平均新增评价数
0	26033.62	695.58	1451.46	1778.48	39940.54	0.05	4.10	3.92	109729.20	57.60
1	62678.38	559.75	2266.57	1712.24	111665.30	0.06	4.16	3.89	215683.23	75.63
总计	48577.75	612.90	1947.45	1737.95	80440.86	0.05	4.14	3.90	174896.62	68.56

　　由表4-6可知，采用"币类+礼包"组合策略的产品收入和下载量都明显高于非组合策略的产品，收入提升了2倍以上，下载量提高56%；采用组合策略的产品的市场排名表现更佳，收入和下载量的平均排名分别提前136个和66个位次。从用户黏性来看，"组合策略"组产品的活跃用户数是"非组合策略"组的近3倍，打开率提升了20%。站在用户的立场，两组产品的用户评分没有显著的差异，但无论是累计评价数还是新增评价数，采用组合策略的产品都具有非常突出的优势，比未采用组合策略的产品分别提高97%和32%。

　　我们基于内购组合策略所进行的分组，利用方差分析考察这一分组在用户端绩效指标上的差异。研究发现，内购组合策略不同的应用开发，在收入（$F=7.820$，$p=0.005$）、收入排名（$F=8.451$，$p=0.004$）、用户活跃度（$F=8.129$，$p=0.004$）、打开率（$F=9.104$，$p=0.003$）和累计评价数量（$F=6.639$，$p=0.010$）等维度上呈现出显著差异。具体而言，组合策略组的应用开发的收入更高，取自然对数后平均值为8.285，高于非组合策略组的平均自然对数值7.676。组合策略组的应用开发的收入排名更加靠前，取自然对数后平均值为5.734，低于非组合策略组的平均自然对数值

6.081。组合策略组的应用开发的用户活跃程度更高，活跃用户数在取自然对数后平均值为 8.316，高于非组合策略组的平均自然对数值 7.799。组合策略组的应用开发的用户打开率更高，打开率（大于 0 且小于 1）取自然对数后的平均值为 - 3.492，高于非组合策略组的平均自然对数值 - 3.849。组合策略组的应用开发的累计评价数量更多，取自然对数后平均值为 10.299，高于非组合策略组的平均自然对数值 9.856。此外，是否采取组合策略，应用开发在下载量和用户评分方面没有体现出显著差异。这些数据表明，用户明显更加偏爱内购项目采用组合模式的产品，期望在内购类别上具有更多选择权。这种"币类 + 礼包"的组合策略，本质上仍然反映应用开发中内购类别的顶层多样性，上述结论与前面"币类项目"的分析结论保持了一致。

第5章　依托数字创业者技术网络建构及其绩效作用

技术模块是平台生态中不容忽视的构成内容，便利的技术条件能够帮助数字创业者更快地加入平台、更好地融入生态、更多地与平台生态中的多主体形成互补关系并捕获价值。对于数字平台而言，平台互补活动所需要的共性技术能够通过模块化进行共享，不仅有助于在位数字创业者建构自身竞争优势地位、挖掘技术共享的网络效应，而且有助于新进数字创业者快速实施平台互补活动，提升平台生态系统的整体价值。

因此，本章主要聚焦于平台生态中由于数字创业者所建构的技术模块网络形成多主体间的技术共享，对数字创业者及其价值活动绩效的影响。首先，本章梳理了平台生态中的技术共享特征，厘清谁在共享技术、哪些技术被共享了、谁在使用这些共享技术等第一性问题。其次，不同于传统实体经济中的技术共享，平台技术共享的边际成本更低且往往能够通过挖掘网络效应规避规模报酬递减规律，因此本章分析了平台技术共享中的同群网络特征，厘清哪些数字创业者在使用同样的技术、哪些平台技术模块及其模块功能在被同时使用。最后，从数字创业者捕获价值的视角，本章将为读者简要呈现哪些共享技术能够为数字创业者捕获价值提供帮助，以及数字创业者可以如何瞄准并选择技术同群网络位置来提高价值获取能力。

为此，本章展开了大量的数据收集、整理、清洗和分析工作。本章根据全球范围59个国家在其市场上公开发行的手机游戏的数据，收集了各国市场中在 2019 年 1 月 1 日至 2022 年 3 月 31 日共 39 个月期间的下载量或者收入排名前 1000 的手机游戏应用，经过清洗、去重和整理等步骤，最终得到共计 532322 个截面数据的研究样本。如此大量的样本，为统计分析提供了较为坚实的数据和经验基础。

5.1 平台技术模块及技术创业者特征分析

在数字平台上，各个数字创业者开发产品时或多或少地需要使用各种技术模块，在软件开发领域被称为软件开发包（SDK 模块），数字创业者正是利用这些 SDK 技术模块开发能够接入平台的产品，并建立了和平台所有者、其他数字创业者以及技术模块提供商之间的技术网络。本节梳理了平台生态中的共享技术模块及其提供者的特征，以期通过识别哪些技术正在被共享、谁在使用或提供这些技术等基础问题，为进一步分析提供基本洞见。为此，本节首先考察了平台技术模块所提供的功能分布、功能数量，以及不同平台所提供的技术模块是否存在差异。其次梳理了平台技术模块提供者的特征，如开发能力、功能偏好、多功能偏好及其能力，以及不同平台的技术模块提供者是否存在差异。

5.1.1 平台技术模块特征

在平台技术模块提供的模块化开发功能中（见图 5 - 1），"工具类"（Tools & Utilities）模块最为常见，超过四成（414 款，约占 40.08%）的平台技术模块提供该模块化开发功能。常见的平台技术模块功能还包括"图形/界面"（Graphics/UI）和"广告平台"（Advertising Platforms），分别有超过 100 款平台技术模块提供了对应模块化开发功能支持（分别出现在 121 款和 108 款平台技术模块中，约占 11.71% 和 10.45%）。

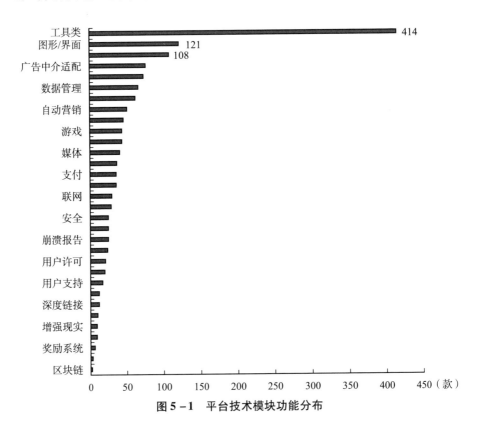

图 5-1　平台技术模块功能分布

　　平台技术模块提供的模块化开发功能中，最罕见的功能是"区块链"（Blockchain）和"健康与形体"（Health and Fitness）（见表 5-1）。其中，提供"区块链"（Blockchain）功能的平台技术模块，除了 Launch Darkly 开发的全功能平台技术模块之外，仅被 LINE 开发的平台技术模块支持，后者还支持"社交"（Social）"用户认证"（User Authentication）以及"支付"（Payments）功能；提供"健康与形体"（Health and Fitness）的平台技术模块，除了 Launch Darkly 开发的全功能平台技术模块之外，包括谷歌公司提供的谷歌 Fit 平台技术模块和苹果公司提供的 HealthKit 平台技术模块。

表 5 – 1   最罕见平台技术模块功能的支持情况

平台技术模块	平台技术模块功能	平台技术互补者
LINE 平台技术模块	Social，User Authentication，Payments，*Blockchain*	LINE
HealthKit 平台技术模块	Tools & Utilities，*Health and Fitness*	苹果
谷歌 Fit 平台技术模块	*Health and Fitness*	谷歌

注：（1）不含全功能平台技术模块。（2）加粗斜体表示最罕见平台技术模块功能。

从平台技术模块的功能类型多样性来看（见图 5 – 2），在统计到的 1033 款平台技术模块样本中，除去缺失数据的两款平台技术模块，664 款平台技术模块仅提供单一功能（约占平台技术模块总数的 64.28%），提供多功能的平台技术模块数量为 369 款（约占样本的 35.72%）。

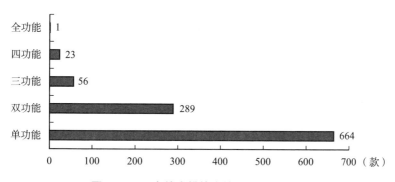

图 5 – 2　平台技术模块支持功能数量分布

其中，Superbet 旗下的 Launch Darly 提供了包含全功能服务平台技术模块，是包含功能最多的平台技术模块。由谷歌、微软、百度等大型互联网科技公司提供的谷歌 Firebase 平台技术模块、App Center 平台技术模块、DU Ad Platform 平台技术模块等 23 款平台技术模块提供了 4 类模块化开发功能，是同时支持功能较多的平台技术模块。

从平台技术模块在不同平台的分布情况来看（见图 5 – 3），727 个平台技术模块布局在 iOS 平台、683 款平台技术模块布局在安卓平台。其中，同时支持 iOS 平台和安卓平台的模块化开发的平台技术模块共 377 款，仅支持 iOS 平台模块化开发的平台技术模块共 350 款，仅支持安卓平台模块化开发的平台技术模块共 306 款。

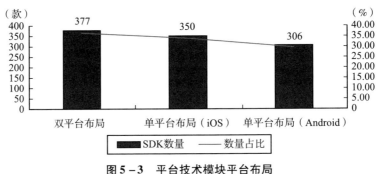

图 5 - 3　平台技术模块平台布局

5.1.2　平台技术提供者特征

首先，从平台技术提供者的开发能力来看（见图 5 - 4），平台技术提供者能力（所开发的平台技术模块数量）呈现出较强的"马太效应"，少数平台技术提供者具有强大的平台技术模块开发能力，而大多数技术提供者的开发能力较弱。平均来看，每位平台技术提供者能够开发不足 2 个平台技术模块。开发能力最强的平台技术提供者能够提供 49 个平台技术模块，而 549 个平台技术提供者仅提供了 1 个平台技术模块。此外，提供超过 5 个平台技术模块的平台技术提供者仅 22 个，其中 9 个技术提供者提供了 10 个以上的平台技术模块，5 个技术提供者提供了 20 个以上的平台技术模块。

在众多平台技术提供者中，以平台技术模块开发运营数量为测度，开发能力最强的平台技术提供者是谷歌，他们提供 49 个不同的平台技术模块，其次是 Admob（嵌入于移动操作系统平台的移动广告平台）提供了 27 个平台技术模块，亚马逊提供了 24 个平台技术模块，Meta 提供了 23 个平台技术模块，苹果提供了 21 个平台技术模块。

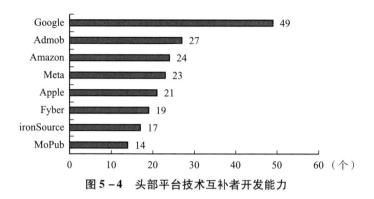

图 5-4 头部平台技术互补者开发能力

其次，从平台技术提供者开发技术模块的功能偏好来看，他们对所提供的平台技术模块功能存在一定的开发偏好。例如，开发包含"广告中介适配器"（Ad Mediation Adapters）功能的平台技术模块开发者最多，共 25 个。其次是"工具类"（Tools & Utilities）功能，共有 18 个技术提供者投入开发。再次是"数据管理"（Data Management）"图形/界面"（Graphics/UI）以及"App 分析"（App Analytics），10 个以下技术提供者从事这些功能的技术模块开发。

进一步地，这些平台技术提供者存在多功能导向的开发偏好，即力求在一个技术模块中附着多种功能。例如，如表 5-2 所示，有 14 个技术开发者投入多功能平台技术模块的开发，其中 Segment 提供了 5 个多功能平台技术模块，mParticle 提供了 4 个多功能平台技术模块，CRI Middleware 提供了 3 个多功能平台技术模块，百度等 11 位开发者则提供了 2 个多功能平台技术模块。

表 5-2　　　　　　　　偏好开发多功能平台技术提供者列表

技术模块	技术互补者	多功能模块数量（个）	多功能模块占比（%）
DU Ad Platform 平台技术模块	Baidu	2	100
Mobvista 平台技术模块	Mobvista	2	100

技术模块	技术互补者	多功能模块数量（个）	多功能模块占比（%）
comScore 平台技术模块	comScore	2	100
CRI File Majik PRO 平台技术模块	CRI Middleware	3	100
Applovin 平台技术模块	AppLovin	2	100
mPartical 平台技术模块	mParticle	4	100
JSon Model 平台技术模块	JSONModel	2	100
JSQMessagesViewController 平台技术模块	Jesse Squires	2	100
Segment connector for Firebase 平台技术模块	Segment	5	100
SnapKit 平台技术模块	SnapKit	2	100
AdBrix 平台技术模块	IGAWorks	2	100
GameThrive 平台技术模块	OneSignal	2	100
Jiguang Jshare 平台技术模块	Jiguang	2	100
KASlideShow 平台技术模块	Alexis Creuzot	2	100

最后，技术模块的多功能开发，源于平台技术提供者的多功能开发能力。从数据库中的数据来看，提供单功能平台技术模块的开发者共378个，占全部平台技术提供者的57.10%，超过四成平台技术提供者提供了多功能平台技术模块。如表5－3所示，提供5个以上多功能平台技术模块的开发者共5位，分别是Meta、谷歌、苹果、Amazon和Segment，他们分别提供了12个、11个、11个、9个、5个多功能平台技术模块。

表5－3　　　　　　　　　**头部多功能平台技术提供者列表**

平台技术互补者	开发平台技术模块数量（个）	多功能平台技术模块数量（个）	多功能平台技术模块占比（%）
Meta	23	12	52.17
谷歌	49	11	22.45
苹果	21	11	52.38
Amazon	24	9	37.5
Segment	5	5	100

5.1.3 平台技术提供者布局特征

考虑到平台技术提供者在不同平台上布局，我们发现统计到的 662 个不同的平台技术提供者，有 458 个平台技术提供者布局在 iOS 平台上，425 个平台技术提供者布局在安卓平台上（见图 5 - 5）。其中，221 个平台技术提供者同时在两个平台上布局，单一平台布局的平台技术提供者共 441 个（单独布局 iOS 平台的平台技术模块共 237 个，单独布局安卓平台的平台技术模块共 204 个）。

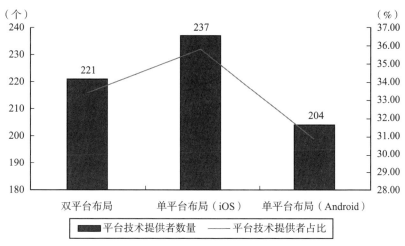

图 5 - 5 平台技术提供者的平台布局

5.2 平台技术模块采用情况分析

本节梳理了平台共享技术模块的采用情况，厘清谁使用平台共享技术模块，以及他们对技术模块及其功能的偏好等问题。为此，本节从平台技术模块视角、数字创业者产品视角以及数字创业者视角，先后考察了平台技术模块的采用使用情况，以及可能的平台差异。

5.2.1 平台技术模块被开发采用的情况

iOS 平台中，被数字创业者使用最多的平台技术模块主要由互联网巨头开发。如表 5-4 所示，全球超过 5000 个数字创业者产品使用的 16 个平台技术模块中，有 9 个平台技术模块由平台主苹果公司开发，3 个模块由谷歌公司开发（Admob 已经被谷歌收购）、2 个模块由 Meta 开发，出现在榜单中的 Unity Engine 平台技术模块和 AppAnalytics 平台技术模块则分别由细分行业隐形冠军 Unity Technologies 和 AppAnalytics. io 开发。

表 5-4　　　iOS 平台中常用平台技术模块及其功能与开发商列表

平台技术模块	平台技术模块功能	平台技术互补者	使用该平台技术模块的产品数量（个）
iBeacon 平台技术模块	Location，Tools & Utilities	苹果	9233
StoreKit 平台技术模块	Payments，Tools & Utilities	苹果	9163
CloudKit 平台技术模块	Tools & Utilities	苹果	9098
SiriKit 平台技术模块	Tools & Utilities	苹果	8907
MapKit 平台技术模块	Location，Tools & Utilities	苹果	8683
Core ML 平台技术模块	Tools & Utilities	苹果	8176
CallKit 平台技术模块	Media，Tools & Utilities	苹果	6467
ClassKit 平台技术模块	Tools & Utilities	苹果	6103
Facebook Core 平台技术模块	Social，User Authentication	Meta	5755
谷歌 Firebase 平台技术模块	Data Management，App Analytics，Security，Ad Attribution	谷歌	5604
Admob 平台技术模块	Advertising Platforms，Ad Mediation	Admob	5539
谷歌 Analytics for Firebase 平台技术模块	App Analytics，Ad Attribution	谷歌	5511
Unity Engine 平台技术模块	Gaming	Unity Technologies	5496

续表

平台技术模块	平台技术模块功能	平台技术互补者	使用该平台技术模块的产品数量（个）
AppAnalytics 平台技术模块	App Analytics，Crash Reporting，Audience	AppAnalytics. io	5454
SpriteKit 平台技术模块	Gaming，Graphics/UI	苹果	5448
Facebook Login Kit 平台技术模块	Social，Tools & Utilities	Meta	5435

安卓平台中，被数字创业者使用最多的平台技术模块同样主要由互联网巨头开发。如表 5 - 5 所示，全球超过 5000 个数字创业者产品使用的 19 个平台技术模块中，有 8 个平台技术模块均由平台主谷歌公司开发，5 个模块由 Meta 开发，2 个模块由 Unity Technologies 开发，其余 4 个分别由 Firelight Technologies、Firebase、Block Inc 和 ZXing Team 开发。

表 5 - 5　　　安卓平台中常用平台技术模块及其功能与开发商列表

平台技术模块	平台技术模块功能	平台技术互补者	使用该平台技术模块的产品数量（个）
谷歌 Play Services 平台技术模块	Tools & Utilities	谷歌	10039
Admob 平台技术模块	Advertising Platforms，Ad Mediation	Admob	9652
谷歌 Firebase 平台技术模块	Data Management，App Analytics，Security，Ad Attribution	谷歌	9514
谷歌 Sign - In 平台技术模块	User Authentication，Tools & Utilities	谷歌	9116
谷歌 Analytics for Firebase 平台技术模块	App Analytics，Ad Attribution	谷歌	7840
Play Billing Library 平台技术模块	Payments	谷歌	7113
谷歌 Play In - app billing 平台技术模块	Payments	谷歌	7110

平台技术模块	平台技术模块功能	平台技术互补者	使用该平台技术模块的产品数量（个）
Facebook Login Kit 平台技术模块	Social，Tools & Utilities	Meta	6452
Fmod 平台技术模块	Media，Gaming	Firelight Technologies	6449
Unity Engine 平台技术模块	Gaming	Unity Technologies	6237
Facebook Core 平台技术模块	Social，User Authentication	Meta	6156
Facebook Share Kit 平台技术模块	Social，Deep linking	Meta	6086
Firebase Cloud Messaging 平台技术模块	Push Notifications	Firebase	5959
gson 平台技术模块	Tools & Utilities，Developer Framework	谷歌	5948
Bolts 平台技术模块	Tools & Utilities	Meta	5873
OKHttp 平台技术模块	Networking	Block Inc	5820
Z Xing 平台技术模块	Tools & Utilities	ZXing Team	5252
UnityAds 平台技术模块	Advertising Platforms，Gaming，Rewarded Video Advertising	Unity Technologies	5243
Deep linking	Facebook AppLinks 平台技术模块	Meta	5125

在数字创业者模块化开发中，平台技术模块的采用情况呈现出较强的"马太效应"，极少数的平台技术模块被广泛地采用，而绝大多数平台技术模块并未得到广大市场的青睐。

平台技术模块在 iOS 平台上被采用情况呈现出极度的左偏状态（见图5-6），每个平台技术模块平均约被361个数字创业者产品采用。平台技术模块在安卓平台被采用情况同样呈现出极度的左偏状态（见图5-7），每个平台技术模块平均约被395个数字创业者产品采用，中位数和25分位数与 iOS 平台相同（依次为 14 和 3），但 75 分位数却为 103（iOS 平台为 94）。以上结果表明，不同平台中的数字创业者选择技术模块时，大部分数字创业者进行模块化开始时使用的技术模块数量不多，半数数字创业者使用了不超过 14 个技术模块，这或许与数字创业者大部分体量较小有关。同时，模块化开发水平较高的数字创业者，更多地存在于安卓平台，超过 1/4 的安卓平台数字创业者使用了超过 100 个技术模块，而苹果平台数字创业者使用超过 100 个计数模块的数字创业者则相对较少，这或许与平台开放度和复杂性等治理特征有关。

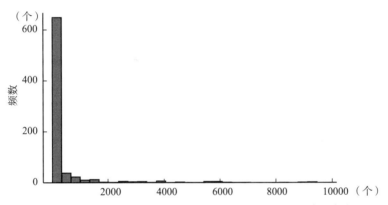

图 5-6 平台技术模块在 iOS 平台模块化开发中的采用情况直方图

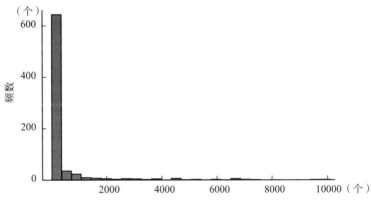

图 5-7 平台技术模块在安卓平台模块化开发中的采用情况直方图

数字创业者模块化开发中的常用功能在 iOS 平台和安卓平台出现了分化（见图 5-8），iOS 平台数字创业者更加偏好采用工具性模块（如定位和支付），而安卓平台数字创业者则偏好收益性模块（如广告中介和广告平台）。此外，值得注意的是，两个平台中因提供最常用功能而被最广泛采用的模块均由平台主自身开发。

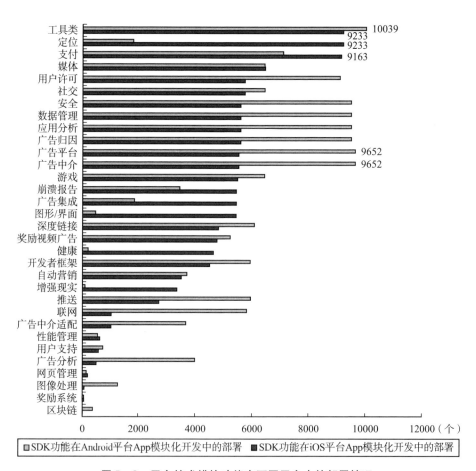

图 5-8　平台技术模块功能在不同平台中的部署情况

在 iOS 平台模块化开发中，采用最多的平台技术模块功能有"定位"（Location）、"工具类"（Tools & Utilities）以及"支付"（Payments），依次被全球 9233 个、9233 个以及 9163 个数字创业者产品采用。其中，因提供"定位"（Location）和"工具类"（Tools & Utilities）功能而被最广泛采用的平台技术模块是 iBeacon 模块，提供"支付"（Payments）功能而被最广泛采用的是 StoreKit 模块，两个平台技术模块均由平台主苹果开发。

在安卓平台模块化开发中，采用较多的平台技术模块功能依次有"工具类"（Tools & Utilities）"广告中介"（Ad Mediation）"广告平台"（Advertising Platforms）。其中，因提供"工具类"（Tools & Utilities）而被最广泛采用的平台技术模块是谷歌开发的 Google Play Services 平台技术模块，在 10039 个数字创业者产品中得到了采用；因提供"广告中介"（Ad Mediation）和"广告平台"（Advertising Platforms）而被最广泛采用的平台技术模块是 AdMob 模块，在 9652 个数字创业者产品中得到了采用。

5.2.2 单一数字创业者产品的模块采用情况

进行模块化开发的数字创业者产品高达 19717 个，其中 iOS 平台 9460 个、安卓平台 10257 个。这意味着越来越多的数字创业者通过模块化的方式开发产品，他们需要采用技术模块提供商的模块来实现产品开发。单一平台数字创业者进行产品开发时使用到的不同平台技术模块的数量约为 33 个，iOS 平台模块化开发程度最高为 77 个、安卓平台模块化开发程度则可达 97 个，说明安卓平台上数字创业者模块化程度更高。数字创业者模块化开发程度整体呈现"左偏"状态，且在安卓平台上的"左偏"程度更强。iOS 平台模块化开发强度分布如图 5-9 所示，安卓平台模块化开发强度分布如图 5-10 所示。

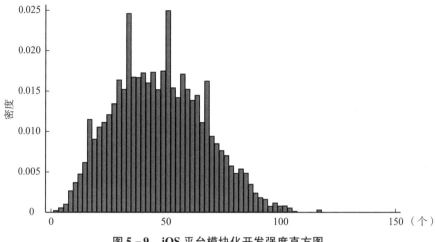

图 5 - 9　iOS 平台模块化开发强度直方图

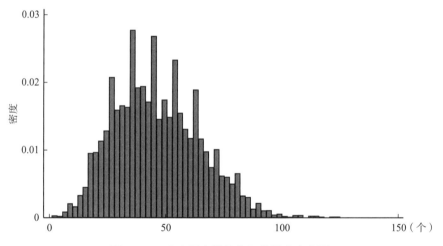

图 5 - 10　安卓平台模块化开发强度直方图

数字创业者采用不同技术模块完成产品开发后，并不会一成不变地保持其模块结构，而是会动态调整模块化构成，表现在每个模块的采用时长不同。我们在数据库中搜集并整理了每一个数字创业者采用、卸载技术模块的时间，发现 iOS 平台中，数字创业者产品开发中累计的平台技术模块的平均经验（单一数字创业者产品所使用的全部平台技术模块的时间长度均值），整体呈现"左偏"状态（见图5-11），平均约为943.76天。安卓平台中，数字创业者产品中累计使用平台技术模块的平均经验也呈现"左偏"状态（见图5-12），平均约为943.51天。

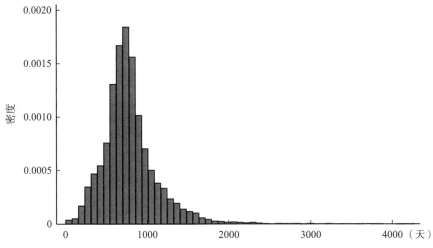

图5-11 iOS平台使用平台技术模块平均经验

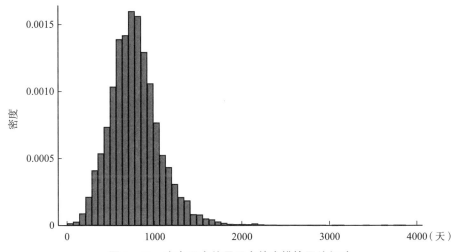

图5-12 安卓平台使用平台技术模块平均经验

从数字创业者使用技术模块功能的情况来看，数字创业者对部分功能采取了多平台技术模块重叠覆盖策略，即针对某些功能引入多个模块使得这些功能得到更好的发挥。例如，如图 5 - 13 所示，数字创业者倾向于在"广告中介适配器"（Ad Mediation Adapters）、"工具类"（Tools & Utilities)"、"广告平台"（Advertising Platform）等功能中使用多款平台技术模块进行重叠覆盖，这是由于数字创业者若以广告为主要收入来源，则可通过接入更多广告平台，更好地发挥并增强广告功能；而工具功能则是让其他模块更好地发挥作用的基础性模块。相对而言，iOS 平台数字创业者最倾向

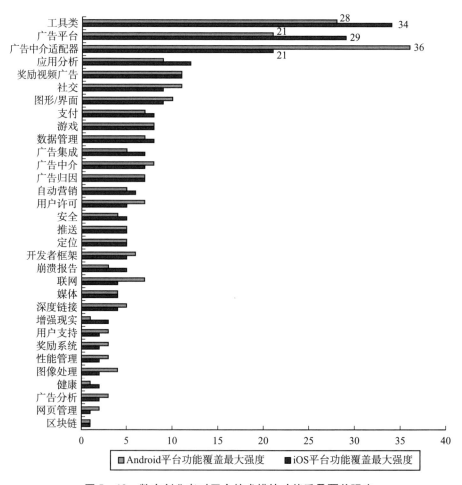

图 5 - 13　数字创业者对平台技术模块功能重叠覆盖强度

于重叠覆盖"工具类"（Tools & Utilities）功能，该功能被最多34个不同的平台技术模块所包含，意味着最极端的情况下，某个iOS平台数字创业者调用了34个模块来释放工具功能。而安卓平台开发者则更看重对"广告中介适配器"（Ad Mediation Adapters）功能的重叠覆盖，该功能被最多36个不同的平台技术模块所包含。上述差异与两个平台的功能与技术定位有关，前者强调技术体验，而后者凸显广告流量与用户资源。

5.2.3 数字创业者的模块采用情况

在移动操作系统平台上，单一平台数字创业者可能开发了多个产品投放在平台上，这就构成"创业者—产品"的多维结构。本节的分析样本共含4275个iOS平台数字创业者（见图5-14），每个数字创业者平均使用平台技术模块约151个（先累计总数再计算平均，存在重叠模块）。从iOS平台中的单一平台数字创业者使用平台技术模块的最大数量来看，单一平台数字创业者使用平台技术模块最大规模高达2540个，这反映在该数字创业者对56个数字创业者产品的开发活动中。

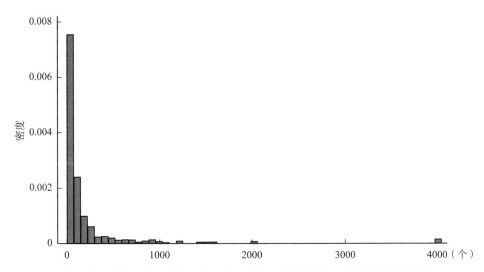

图5-14 iOS平台中的单一平台数字创业者使用平台技术模块数量直方图

　　对于数字创业者而言，相较在不同活动中采用不同技术，将同一项技术在不同活动中进行横向复制性采用的成本更低。对于样本所包含的4275位 iOS 平台数字创业者，单一平台数字创业者使用的不同平台技术模块的数量整体呈现"左偏"的分布状态（见图 5 - 15），每位数字创业者平均使用约42个不同的平台技术模块（不存在重叠）。从 iOS 平台中的单一平台数字创业者使用不同技术模块的最大数量来看，单一平台数字创业者使用的不同平台技术模块数量最多 121 个。

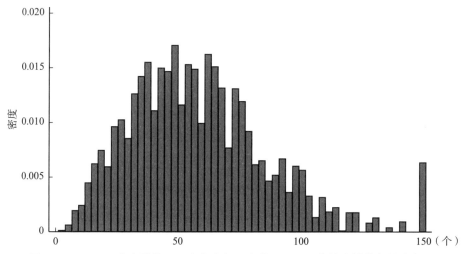

图 5 - 15　iOS 平台中的单一平台数字创业者使用不同平台技术模块数量直方图

　　从数字创业者使用技术模块的功能来看，对于 iOS 平台中的单一平台数字创业者，使用较多平台技术模块来实现的功能包括"广告平台"（Advertising Platforms）、"工具类"（Tools & Utilities）、"视频奖励广告"（Rewarded Video Advertising）。例如，前述使用最多的平台技术模块次数的数字创业者（2540 个），在其 56 个数字创业者产品的开发活动中，累计使用了高达 995 个平台技术模块来实现"广告平台"功能，这是实现 iOS 平台数字创业者实现单一功能使用的最多平台技术模块数量。

5.3 平台技术模块的同群网络特征

所谓同群网络是指具有某种关联的若干个体构成的关系网，如基于相同行业的产业同群、基于共同股权的集团同群、基于相似产品的产品同群等。当平台上的数字创业者使用了相同的平台技术模块时，他们因为技术模块的共享而形成了关联，建构了围绕数字创业者之间的技术同群网络。当某项平台技术模块在一组数字创业者中使用时，就形成基于技术模块的同群网络。本节利用网络分析工具，刻画了数字创业者之间因共用技术模块所形成的技术同群网络、技术模块之间因被同一数字创业者采用而形成的同群网络，以及技术提供商之间因模块为相同数字创业者采用而形成的同群网络。进一步地，为了考察上述三种同群网络特征及其差异，引入"中心性"（Centrality）概念，并引入测量中心性常用的 4 个中心性维度——度（Degree）中心性、接近（Closeness）中心性、中介（Betweenness）中心性以及向量（Eigenvector）中心性。以上 4 个中心性维度各有侧重，度中心性反映了个体对外联结的多寡，接近中心性反映了个体与关联个体的远近，中介中心性反映了个体在整个网络中所处地位的关键程度，向量中心性则反映了个体拥有的关联个体的重要性。

第一，度（Degree）中心性更多地反映该节点与其他节点的连通性（见图 5-16），计算公式为 $Centrality_{Degree}(N_i) = \sum_{j \in N} x_{ij}$，其中 $Centrality_{Degree}(N_i)$ 表示节点 i 的度中心性，x_{ij} 表示节点 i 和节点 j 之间是否存在连接，$\sum_{j \in N}$ 表示对网络中的节点进行遍历。另一种计算度中心性的方式则是 $Centrality_{Degree}(N_i) = \dfrac{\sum_{j \in N} x_{ij}}{N-1}$，其中，$N$ 表示网络中的节点总量，这一测度方式纳入了网络的规模，因而更能反映节点在该网络中的地位。本书采用后一种测度方式。

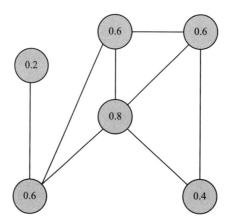

图 5 - 16 度中心性示意

第二，接近（Closeness）中心性更多地反映该节点与网络中其他节点之间的距离，计算公式为 $Centrality_{Closeness}(N_i) = \left(\dfrac{1}{N-1}\sum_{j \in N} Distance_{ij}\right)^{-1}$，其中，$Distance_{ij}$ 表示节点 i 和节点 j 之间的距离，$\dfrac{1}{N-1}\sum_{j \in N} Distance_{ij}$ 意为节点 i 到网络中其余节点的平均距离，因此 $Centrality_{Closeness}(N_i)$ 即节点 i 到网络中其余节点平均距离的倒数。

第三，中介（Betweenness）中心性更多地反映该节点对网络节点对之间的最短路径中占据的必要位置多寡，计算公式为 $Centrality_{Betweenness}(N_i) = \sum_{s \neq i \neq t} \dfrac{g_{st}^i}{g_{st}}$，其中，$g_{st}$ 表示节点 s 和节点 t 之间的最短路数量，g_{st}^i 表示节点 s 和节点 t 之间经过节点 i 的最短路数量，$\sum_{s \neq i \neq t}$ 表示对节点进行遍历。$Centrality_{Betweenness}(N_i)$ 意为网络中经过节点 i 的最短路的比例，即节点 i 在该网络中占据位置的重要程度。

第四，向量（Eigenvector）中心性则反映了该节点及其邻接节点的重要性，计算公式为 $Centrality_{Eigenvector}(N_i) = \dfrac{1}{\lambda}\sum_{j \in N} x_{ij} Centrality_{Eigenvector}(N_j)$，其中，$\lambda$ 是关系矩阵中绝对值最大的特征值。向量中心性及其计算，体现了节

点之间的传递和联通思想，即利用关联节点的度中心性不断迭代计算该点的向量中心性。

5.3.1　基于技术模块共享的数字创业者同群网络

平台价值互补活动的模块化，使得数字创业者之间产生了各种同伴网络及同群效应。一方面，这些同群网络反映了数字创业者之间相似的技术需求和模块化偏好；另一方面，这些同群网络及伴生的同群效应既是平台价值的体现，也可以作为平台治理的抓手。

1. 考虑 iOS 平台数字创业者因为共享技术模块所形成的同群网络

这里的同群网络构成主体是数字创业者，而网络中的两个主体至少有一个共享的技术模块。iOS 平台中基于共享技术模块形成的数字创业者同群网络如图 5 - 17 所示。直观地发现，数字创业者之间存在广泛的技术同群关系，不同的数字创业者往往会使用到同一类技术。

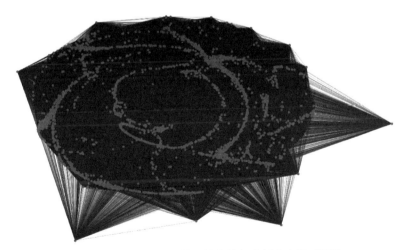

图 5 - 17　iOS 平台中基于技术的数字创业者同群网络

　　基于共享技术模块的 iOS 平台数字创业者同群网络中心性的描述性统计及其分布情况如表 5-6 和图 5-18 所示。描述性统计表明，一方面，数字创业者在技术同群网络中的各维度中心性的均值较大，表明网络中的节点的直接联结较多、距离较近；另一方面，各个中心性维度的标准差较小，表明数字创业者中心性指标的数值较为接近，即普遍具有较多的技术同伴。

表 5-6　　iOS 平台中的基于技术的数字创业者同群网络中心性描述性统计

中心性	数字创业者数量（个）	均值	标准差	最小值	最大值
度中心性	3140	0.9915	0.0448	0	1
接近中心性	3140	0.9869	0.0544	0	1
中介中心性	3140	0.5075	0.2139	0	1
向量中心性	3140	0.9931	0.0448	0	1

　　注：中心性指标经过极差中心化处理。

　　直方图验证了以上结论。iOS 平台数字创业者的度中心性、接近中心性以及向量中心性的取值均较大，中介中心性的取值则接近正态分布。综合描述性统计与直方图的展示可以得出，基于共享技术模块的数字创业者同群网络的直接网络效应较强。这种直接网络效应表现在，当同群网络中的数字创业者共同使用了某个技术模块后，其他的数字创业者会争相使用该模块，围绕这一技术模块会形成同边网络效应，这也源于数字创业者更倾向于采用受欢迎的技术模块以证明其功能性。

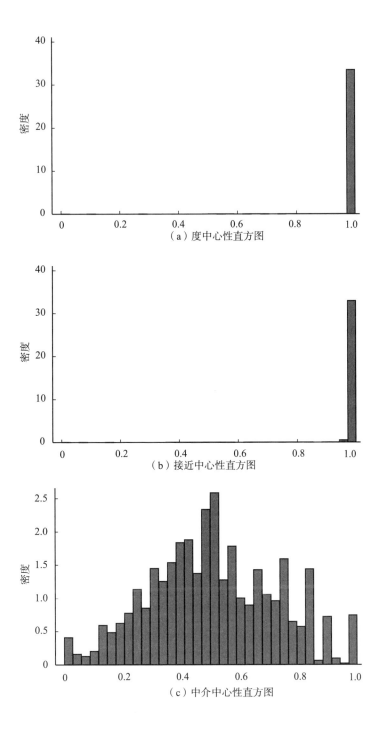

（a）度中心性直方图

（b）接近中心性直方图

（c）中介中心性直方图

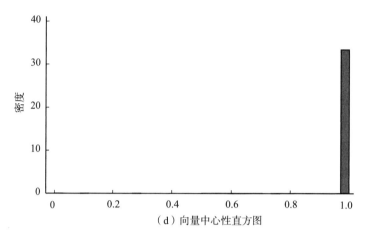

图 5 – 18　iOS 平台中的基于技术的数字创业者同群网络中心性直方图

注：中心性指标经过极差中心化处理。

2. 考虑安卓平台数字创业者因为共享技术模块所形成的同群网络

以期形成与 iOS 平台的对比。安卓平台中，基于共享技术模块的数字创业者同群网络如图 5 – 19 所示。类似地，安卓平台数字创业者之间同样存在广泛的技术同群关系，不同的数字创业者往往会使用到同一类技术。

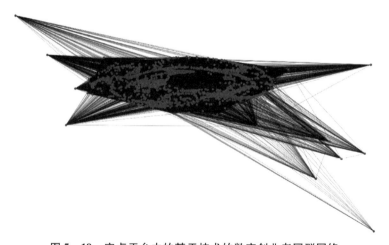

图 5 – 19　安卓平台中的基于技术的数字创业者同群网络

基于技术模块的安卓平台数字创业者同群网络中心性的描述性统计及其分布情况如表 5 - 7 和图 5 - 20 所示。描述性统计表明，安卓平台与 iOS 平台类似，数字创业者同群网络的直接网络效应较强。一方面，数字创业者在技术同群网络中的各维度中心性的均值较大，表明网络中的节点的直接联结较多、距离较近；另一方面，各个中心性维度的标准差较小，表明数字创业者中心性指标的数值较为接近，即普遍具有较多的技术同伴。

表 5 - 7　　安卓平台中的基于技术的数字创业者同群网络中心性描述性统计

中心性	数字创业者数量（个）	均值	标准差	最小值	最大值
度中心性	3140	0.9870	0.0635	0	1
接近中心性	3140	0.9789	0.0744	0	1
中介中心性	3140	0.0607	0.0714	0	1
向量中心性	3140	0.9904	0.0635	0	1

注：中心性指标经过极差中心化处理。

直方图也同样验证了以上结论。安卓平台数字创业者的度中心性、接近中心性以及向量中心性的取值均较大，与 iOS 平台相似。然而，安卓平台数字创业者的中介中心性的分布情况与 iOS 平台数字创业者的分布情况存在差异，安卓平台数字创业者的中介中心性呈现出"集中"趋势、即少数数字创业者占据了技术同群中的关键位置。

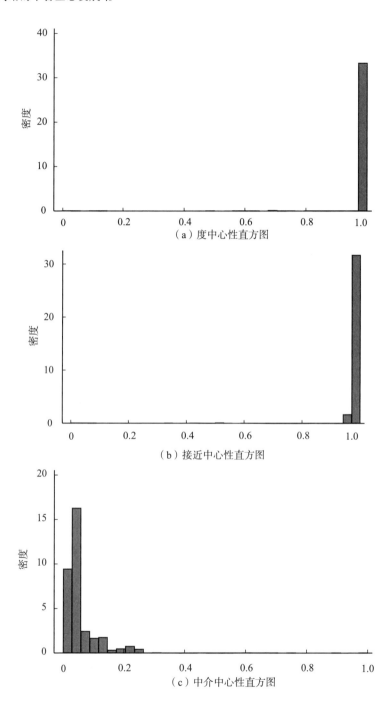

（a）度中心性直方图

（b）接近中心性直方图

（c）中介中心性直方图

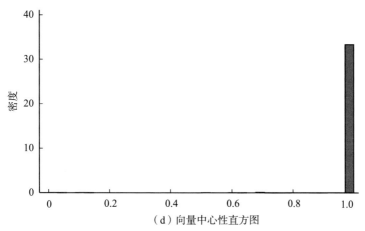

图 5 - 20　安卓平台中的基于技术的数字创业者同群网络中心性直方图

注：中心性指标经过极差中心化处理。

5.3.2　基于数字创业者共用的技术模块同群网络

数字创业者由于共享了特定的技术模块而形成同群网络，而从技术模块的角度来看，由于某个技术模块被应用于相同的数字创业者产品中，因而在技术模块之间也形成同群网络。与数字创业者同群网络以数字创业者为构成主体，两个主体至少共享一个技术模块不同，技术模块同群网络以技术模块为构成主体，两个技术模块至少被共同用于一个数字创业者。这种技术模块同群网络是以技术为主要内涵的网络，更多地体现了一种技术功能组合，也反映了平台技术模块的应用性和可拓展性。从技术模块提供者的角度来说，开发这些技术模块的提供商本身也是移动操作系统平台的数字创业者，只不过他们并不向用户提供最终产品，而是为提供产品的数字创业者提供软件包模块产品。

1. 考察 iOS 平台中的技术模块同群网络

iOS 平台中，基于数字创业者的技术模块同群网络如图 5 - 21 所示。

直观地发现，平台技术模块之间存在较多的共存关系，这意味着这些模块时常需要被共同用于某类数字创业者产品才能更好地发挥模块的功能。但是相较数字创业者同群网络，技术模块同群网络密度更低，且更为松散，说明由于数字创业者共用而形成的技术模块之间的同群联结较弱。

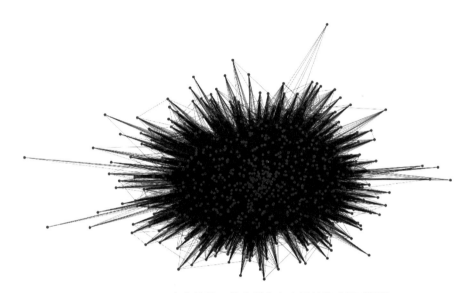

图 5 – 21　iOS 平台中的基于数字创业者产品的技术同群网络

平台技术模块中心性描述性统计及其分布情况如表 5 – 8 和图 5 – 22 所示。整体看来，平台技术模块同群网络的直接同群效应更强，且存在一定的"马太效应"。根据描述性统计，首先，度中心性和接近中心性的均值较大，分别为 0.2136 和 0.5695，表明网络中的节点的直接联结较多且距离较近。其次，中介中心性的均值较小为 0.0011，表明网络中的大部分节点均占据了较多的关键位置。再次，向量中心性的均值较小为 0.0306，表明网络中的关联关系传递必要性较低。最后，相较接近、中介和向量中心性，度中心性的标准差相对较大为 0.2058，表明节点之间距离和地位差异较小，但直接关联数量方面存在一定差异。

表 5 - 8　　iOS 平台中的基于数字创业者产品的技术同群网络中心性描述性统计

中心性	平台技术模块数量（个）	均值	标准差	最小值	最大值
度中心性	727	0.2136	0.2058	0.0069	0.9807
接近中心性	727	0.5695	0.0864	0.4837	0.9811
中介中心性	727	0.0011	0.0034	0	0.0271
向量中心性	727	0.0306	0.0210	0.0013	0.0863

　　根据直方图可知，平台技术模块同群网络中的中心性呈现出"马太效应"。大部分节点的中心性不高，分布的正偏性在四个维度的网络中心性中均存在，且尤以中介中心性体现最为明显。

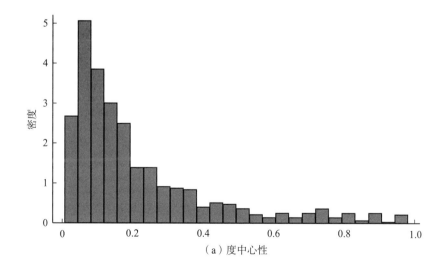

（a）度中心性

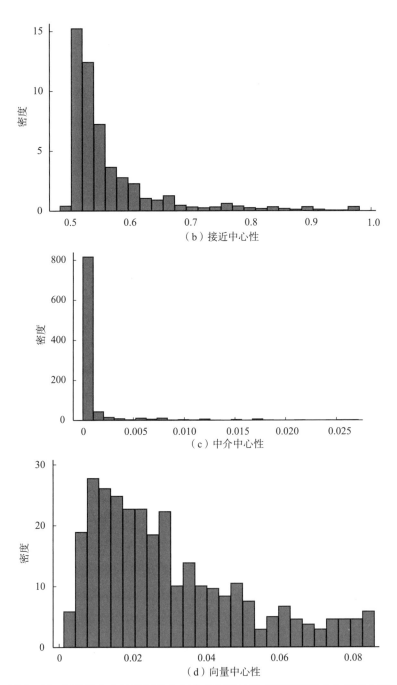

图 5 - 22　iOS 平台中的基于数字创业者产品的技术同群网络中心性直方图

　　高网络中心性的平台技术模块，多为平台主所开发、其次则分属知名互联网企业。如图 5 - 23 所示，iOS 平台中，各维度中心性排名前 15 的平台技术模块中，9 个由平台主苹果开发，知名互联网企业谷歌（Admob 被谷歌收购）和 Meta 则分别开发了 3 个模块。

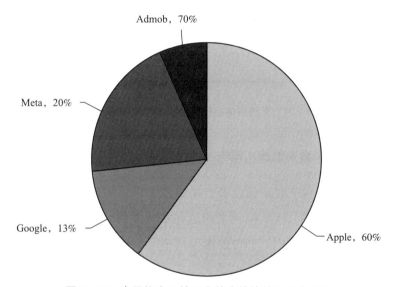

图 5 - 23　高网络中心性平台技术模块的开发者占比

　　高网络中心性的平台技术模块全部为多功能平台技术模块，且所提供的功能较为多样，共出现了 15 个不同的功能模块（见图 5 - 24）。高网络中心性的平台技术模块提供的功能多集中在"工具类"（Tools & Utilities），共计出现 9 次。广告类功能是高网络中心性平台技术模块提供的常见功能之二，共计出现 4 次，如"广告归因"（Ad Attribution）共计出现 2 次、"广告中介"（Ad Mediation）共计出现 1 次、"广告平台"（Advertising Plat-forms）共计出现 1 次。"社交"（Social）也是高网络中心性平台技术模块提供的常见功能，共计出现 3 次。

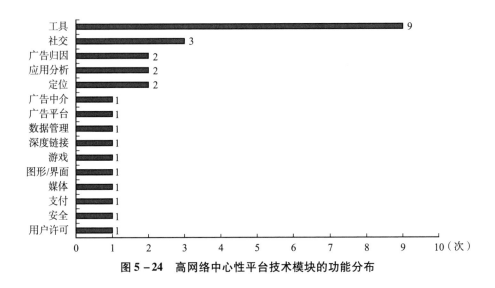

图 5 - 24　高网络中心性平台技术模块的功能分布

2. 考察安卓平台中的技术模块同群网络

　　安卓平台中，基于数字创业者产品的技术模块同群网络如图 5 - 25 所示。直观地发现，平台技术模块之间也存在较多的共存关系，即一个模块在多个数字创业者中使用。平台技术模块中心性描述性统计及其分布情况如表 5 - 9 和图 5 - 26 所示。整体看来，平台技术模块同群网络的直接同群效应更强，且存在一定的"马太效应"。

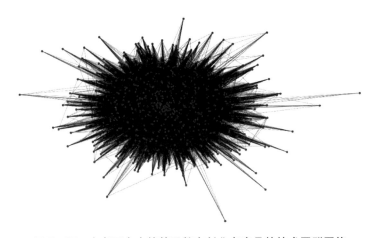

图 5 - 25　安卓平台中的基于数字创业者产品的技术同群网络

根据描述性统计，平台技术模块同群网络的直接协同效应较强。首先，度中心性和接近中心性的均值较大，分别为 0.2394 和 0.5792，表明网络中的节点的直接联结较多且距离较近。其次，中介中心性的均值较小为 0.0011，表明网络中的大部分节点均占据了较多的关键位置。再次，向量中心性的均值较小为 0.0319，表明网络中的关联关系传递必要性较低。最后，相较接近、中介和向量中心性，度中心性的标准差相对较大为 0.2183，表明节点之间距离和地位差异较小，但直接关联数量方面存在一定差异。

表 5－9　安卓平台中的基于数字创业者产品的技术同群网络中心性描述性统计

中心性	平台技术模块数量（个）	均值	标准差	最小值	最大值
度中心性	683	0.2394	0.2183	0.0073	0.9956
接近中心性	683	0.5792	0.0931	0.4871	0.9956
中介中心性	683	0.0011	0.0033	0	0.0255
向量中心性	683	0.0319	0.0211	0.0012	0.0838

根据直方图 5－26 可知，平台技术模块同群网络中的中心性呈现出"马太效应"。大部分节点的中心性不高，分布的正偏性在四个维度的网络中心性中均存在，且尤以中介中心性体现最为明显。

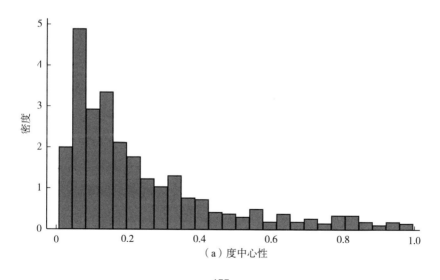

（a）度中心性

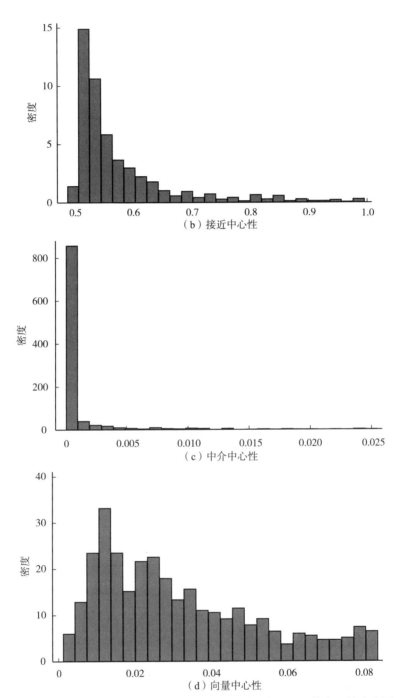

图 5 - 26　安卓平台中的基于数字创业者产品的技术同群网络中心性直方图

　　高网络中心性的平台技术模块，多为平台主所开发，其次则分属知名互联网企业，且出现了不同于 iOS 平台的现象——即存在 ZXing Team 这样的开源项目团队所开发的开源技术（见图 5-27）。安卓平台中，各维度中心性排名前 16 的平台技术模块中，9 个由平台主谷歌开发（含所收购的 Admob 和 Firebase），5 个来自知名互联网企业 Meta，其余分别来自美国移动支付龙头公司 Block Inc. 和开源项目团队 ZXing Team。

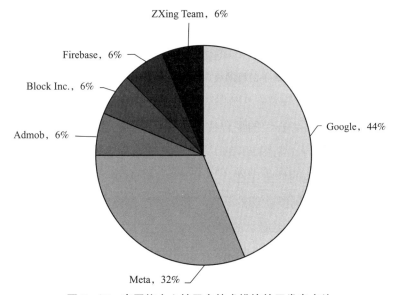

图 5-27　高网络中心性平台技术模块的开发者占比

　　在安卓平台的高网络中心性平台技术模块中，半数平台技术模块仅包含一项功能，7 个平台技术模块包含两项功能，一个平台技术模块包含两项以上功能（见图 5-28）。同时，这些高网络中心性的平台技术模块所包含的平台技术模块功能共 14 个，与 iOS 平台类似。

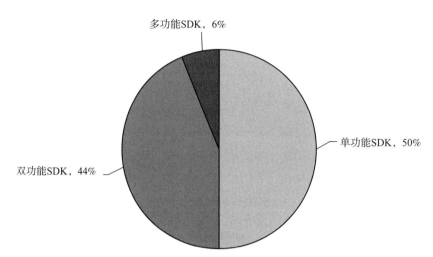

图 5 – 28 安卓平台高网络中心性平台技术模块的功能安排

　　安卓平台高网络中心性的平台技术模块所提供的功能与 iOS 平台略有不同，且分布相对均匀（见图 5 – 29）。首先，安卓平台高网络中心性的平台技术模块提供的功能同样集中在"工具类"（Tools & Utilities），共计出现 6次，略少于 iOS 平台同类功能的 9 次。其次，广告类功能同样是安卓平台高网络中心性平台技术模块提供的常见功能之二，共计出现 4 次，如"广告归因"（Ad Attribution）共计出现 2 次、"广告中介"（Ad Mediation）共计出现 1 次、"广告平台"（Advertising Platforms）共计出现 1 次，与 iOS 平台同类功能完全一致。再次，iOS 平台高网络中心性平台技术模块常见的"社交"（Social）（共计出现 3 次）功能在安卓平台高网络中心性平台技术模块中同样出现 3 次。最后，不同于 iOS 平台的"定位"（Location）、"游戏"（Gaming）和"图形/界面"（Graphics/UI）等特有功能，安卓平台高网络中心性平台技术模块提供了"开发者框架"（Developer Framework）和"推送通知"（Push Notifications）等功能。

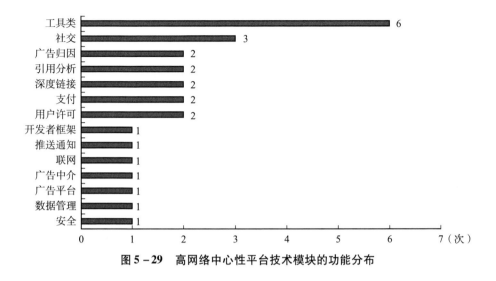

图 5 – 29　高网络中心性平台技术模块的功能分布

5.3.3　基于数字创业者共用的技术互补者同群网络

技术互补者同群网络是以提供技术模块（SDK）的开发商为构成主体，通过识别其所开发的技术模块在多大范围内应用于数字创业者，而形成的以共同装载于一个数字创业者为联结纽带的同群网络。这一网络与技术模块同群网络以技术模块为构成主体不同，其范围比技术模块同群网络更大，原因在于一个技术模块开发商可能开发出多个技术模块，因而其同群网络中联结的强度弱于技术模块网络，表现为两个技术互补者可能因其技术模块中某个模块共用于一个终端产品数字创业者而形成同群联结。

1. 考察 iOS 平台中技术互补者的同群网络

如图 5 – 30 所示，这一图形的形态与技术模块同群网络相似，但形态稍显松散，尽管图形也展示出平台技术互补者之间存在较多的共存关系，但其关系强度不及技术模块同群网络，因为网络联结的形成来自技术互补者众多技术模块中的一个模块所诱发的数字创业者关系。

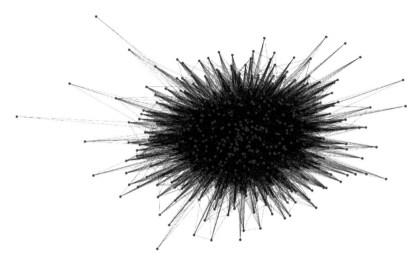

图 5－30　iOS 平台中基于数字创业者产品的技术互补者同群网络

平台技术互补者网络中心性描述性统计及其分布情况如表 5－10 和图 5－31 所示。根据描述性统计，首先，度中心性和接近中心性的均值较大，分别为 0.1648 和 0.5518，表明网络中的节点的直接联结较多且距离较近。其次，中介中心性的均值较小约 0.0018，表明网络中的大部分节点均占据了较多的关键位置。再次，向量中心性的均值较小约为 0.0374，表明网络中的关联关系传递必要性较低。最后，相较接近、中介和向量中心性，度中心性的标准差相对较大约为 0.1797，表明节点之间距离和地位差异较小，但直接关联数量方面存在一定差异。

表 5－10　　　　　　iOS 平台中的基于数字创业者产品的技术

互补者同群网络中心性描述性统计

中心性	平台技术模块数量（个）	均值	标准差	最小值	最大值
度中心性	458	0.1648	0.1797	0.0044	1
接近中心性	458	0.5518	0.0722	0.5011	1
中介中心性	458	0.0018	0.0071	0	0.0832
向量中心性	458	0.0374	0.0280	0.0018	0.1260

根据直方图 5 – 31 可知，平台技术互补者同群网络中的中心性呈现出"马太效应"。大部分节点的中心性不高，分布的正偏性在四个维度的网络中心性中均存在，且尤以中介中心性体现最为明显。平台主和知名互联网企业明显处于技术互补者同群网络中的核心位置，Unity 等细分行业冠军也占据着重要位置。

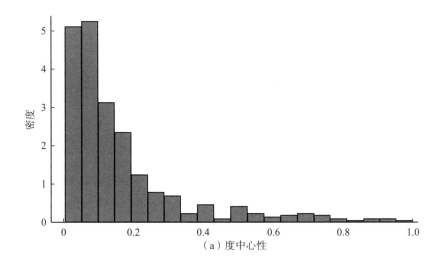

（a）度中心性

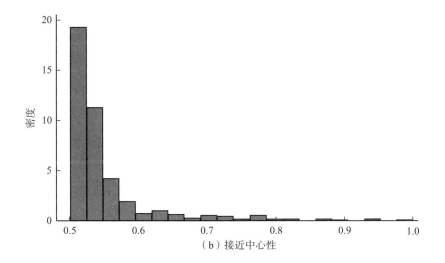

（b）接近中心性

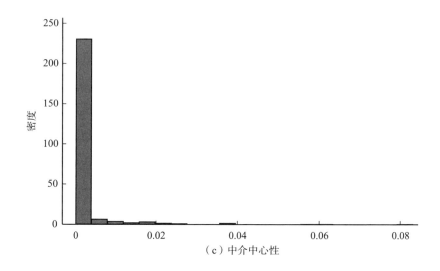

（c）中介中心性

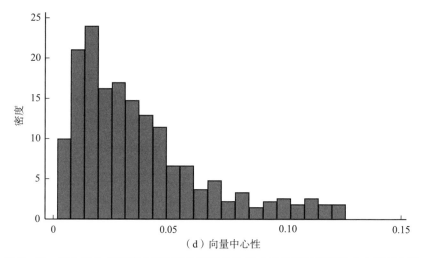

（d）向量中心性

图 5 - 31　iOS 平台中的基于数字创业者产品的技术互补者同群网络中心性直方图

2. 考虑安卓平台中的技术互补者同群网络

安卓平台中，基于数字创业者产品的技术互补者同群网络如图 5 - 32
所示。

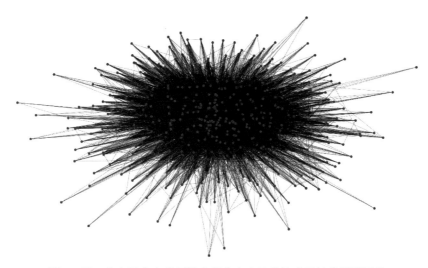

图 5 – 32 安卓平台中基于数字创业者产品的技术互补者同群网络

根据描述性统计，平台技术模块同群网络的直接协同效应较强，安卓平台与 iOS 平台的这一特征类似（见表 5 – 11）。首先，度中心性和接近中心性的均值较大，分别为 0.1662 和 0.5526，表明网络中的节点的直接联结较多且距离较近。其次，中介中心性的均值较小为 0.0020，表明网络中的最短路数量较少，或大部分节点均占据了较多的关键位置。再次，向量中心性的均值较小为 0.0390，表明网络中的关联关系传递必要性较低。最后，相较接近、中介和向量中心性，度中心性的标准差相对较大为 0.1820，表明节点之间距离和地位差异较小，但直接关联数量方面存在一定差异。

表 5 – 11　　　　　**安卓平台中的基于数字创业者产品的技术**

互补者同群网络中心性描述性统计

中心性	平台技术模块数量（个）	均值	标准差	最小值	最大值
度中心性	425	0.1662	0.1820	0.0094	0.9953
接近中心性	425	0.5526	0.0752	0.4971	0.9953
中介中心性	425	0.0020	0.0079	0	0.0723
向量中心性	425	0.0390	0.0289	0.0028	0.1305

　　根据直方图 5 – 33 可知，大部分节点的中心性不高，分布的正偏性在四个维度的网络中心性中均存在，且尤以中介中心性体现最为明显。安卓平台与 iOS 平台的这一特征也相似。

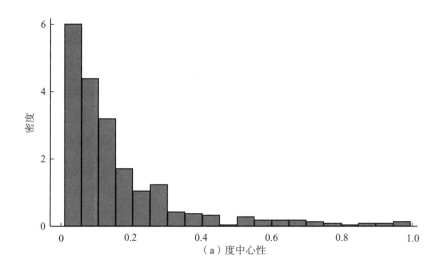

（a）度中心性

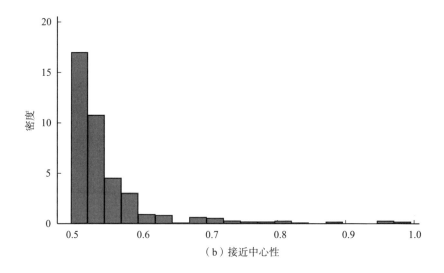

（b）接近中心性

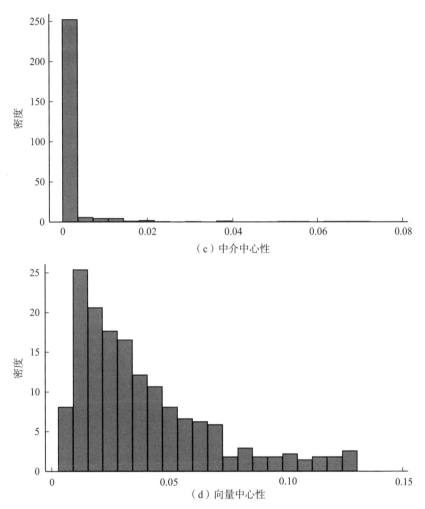

图 5 - 33　安卓平台中的基于数字创业者产品的技术互补者同群网络中心性直方图

　　安卓平台的高网络中心性平台技术互补者呈现出的整体特征与 iOS 平台相似，但也略有差异：一方面，安卓平台的高网络中心性平台技术互补者仍然以平台主（谷歌）、知名互联网企业（Meta）及细分行业隐形冠军（Unity Technologies）为主，呈现出较明显的"马太效应"；另一方面，安卓平台的高网络中心性平台技术互补者群体中，出现了 ZXing Team 这样的开源项目团队，表现出了与 iOS 平台较大的差异。

5.4 数字创业者如何利用网络获取价值

数字创业者为平台提供产品的主要目的在于捕获价值，而这一目的的实现可以借助同群网络的作用。本节通过对经验数据进行统计分析，找出数字创业者通过技术共享形成同群网络对获取价值的影响，以期为读者及从业者更好地设计商业模式提供有益洞见。本节分别考察了数字创业者所开发产品调用共享技术模块的程度如何影响其价值获取，以及数字创业者利用共享技术模块及由此形成的数字创业者同群网络，是否影响其价值获取。其中，数字创业者产品对共享技术模块的使用方面，关注了产品的模块化开发程度、经验以及对特定功能的使用；数字创业者的技术网络方面，则关注了数字创业者在其技术同群网络中的位势。对于价值获取，本节引入了数字创业者在数字平台情境下常考虑的产品（或服务）的受欢迎度、实际收入以及更新迭代三个维度来测量，每个维度又进一步细分为若干具体的观察指标。基于以上设计，本节还将尝试识别平台共享技术中的"金牛"和"瘦狗"类模块，为数字创业者设计和选择技术同群网络位势提供经验参考。

5.4.1 数字创业者技术模块网络规模及其绩效作用

1. 技术模块网络规模与下载绩效

平台上数字创业者以模块化的方式开发产品从而建构技术模块网络，是指数字创业者在开发产品时使用了多少个技术模块，所使用的技术模块数量越多说明该数字创业者的技术模块网络规模越大。当数字创业者依靠其产品接入平台，并通过与技术模块提供商合作，从外部获得技术模块从而提升其产品的模块化水平后，这是否会为数字创业者带来产品下载绩效的提升？为了回答这一问题，我们利用回归分析拟合了数字创业者技术模块网络规模与其下载绩效之间的统计关系。首先，我们描绘了数字创业者技术模块网络规模与其下载绩效的散点图（见图5-34），直观地观察模块数量与数字创业者下载绩效之间的关系。该图横轴表示数字创业者所使用的平台技术模块数量，纵轴表示下载绩效，具体采用样本期间的数字创业者产品的平均下载量对数。其次，我们通过拟合回归，利用统计方法识别数字创业者的技术模块网络规模与其下载绩效之间的关系。

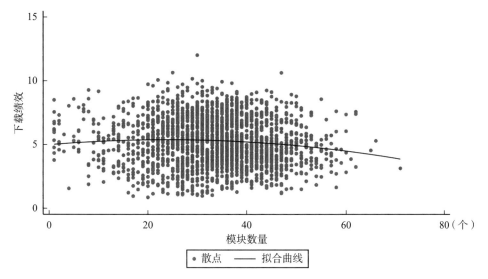

图 5-34　模块数量与其下载绩效的散点图

直观看来，数字创业者的技术模块网络规模与其下载绩效之间，并非单纯的线性"抑制"或"促进"作用，而是存在较为复杂的关系。首先，通过图5-34可知，散点集中在横轴的30～40个的范围之中，表明大部分数字创业者对平台技术模块的使用平均约为33个。其次，二次多项式拟合曲线整体呈现倒U型曲线，且顶点在横轴20个附近，表明一定程度的模块化水平有助于提高数字创业者的下载绩效。

为了进一步验证直观判断的可靠性，进一步建构了拟合模型，分别考察了数字创业者技术模块网络规模与其下载绩效各个维度（下载量、下载量排名、下载量增速、用户评论数量）之间的统计关系。其中，对于连续型变量进行了双边1%缩尾处理，对于数值较大变量进行了对数化处理，采用 Pooled OLS（Ordinary Least Square）进行拟合并设定聚类到数字创业者产品层面的稳健标准误差项。数字创业者技术模块网络规模与其下载绩效的关系拟合结果见表5-12。

表5-12　　　　　　　模块数量与其下载绩效的关系拟合结果

项目	（1） 下载量排名	（2） 下载量增速	（3） 用户评论数量
平台技术模块	115.2830 *** （12.876）	0.1830 *** （3.774）	-0.0037 *** （-5.352）
平台技术模块的平方	-2.4391 *** （-11.215）	-0.0034 *** （-3.016）	0.0001 *** （3.402）
截距项	1978.0436 *** （39.484）	11.1632 *** （46.827）	0.0711 *** （27.270）
样本数量	44270	44268	45286

注：*、**、*** 分别表示在10%、5%、1%水平上具有统计显著性。括号中为 t 值。"下载量"指取对数后的平均下载量。

整体而言，模型拟合分析结果与上述基于散点图的分析结果类似，即数字创业者的技术模块网络规模并非简单地促进或抑制下载绩效，而是存在着"先促进后抑制"的倒 U 型关系。

首先，数字创业者的技术模块网络规模与样本期内的下载量增速存在倒 U 型关系。表5-12模型（1）表明，数字创业者所使用的技术模块的二次项会对其下载量增速（$\beta = -0.0034$，$p < 0.01$）产生负向影响，且技术模块网络规模的一次项对下载量增速（$\beta = 0.1830$，$p < 0.01$）产生正向影响。因此，根据以上结果可推断数字创业者所采用的技术模块与其下载量增速均之间存在倒 U 型关系，且该倒 U 型曲线分别在平台技术模块约为27

时达到顶点。由此可知，在样本期间，从数字创业者产品的下载情况来看，数字创业者的技术模块网络规模存在统计意义上的最优区间，过低或过高的网络规模均不利于数字创业者获取较高水平的下载。

其次，数字创业者的技术模块网络规模与样本期内的下载量排名存在倒 U 型关系（二次项 $\beta = -2.4391$，$p < 0.01$；一次项 $\beta = 115.2830$，$p < 0.01$）。但由于下载量排名是一个负向指标，即排名数值越大说明下载绩效越差，因此数字创业者的技术模块网络规模实际上与下载排名所展现的绩效状况呈 U 型关系，这与数字创业者的技术模块网络规模影响样本期内用户评论数量的作用相一致。表 5 - 12 模型（3）表明，数字创业者所使用的技术模块的二次项对用户评论产生正向影响（$\beta = 0.0001$，$p < 0.01$），且平台技术模块网络规模的一次项对用户评论数量产生负向影响（$\beta = -0.0037$，$p < 0.01$）。因此，根据以上结果可推断平台技术模块网络规模与用户评论数量之间存在 U 型关系，且该 U 型曲线在平台技术模块约为 19 时达到顶点。以上结果表明，在样本期间，从数字创业者的用户评论视角来看，数字创业者的技术模块网络规模存在统计意义上的陷阱区间，提高或降低模块网络规模有利于提高用户评论数量。

上述数据分析结果表明，当数字创业者建构了较小规模的技术模块网络时，表现为数字创业者仅在其产品中使用少量外部技术提供商的技术模块，其下载增速水平可能并不如人意。原因在于，成熟的技术模块能够增强产品的功能性，且由于成熟模块所展现的功能往往为用户所熟悉，因而数字创业者较少采用外部技术模块时，用户因体验感降低而对其产品的功能、可靠性可能存疑，影响着产品的下载增长水平。当数字创业者逐步扩大技术模块网络，即越来越多地使用外部相对成熟的技术模块，使其产品功能愈加强大且契合市场主流产品的功能，这会带来用户的认可以及下载增速的提高。随着数字创业者所调用技术模块网络规模过大，数字创业者需要将大量的模块统合在一个产品中，这就增加了技术难度同时也会对产品整体的体验效果产生影响，这会导致下载增速的降低。

然而，数字创业者技术模块网络规模对用户评论数量以及排名情况的影响却与其下载增速作用相反，这是由于前者的作用关系可能叠加了数字创业者新产品上市的效应。当数字创业者建构了较小规模的技术模块网络时，往往是数字创业者新推出产品时，其缺乏使用大量技术模块的能力，但用户对其产品的评论数量却不少，主要是由于对新产品的关注。随着数字创业者所调用技术模块网络规模扩大，其产品功能开始趋向于市场上主流产品的功能，因为其调用了外部成熟技术模块，因而日渐熟悉的用户对其评论和热议可能降低。而随着数字创业者能够将多技术模块较好地统合在产品中时，用户的评论会因产品功能的强大而增加。

综合来看，数字创业者技术模块网络规模与下载绩效、用户评论情况的关系较为复杂，数字创业者就模块网络规模进行权衡取舍，选择适宜的模块化水平。例如，使用 24 个平台技术模块进行模块化开发，不利于实现"提升下载量排名"目标，但小于"下载量积累速度"的最优选择（27 款左右），有利于提高数字创业者的下载量积累速度。因此，数字创业者需要"权变"地调整模块化开发策略，建构适宜的技术模块网络，根据自身资源禀赋、市场竞争态势、环境外部条件等因素，因地制宜地进行战略决策。

2. 技术模块网络规模与收入绩效

尽管以人气为主要代表的流量成为互联网时代对企业及产品的重要评判指标，但如何将流量变现仍然是企业发展的重要议题。因此，本节着重探究数字创业者的技术模块网络规模与其收入绩效之间的关系。为此，仍将首先展示数字创业者技术模块网络规模与其收入绩效之间的散点图（见图 5 - 35），直观地观察模块数量与数字创业者的收入绩效之间的关系。该图横轴表示数字创业者所使用的平台技术模块数量，纵轴表示收入绩效（即样本期间的数字创业者产品的平均收入绩效对数）。其次通过拟合回归，利用统计方法识别数字创业者的技术模块网络规模与其收入绩效之间的关系。

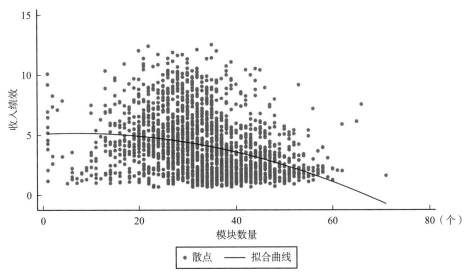

图 5－35　模块数量与其收入绩效的散点图

通过对散点图的直观观察可知，与下载绩效类似，数字创业者的技术模块网络与其收入绩效之间，并非单纯的线性"抑制"或"促进"作用，而是同样存在较为复杂的关系。此外，基于数字创业者技术模块网络规模及其收入绩效散点，绘制的二次多项式拟合曲线整体呈现倒 U 型，且顶点大约在横轴 10 附近，表明一定程度的模块化水平有助于提高数字创业者收入绩效。

为了进一步验证直观判断的可靠性，先后考察数字创业者技术模块网络规模与其收入绩效各个维度（收入、收入增速、收入排名）之间的统计关系，拟合结果见表 5－13。

整体而言，模型拟合分析结果与上述基于散点图的分析结果类似，即数字创业者的技术模块网络规模并非简单地促进或抑制下载绩效，而是存在倒 U 型关系。

首先，数字创业者的技术模块网络规模与样本期内的收入绩效存在倒 U 型关系。表 5－13 模型（1）表明，数字创业者技术模块网络规模的二次项对其收入绩效（$\beta = -0.0027$、$p < 0.01$）产生负向影响，且技术模块网络规模的一次项对收入绩效（$\beta = 0.1171$、$p < 0.01$）产生正向影响。因此，根据以上结果可推断平台技术模块与平均收入（对数）之间存在倒 U 型关系，且该倒 U 型曲线在平台技术模块约为 22 款时达到顶点。由此可知，在样本期间，从收入视角来看，数字创业者技术模块网络规模存在统计意义上的最优区间，过低或过高的网络规模均不利于数字创业者获取较高水平的收入。

其次，数字创业者的技术模块网络规模与样本期内的收入绩效增长存在倒 U 型关系。表 5 - 13 模型（2）表明，数字创业者技术模块网络规模的二次项对收入增速（$\beta = -0.0088$、$p < 0.01$）的影响体现为抑制作用，而技术模块网络规模的一次项对收入增速（$\beta = 0.4818$、$p < 0.01$）的影响体现为促进作用。因此，根据以上结果可推断数字创业者所采用的技术模块网络规模与收入增速之间存在倒 U 型关系，且该倒 U 型曲线在平台技术模块规模约为 27 款时达到顶点。由此可知，在样本期间，从收入增长视角来看，数字创业者技术模块网络规模存在统计意义上的最优区间，过低或过高的网络规模均不利于数字创业者获取较高水平的收入增长。

最后，数字创业者的技术模块网络规模与样本期内的收入绩效排名存在 U 型关系。表 5 - 13 模型（3）表明，数字创业者技术模块网络规模的二次项对收入绩效排名（$\beta = 3.1165$、$p < 0.01$）的影响表现为促进作用，而技术模块网络规模的一次项对收入绩效排名（$\beta = -135.9067$、$p < 0.001$）的影响则表现为抑制作用。因此，根据以上结果可推断数字创业者所采用的技术模块规模与其收入排名之间存在 U 型关系，且该 U 型曲线在平台技术模块规模约为 22 款时达到顶点。考虑到"收入排名"为负向指标（即数值越大、排名越低），以上结果表明，在样本期间，从数字创业者收入排名视角来看，数字创业者的技术模块网络规模存在统计意义上的最优区间，过高或过低的技术模块网络规模不利于提高收入排名。

表 5 – 13 模块数量与其收入绩效的关系拟合结果

项目	(1) 平均收入（对数）	(2) 收入增速	(3) 收入排名（对数）
平台技术模块	0. 1171 *** (15. 715)	0. 4818 *** (6. 552)	– 135. 9067 *** (– 14. 491)
平台技术模块的平方	– 0. 0027 *** (– 15. 364)	– 0. 0088 *** (– 4. 973)	3. 1165 *** (13. 751)
截距项	3. 3499 *** (67. 384)	21. 1581 *** (62. 274)	3582. 1204 *** (38. 647)
样本数量	39130	38937	39130

注：* 、** 、*** 分别表示在 10% 、5% 、1% 水平上具有统计显著性。括号中为 t 值。"收入"指取对数后的平均收入。

上述数据分析结果表明，与数字创业者下载绩效视角相似，从数字创业者收入绩效视角来看，数字创业者建构的技术模块网络同样存在最优区间。其背后的原因，同样可能在于技术模块提供的便利性以及衍生的依赖性和雷同性之间的平衡问题。

一方面，技术模块往往能够以较低成本提供较为稳定的成熟功能，不仅降低了数字创业者开发产品的成本和难度，并且所提供的成熟功能也较能够获得用户的接受和认可。因此，数字创业者较少采用外部技术模块时，不仅可能导致自身开发成本过高、周期过长、稳定性不足，并且可能使得用户的学习成本上升，进而提高收入绩效。

另一方面，外部技术模块提供的功能往往是标准化的，并且可使用对象也常常不设限制，这就使得使用外部技术模块进行低成本快速开发需要面对产品同质化和技术依赖等弊端。因此，数字创业者过多采用外部技术模块时，虽然能够降低成本、缩短周期、提高合法性，但也可能陷入产品同质化严重、用户体验趋同等竞争陷阱，进而抑制收入绩效。

总之，从收入视角来看，数字创业者需要就模块网络规模进行权衡取舍，根据自身战略目标，结合资源禀赋、竞争态势、技术实力等因素，权变地选择适宜的模块化水平。例如，选择 22 个平台技术模块进行模块化开发，有利于提高收入规模和收入排名；而若希望收入绩效快速增长，则需要适度提高模块化水平（27个）。

3. 技术模块网络规模与创新绩效

平台企业是重要的创新主体，而如何跟进并利用创新建立自身竞争优势则是数字创业者必须思考的重要问题。那么，数字创业者建构技术模块网络规模与其创新绩效之间的关系是怎样的？采用外部技术模块进行模块化开发，虽可获得低成本及合法性等开发优势，但也面临同质化及技术依赖等竞争劣势。当视角转变为创新绩效时，模块化开发既可能使得数字创业者从同质功能开发中抽出精力聚焦独有技术进而促进创新绩效，但也可能导致数字创业者过于依赖外部技术而难以精进自身技术实力进而抑制创新绩效。为了回答这一问题，我们同样利用散点图（见图5-36）及回归分析（结果见表5-14）进行了探究，尝试回答数字创业者技术模块网络规模与其创新绩效之间的关系。

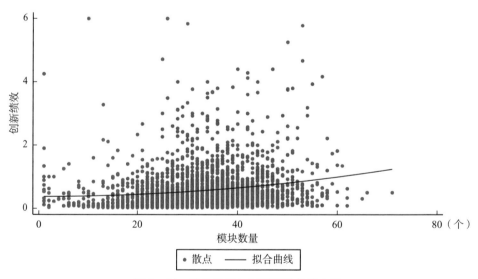

图5-36　模块数量与创新绩效的散点图

直观看来，数字创业者的技术模块网络规模与其创新绩效之间，并非单纯的线性"抑制"或"促进"作用，而是存在着一定的陷阱区间的 U 型关系。散点图表明，基于数字创业者技术模块网络规模及其创新绩效散点，二次多项式拟合曲线整体呈现 U 型曲线，且顶点大约在横轴 15 附近，表明特定程度的模块化水平不利于数字创业者创新绩效。

为了进一步验证直观判断的可靠性，继续沿用统计分析技术方法，先后考察数字创业者技术模块规模与创新绩效各个维度（综合升级、架构级迭代、内容级迭代、补丁级迭代）之间的统计关系，关系拟合结果见表 5 - 14。其中，架构级迭代是指数字产品在当前技术范式内的实质性功能和技术进步，内容级迭代是指数字产品对既有功能和技术的优化与改进，补丁级迭代是指数字产品对功能或技术中存在的漏洞的修复，综合升级则是同时包含了前述三类产品创新迭代。整体而言，基于模型拟合分析的结果与上述基于散点图的直观分析结果相似，数字创业者技术模块网络规模并非简单地促进或抑制创新绩效，而是存在 U 型关系。

以产品的综合升级为例，数字创业者技术模块网络规模与样本期内的产品综合升级存在 U 型关系。表 5 - 14 模型（1）表明，数字创业者技术模块网络规模二次项对综合升级的影响表现为促进作用（$\beta = 0.0004$，$p < 0.01$），该规模一次项对综合升级的影响则表现为抑制作用（$\beta = -0.0151$，$p < 0.01$）。因此，根据以上结果可推断数字创业者所采用的技术模块数量与其产品综合升级之间存在着 U 型关系，且该 U 型曲线在技术模块数量约 19 款时达到最低点。这一结论，在分别考察产品的架构级迭代、内容级迭代或补丁级迭代等维度时，仍然保持稳健。由此可知，在样本期间，从数字创业者创新绩效视角看来，数字创业者的技术模块网络规模存在统计意义上的陷阱区间，通过减少或增加对外部计数模块的使用以避开该陷阱区间有助于数字创业者提高创新绩效。

表 5 – 14 模块数量与创新绩效的关系拟合结果

项目	（1） 综合升级	（2） 架构级迭代	（3） 内容级迭代	（4） 补丁级迭代
平台技术模块	– 0.0151 *** （ – 7.359）	– 0.0011 （ – 1.490）	– 0.0076 *** （ – 6.326）	– 0.0106 *** （ – 5.934）
平台技术 模块的平方	0.0004 *** （7.459）	0.0000 ** （2.378）	0.0002 *** （6.643）	0.0003 *** （6.080）
截距项	0.6344 *** （38.212）	0.2170 *** （42.511）	0.3890 *** （40.149）	0.4808 *** （33.180）
样本数量	45286	45286	45286	45286

注：* 、** 、*** 分别表示在 10% 、5% 、1% 水平上具有统计显著性。括号中为 t 值。

综上可知，若以提高创新绩效为目的，数字创业者应避免建构中等规模的技术模块网络规模，即应尝试较少采用外部技术模块而更多依赖并积累自身技术，或是较多采用外部技术模块而节约精力和资源以提升自身优势技术。原因在于，一方面，较少采用外部技术模块，将要求数字创业者较多依赖自身技术以完成开发，而激烈的竞争将迫使这样的数字创业者全身心投入到技术实力提升和产品开发中，由此提高创新绩效。另一方面，较多采用外部技术模块，能够极大地节约数字创业者开发成本、时间和精力，这就允许数字创业者将自身有限的资源投入到更重要的技术部分，由此形成独特的技术创新。因此，数字创业者应根据自身创新战略，权变地观察自身禀赋条件和外部竞争环境，选择并建构适合自身的技术模块网络规模，以实现合意的创新业绩。

5.4.2 数字创业者技术模块功能使用及其绩效作用

1. 技术模块功能使用与下载绩效

数字创业者建构了技术模块网络后，意在将模块融入产品设计，使得模块承载的功能更好地发挥在产品的开发和使用之中，以利于数字创业者提升绩效。每一个技术模块都具有至少一种核心的功能，而根据平台的分类，这些功能总体而言区分为较多的类别（本数据库包含 32 种技术模块功能），因此存在多个技术模块指向一种功能的情况。当数字创业者建构了技术模块网络后，他会调用网络中模块的功能丰富自己的产品设计。进一步地，数字创业者面临着一个选择，即利用多个技术模块实现同一功能（本书称为"多模块—单功能"模式），或是利用少数技术模块实现大量不同功能（本书称为"单模块—多功能"）以节约技术开支。其中，"多模块—单功能"模式有助于储备技术冗余，既能够在不同技术中择优，也能够为用户提供更加个性化的体验；而"单模块—多功能"则有助于节约技术成本，既能够避免多技术模块之间的兼容成本，也能够为用户提供统一而简便的服务。这一选择势必会影响到数字创业者的绩效水平。要回答这一问题，一个前置的基础问题就需要先得到回答，即数字创业者在模块化开发中使用到的功能数量与其绩效之间的关系是怎样的？

为了回答这一问题，首先关注了数字创业者所使用的功能数量（无论来自多模块还是少模块）与数字创业者的下载绩效之间的关系。一方面，描绘了数字创业者所使用的功能数量与数字创业者的下载绩效之间关系的散点图（见图 5－37），该图横轴表示数字创业者技术模块功能（即使用平台技术模块指向的功能数量）、纵轴表示数字创业者的下载绩效（即样本期间的数字创业者产品平均下载量的对数）。另一方面，通过拟合回归，利用统计方法识别数字创业者所使用的功能数量与数字创业者的下载绩效之间的关系。

从图 5－37 来看，上述关系较为复杂，其并非单纯的线性"抑制"或"促进"作用，而是可能存在曲线关系。首先，散点主要集中在横轴的 30～80 个的范围之中、均值约 55.63，表明数字创业者整体使用的技术模块功能数量较多。其次，结合数字创业者技术模块网络规模平均约为 33 个，可知平均水平上的数字创业者往往选择"多模块—单功能"模式。最后，基于散点图的二次项拟合曲线整体呈现出倒 U 型形态，且顶点大约在横轴 30 个附近，表明数字创业者所使用功能的数量存在最优区间，且部分样本已经超出了该最优区间。

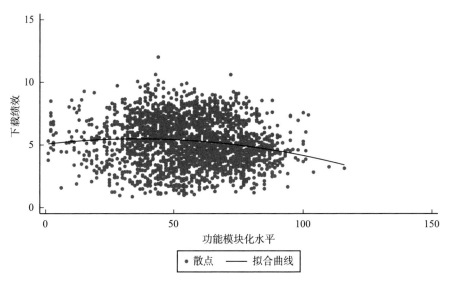

图 5 - 37　功能模块化水平与其下载绩效的散点图

　　进一步地，建构了与 5.4.1 节相似的拟合模型并开展了相似的回归分析，考察数字创业者所使用技术模块的功能数量与其下载绩效各个维度（下载量排名、下载量增速、用户评论数量）之间的统计关系，拟合结果见表 5 - 15。从模型拟合结果来看，数字创业者所使用功能的数量对数字创业者下载排名和下载增速的影响表现为"先增强后抑制"的倒 U 型关系，而对数字创业者用户评论数量的影响则表现为"先抑制后促进"的 U 型关系。

　　一方面，数字创业者所使用功能的数量对数字创业者下载量排名（二次项 $\beta = -0.9910$，$p < 0.01$；一次项 $\beta = 77.0791$，$p < 0.01$）与下载量增速（二次项 $\beta = -0.0009$，$p < 0.01$；一次项 $\beta = 0.0887$，$p < 0.01$）的影响表现为"先增强后抑制"的倒 U 型关系。另一方面，数字创业者所使用功能的数量对其用户评论数量（二次项 β 小于零，$p < 0.01$；一次项 $\beta = -0.0021$，$p < 0.01$）的影响表现为 U 型关系。然而，由于下载量排名是负向指标，数字创业者所使用功能的数量实际上仍与其下载量排名所展现出的

绩效水平呈现 U 型关系，这与用户评论数量的作用机制相似。这说明，当数字创业者从其技术模块网络中吸收了的模块功能开始增多时，其下载状况会变差，原因在于吸收外部模块以改进产品的模块化结构，对数字创业者而言是一个初创期的尝试性行动，其中蕴含着多功能间的磨合与兼容，可能带来产品初期功能的不稳定与体验感的降低，这都影响下载的状况。而随着数字创业者吸收了较多的功能，经历了技术模块之间较长的合作而在多功能之间形成匹配时，其产品功能性与体验性都增强，有助于促进下载状况的改善。

表 5 - 15　　　　　　　功能模块化水平与下载绩效的关系拟合结果

项目	（1） 下载量排名	（2） 下载量增速	（3） 用户评论数量
模块功能数量	77.0791 *** （14.471）	0.0887 *** （2.868）	- 0.0021 *** （- 5.708）
模块功能数量的平方	- 0.9910 *** （- 13.148）	- 0.0009 ** （- 2.047）	0.0000 *** （3.733）
截距项	1978.2798 *** （39.492）	11.1655 *** （46.832）	0.0711 *** （27.264）
样本数量	44270	44268	45286

注：* 、** 、*** 分别表示在 10% 、5% 、1% 水平上具有统计显著性。括号中为 t 值。"下载量"指取对数后的平均下载量。

相较之下，数字创业者所使用功能的数量影响下载量增速的作用呈现倒 U 型形态。数字创业者初向平台投放产品时，其下载状况往往较差，而状况的改善有赖于产品功能的增强以及用户的认知。随着数字创业者开始借助与外部技术模块提供者的合作关系，引入模块所能实现的功能，丰富自己的产品设计后，产品的下载状况得到改善，同时由于初期下载量基础较弱，则表现为下载量增速的提高。当数字创业者越来越多地引入模块功能，其产品下载逐步达到较好的水平，而增速难以在高基数上保持高增长，同时由于功能整合需要投入的更新迭代时间与成本，数字创业者的下载增速会放缓。

2. 技术模块功能使用与收入绩效

数字创业者选择使用技术模块的目的在于利用其通用技术实现特定功能，并由此节约技术成本、缩短开发周期、优化用户体验，由此建立自身竞争优势。尽管互联网时代对流量极度追捧，但实际收入仍然是企业和产品竞争的根本。因此，从收入绩效视角入手，探讨数字创业者技术模块的功能使用对其收入绩效的影响。为此，首先展示数字创业者技术模块覆盖功能数量与其收入绩效之间的散点图（见图 5-38），以期直观地展示数字创业者技术模块功能数量与其收入绩效之间的关系。该图横轴表示数字创业者技术模块功能使用（即样本期间的数字创业者所使用的技术模块的功能数量），纵轴表示收入绩效。此后，通过拟合回归统计方法，对数字创业者的技术模块功能使用与其收入绩效之间的关系进行更加深入的识别。

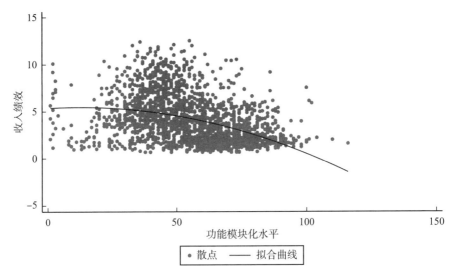

图 5-38　功能模块化水平与其收入绩效的散点图

基于散点图可直观地判断，数字创业者技术模块功能使用在提高收入绩效视角存在最优区间。具体而言，观察图 5-38 可知，基于技术模块功能数量与收入绩效散点拟合的二次多项式拟合曲线呈现出倒 U 型形态，且该曲线的顶点出现在横轴 50 左侧。这一方面表明数字创业者技术模块功能数量存在最优区间，另一方面则表明样本中的大部分数字创业者使用的技术模块功能规模已经进入了规模效应递减阶段。

为了进一步验证直观判断的可靠性，同样建构了拟合模型并进行了回归统计分析，先后考察数字创业者使用的技术模块功能数量与其收入各个维度（收入、收入增速、收入排名）之间的统计关系，关系拟合结果见表 5 – 16。整体而言，基于统计分析的拟合回归所展示的结果与直观印象类似，数字创业者使用技术模块功能数量存在最优区间。

一方面，从收入及其增长的视角来看，样本期内的数字创业者使用的技术模块功能数量存在最优区间。这一结论来自统计分析结果展示出的数字创业者使用的技术模块功能数量与其收入及收入增速的倒 U 型关系。根据表 5 – 16 模型（1），数字创业者技术模块功能使用数量的二次项对其收入绩效的影响为负向的（$\beta = -0.0012$，$p < 0.01$），而功能使用数量自身对收入绩效的影响却为正向的（$\beta = 0.0837$，$p < 0.01$），表明数字创业者技术模块功能使用数量对其收入绩效的影响表现为倒 U 型关系；根据表 5 – 16 模型（2），数字创业者技术模块功能使用数量的二次项对其收入增速的影响同样表现为抑制作用（$\beta = -0.0027$，$p < 0.01$），而功能使用数量自身对收入增速的影响也表现为相反的促进作用（$\beta = 0.2616$，$p < 0.01$），表明数字创业者技术模块功能使用数量对其收入增速的影响也体现为倒 U 型关系。

另一方面，从收入排名的视角来看，样本期内的数字创业者使用的技术模块功能数量同样存在最优区间。这一结论来自统计分析结果展示出的数字创业者使用的技术模块功能数量与其收入排名 U 型关系。根据表 5 – 16 模型（3），数字创业者技术模块功能使用数量的二次项对其收入排名的影响表现为正向（$\beta = 1.3696$，$p < 0.01$），而功能使用数量自身对其收入排名的影响却为负向（$\beta = -98.1953$，$p < 0.01$），表明数字创业者技术模块功能使用数量对其收入排名的影响表现为倒 U 型关系，考虑到排名为负向指标（数值越大、排名越低），可知从收入排名看来，数字创业者技术模块功能使用数量同样存在最优区间。

表 5 – 16 功能模块化水平与数字创业者收入的关系拟合结果

项目	（1） 平均收入（对数）	（2） 收入增速	（3） 收入排名（对数）
模块功能数量	0.0837 *** （19.222）	0.2616 *** （5.965）	– 98.1953 *** （ – 18.470）
模块功能数量的平方	– 0.0012 *** （ – 19.637）	– 0.0027 *** （ – 4.310）	1.3696 *** （18.346）
截距项	3.3502 *** （67.392）	21.1531 *** （62.271）	3582.4426 *** （38.650）
样本数量	39130	38937	39130

注：*、**、*** 分别表示在 10%、5%、1% 水平上具有统计显著性。括号中为 t 值。"收入"指取对数后的平均收入。

综上可知，若以提高收入绩效为战略目的，数字创业者应选择特定区间的技术模块功能数量（见表 5 – 17）。一方面，在优化收入绩效和收入排名绩效时，数字创业者可尝试将技术模块覆盖的功能数量控制在 35 个或 36 个左右；另一方面，在追求更快的收入增速时，则可适当增加功能数量至 48 个左右。这一结论与收入绩效视角下的数字创业者技术模块网络规模类似，即数字创业者选择技术模块覆盖功能数量同样存在最优区间。其背后的原因，可能在于技术模块功能与技术模块自身常常绑定在一起而难以拆解分离使用，这就导致技术模块功能规模体现出类似于技术模块网络规模的特性，即要求数字创业者在技术模块功能的便利性以及衍生的依赖性和雷同性之间的寻求平衡。

表 5 – 17 功能模块化水平与数字创业者收入的统计关系总结

项目	收入	收入增速	收入排名
统计关系	倒 U 型	倒 U 型	U 型
顶点位置（约）	35	48	36
含义	顶点附近为最优区间		

注：因变量为模块化水平。顶点位置为四舍五入后的整数。"收入"指取对数后的平均收入。收入排名为负项指标。

3. 技术模块功能使用与创新绩效

平台经济时代的消费者往往接受大量信息，如何持续创新以保持消费者新鲜感是数字创业者建立竞争优势的重要议题。因此，将着重探究数字创业者技术模块功能使用与其创新绩效之间的关系。为此，首先为读者可视化数字创业者技术模块功能使用与其创新绩效之间的经验关系，之后进一步展开基于回归拟合的统计分析以便更加精准地识别两者之间的统计关系。其中，可视化的实现基于描绘数字创业者技术模块功能使用与其创新绩效之间的散点图（见图 5 - 39），可供读者直观地观察数字创业者功能使用与创新之间的关系。该图横轴表示数字创业者的功能模块化程度（即数字创业者产品开发中使用平台技术模块覆盖的功能数量）、纵轴表示数字创业者创新绩效（即样本期间的数字创业者产品更新频率）。其次通过拟合回归，利用统计方法识别数字创业者功能使用与创新之间的关系。

直观看来，数字创业者技术模块功能使用与其创新绩效之间，并非简单的线性"抑制"或"促进"作用，而是呈现出较为复杂的关系。通过观察数字创业者技术模块功能使用与其创新之间的散点图，首先，发现散点多分布在纵轴 2 以下且贴近横轴，说明创新绩效普遍较低。其次，散点逐渐沿横轴向右呈现出向上的趋势，表明随着技术模块功能使用增多（即沿横轴向右），创新绩效有一定的增加趋势（即沿纵轴向上）。同时，也需要注意到，仍有部分散点在靠近纵轴的区域取得了较大值，即这些数字创业者并未使用大量的外部技术模块功能，但也实现了较好的创新绩效。最后，通过对散点进行二次曲线拟合，大致得到了一条呈现出微弱 U 型形状的拟合曲线，表明技术模块功能使用与创新绩效之间可能存在着"先抑制后促进"的 U 型关系。总之，基于对数字创业者技术模块功能使用及其创新绩效分布情况的直观观察，会发现两者之间的关系较为复杂，可能存在着功能使用越多、创新绩效越高的直观判断，但这一直观判断的准确性和稳健性还需进一步验证。

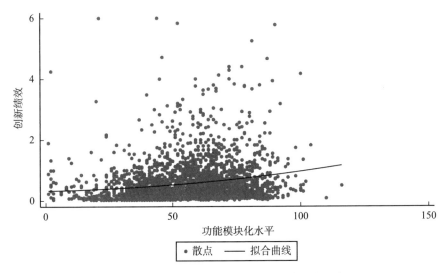

图 5 – 39　功能模块与数字创业者创新绩效的散点图

　　为了进一步验证直观判断的可靠性，同样建构了拟合模型并开展了回归分析，先后考察数字创业者技术模块功能使用与其创新绩效各个维度（综合升级、架构级迭代、内容级迭代、补丁级迭代）之间的统计关系，关系拟合结果见表 5 – 18。整体而言，基于回归拟合的统计分析结果表明，数字创业者技术模块功能使用与其创新绩效之间存在 U 型关系，且在大部分创新维度均能够发现这一关系，即随着数字创业者使用的技术模块功能增加，其创新绩效会先降低，直到数字创业者使用的技术模块功能超过特定水平，其创新绩效将开始逐渐提高。具体而言，以综合升级为例。

　　样本期内，数字创业者技术模块功能使用与其产品综合升级的关系呈现出 U 型关系。根据表 5 – 18 模型（1）可知，数字创业者技术模块功能使用的二次项对产品综合升级存在正向影响（$\beta = 0.0001$，$p < 0.01$），且数字创业者技术模块功能使用的一次项对产品综合升级存在负向影响（$\beta = -0.0095$，$p < 0.01$）。这一结果表明，数字创业者技术模块功能使用对产品综合升级的影响呈现出 U 型关系，即随着数字创业者逐步增加技术模块功能使用，其产品综合升级的水平先降低后升高，而这一临界值出现在功能

数量约为 48 个附近。由此可知，在样本期间，从创新视角来看，数字创业者使用技术模块功能的规模存在统计意义上的陷阱区间，数字创业者的创新绩效往往在该陷阱区间跌入较低水平，而通过减少或增加使用技术模块功能以避开该陷阱区间则有助于提高创新绩效。

表 5-18　　　　功能模块与数字创业者创新绩效的关系拟合结果

项目	（1） 综合升级	（2） 架构级迭代	（3） 内容级迭代	（4） 补丁级迭代
模块功能数量	-0.0095 *** （-7.969）	-0.0007 （-1.554）	-0.0045 *** （-6.457）	-0.0067 *** （-6.435）
模块功能 数量的平方	0.0001 *** （8.174）	0.0000 ** （2.425）	0.0001 *** （6.828）	0.0001 *** （6.662）
截距项	0.6343 *** （38.215）	0.2170 *** （42.515）	0.3890 *** （40.152）	0.4807 *** （33.182）
样本数量	45286	45286	45286	45286

注：*、**、*** 分别表示在 10%、5%、1% 水平上具有统计显著性。括号中为 t 值。

综上所述，若数字创业者希望提高创新绩效，则应尝试较少或较多使用平台技术模块功能，而避免使用中等规模的技术模块功能。由于技术模块的功能往往绑定在具体模块之上，因此这一效应与技术模块网络规模类似。即较少采用外部技术模块实现特定功能，将要求数字创业者搭建自身技术栈，从而形成技术基础，并推动产品创新；较多借用外部技术模块实现若干特定功能，则有助于数字创业者节约开发成本、提高开发效率，从而集中资源攻克特定技术难关，以形成自身独特的技术优势，并推动产品创新。总之，数字创业者应根据自身竞争战略，尤其是创新战略，权变地选择适合自身的模块化水平以实现合意的创新绩效。

4. 平台技术模块功能模块中的"金牛"与"瘦狗"

数字创业者的直接目的是获取竞争优势、提高价值互补绩效，利用平台技术模块及其功能进行模块化开发的行动同样理应服务于这一目标。然而，数字创业者需要面对繁复纷乱的外部因素和内部条件，如何选择技术模块及其功能以提高各维绩效，是数字创业者亟须了解但难以厘清的重要议题之一。

为了回答"选择哪些技术模块功能有助于提高绩效"这一问题，本节尝试探究不同的技术模块功能对数字创业者绩效的影响，并通过构造固定效应面板模型进行统计分析。首先，根据平台价值互补活动的绩效目标，选择了下载绩效（下载量和用户评论数量）、收入绩效和创新绩效（综合升级和架构级迭代）三个维度共计五个方面的产出因素作为被解释变量。其次，将数字创业者可能使用的平台技术模块功能作为解释变量。此外，设置了考虑平台价值互补活动的组间聚类稳健标准误。实证结果见表5-19。

表5-19　模块化功能与数字创业者受欢迎度、收入和迭代的关系拟合结果

功能	（1） 下载量	（2） 用户评论数量	（3） 收入	（4） 综合升级	（5） 架构级迭代
Ad Analytics	-0.1401 (-1.616)	-0.0074 (-0.721)	-0.6121*** (-5.727)	-0.0062 (-0.218)	0.0086 (0.606)
Ad Attribution	-0.0495 (-1.076)	0.0095 (0.848)	0.2843*** (5.399)	0.0156 (0.956)	0.0050 (0.758)
Ad Mediation	0.0599 (0.968)	0.0124 (0.741)	-0.2811*** (-4.309)	0.0291 (1.100)	0.0172* (1.788)
Advertising Platforms	0.0412 (1.496)	-0.0125** (-2.390)	-0.0228 (-0.795)	-0.0499*** (-4.433)	-0.0050 (-1.062)
App Analytics	0.0188 (0.410)	0.0081 (0.530)	-0.0507 (-1.026)	-0.0155 (-1.053)	0.0035 (0.465)
Audience	-0.0559 (-0.905)	0.0167 (1.041)	-0.3909*** (-5.920)	0.0112 (0.537)	0.0280*** (2.820)
Crash Reporting	0.1159** (2.188)	0.0042 (0.451)	0.1123* (1.835)	0.0270 (1.391)	-0.0047 (-0.611)
Data Management	0.1631*** (3.542)	-0.0138 (-1.312)	0.2666*** (5.086)	-0.0058 (-0.381)	0.0042 (0.619)
Deep Linking	0.1813*** (3.707)	-0.0045 (-0.311)	-0.1294** (-2.095)	0.0322* (1.911)	0.0285*** (3.522)

续表

功能	（1） 下载量	（2） 用户评论数量	（3） 收入	（4） 综合升级	（5） 架构级迭代
Gaming	− 0.0098 （− 0.328）	− 0.0093 （− 1.316）	− 0.0061 （− 0.178）	− 0.0173 （− 1.482）	− 0.0081 * （− 1.857）
Graphics/UI	0.0759 （1.442）	0.0111 （1.443）	0.1948 *** （2.974）	− 0.0022 （− 0.113）	0.0004 （0.064）
Image Processing	0.3012 *** （2.838）	0.0058 （0.495）	0.5514 *** （3.535）	0.0696 （1.490）	0.0016 （0.082）
Location	− 0.2491 *** （− 5.045）	− 0.0174 ** （− 2.327）	− 0.1367 ** （− 2.281）	− 0.0559 *** （− 3.267）	− 0.0074 （− 0.822）
Marketing Automation	− 0.0391 （− 0.589）	− 0.0061 （− 0.788）	− 0.0772 （− 1.078）	0.0499 ** （2.280）	0.0114 （1.151）
Media	0.2109 *** （2.923）	− 0.0123 （− 0.826）	− 0.0977 （− 1.296）	0.0458 ** （2.310）	0.0282 *** （2.698）
Networking	0.2341 *** （5.645）	− 0.0042 （− 0.770）	0.2328 *** （4.607）	− 0.0245 * （− 1.728）	0.0051 （0.807）
Payments	0.0568 （1.535）	0.0065 （0.806）	0.0727 （1.621）	− 0.0157 （− 0.922）	− 0.0153 ** （− 2.318）
Performance Management	0.1965 * （1.860）	− 0.0194 ** （− 2.215）	0.2435 * （1.810）	− 0.1094 *** （− 2.818）	− 0.0386 ** （− 2.523）
Push Notifications	0.0523 （1.066）	− 0.0163 ** （− 2.214）	0.0582 （1.036）	0.0221 （1.266）	− 0.0011 （− 0.160）
Reward Systems	− 0.6050 * （− 1.954）	− 0.0418 （− 1.166）	− 0.6321 （− 1.275）	− 0.0454 （− 0.355）	− 0.0384 （− 0.460）
Rewarded Video Advertising	0.0340 （− 0.822）	0.0162 ** （2.190）	− 0.0934 ** （− 2.113）	0.0872 *** （5.128）	0.0088 （1.201）
Security	0.0825 （1.539）	− 0.0079 （− 1.350）	− 0.0317 （− 0.493）	0.0526 *** （2.794）	0.0151 * （1.939）
Social	− 0.1454 *** （− 4.092）	− 0.0005 （− 0.068）	0.1898 *** （4.543）	0.0044 （0.336）	− 0.0019 （− 0.370）
Tools & Utilities	− 0.1146 *** （− 7.336）	− 0.0029 * （− 1.651）	− 0.0735 *** （− 4.144）	− 0.0264 *** （− 4.290）	− 0.0143 *** （− 5.328）
User Authentication	0.3256 *** （6.313）	− 0.0005 （− 0.109）	0.5168 *** （7.945）	− 0.0554 *** （− 3.802）	0.0081 （1.217）

续表

功能	（1） 下载量	（2） 用户评论数量	（3） 收入	（4） 综合升级	（5） 架构级迭代
User Support	−0.3316 *** （−3.631）	0.0055 （0.263）	0.3051 *** （2.851）	0.0404 （1.315）	0.0061 （0.349）
Web Management	0.1097 （0.680）	−0.0325 ** （−2.353）	0.0160 （0.087）	−0.0669 （−1.214）	−0.0552 ** （−2.508）
Developer Framework	0.0939 （1.241）	0.0312 （1.381）	−0.0397 （−0.470）	0.0806 *** （3.294）	0.0193 * （1.957）
Blockchain	−0.1185 （−0.551）	−0.0542 * （−1.689）	−0.5756 * （−1.835）	−0.0142 （−0.231）	−0.0007 （−0.018）
Augmented Reality	−0.0544 （−0.744）	−0.0004 （−0.060）	0.1154 （1.566）	0.1586 *** （5.050）	0.0431 *** （3.741）
Ad Mediation Adapters	−0.0070 （−0.648）	0.0076 * （1.774）	0.0079 （0.766）	0.0060 （1.139）	0.0009 （0.506）
Health and Fitness	0.0120 （0.094）	−0.0400 （−1.266）	0.5200 *** （3.641）	0.1911 *** （3.668）	0.0403 ** （2.085）
截距项	5.1717 *** （161.543）	0.0711 *** （27.298）	3.3489 *** （67.352）	0.6341 *** （38.265）	0.2172 *** （42.489）
样本数量	44270	45286	39130	45286	45286

注：*、**、*** 分别表示在10%、5%、1%水平上具有统计显著性。括号中为 t 值。"下载量"指取对数后的平均下载量。"收入"指取对数后的平均收入。

整体而言，数据结果与经验直觉存在一定偏差，深入分析数字创业者技术模块功能使用对各维度绩效的影响、厘清该影响背后的作用机制，具有迫切的现实意义和深远的理论意义。例如，"广告平台"（Advertising Platforms）这一技术模块功能，在传统理论看来属于"优势互补"：数字创业者聚焦自身的业务或产品（及服务）模块，将获客及流量变现交给专业机构或服务，由此提高效率并实现"双赢"。但课题组基于对样本期间的统计分析发现，数字创业者利用广告平台这一技术模块功能，外包获客或变现渠道，实际上并不利于自身价值互补活动的下载和创新绩效。具体而言，使用广告平台这一技术模块功能，对用户评论数量这一下载绩效维度具有负向影响（$\beta = -0.0125$、$p < 0.05$），对综合升级这一创新绩效维度同样具有负向影响（$\beta = -0.0499$、$p < 0.01$）。导致这一现象的原因，或是流量变现渠道和能力带来的竞争优势更强，数字创业者依赖外部技术模块实现流量变现，将导致自身在价值分配时丧失话语权，因此不利于提高自身绩效。

又如，"崩溃报告"（Crash Reporting）和"数据管理"（Data Management）等偏向应用开发和体验优化的技术模块功能，有助于数字创业者同时提高了产品的下载和收入绩效。盖因两者反映出数字创业者对价值互补活动的"精益管理"追求，即数字创业者不断通过采集分析数据，了解价值互补活动与用户之间的互动结果，为优化战略决策提供了更加及时和准确的方向，由此建立起自身独特的竞争优势，提高绩效。

再如，"图形/界面"（Graphics/UI）和"图像处理"（Image Processing）等与用户体验直接相关的核心技术模块功能，有助于提高数字创业者收入绩效（其中，图像处理还同时提高了下载绩效）。这一现象背后的原因，或在于平台生态系统中的竞争更加激烈，用户在大量信息和产品（或服务）的冲击中提高了对内容质量的偏好，而专业领域的技术模块不仅能够提供高质量的技术实现途径，并且能够节约开发成本并压缩开发周期，多方面地提高数字创业者产品质量，迎合既有用户和潜在用户对内容质量的需求偏好，由此建立竞争优势、提高绩效。

为了更好地反映不同技术模块功能对数字创业者绩效的影响，本节总结归纳了"金牛"功能列表（见表5-20）和"瘦狗"功能列表（见表5-21），以期更清晰地为读者展示数字创业者使用技术模块功能的"好结果"和"坏结果"。其中，"金牛"是指能够为平台价值互补活动带来收益且没有负面代价的技术功能，"瘦狗"则是指仅对平台价值互补活动绩效产生负面影响而没有收益的技术功能。若某项功能在部分维度有益而在部分维度无益，则不会出现在以上两个列表中。

表 5 – 20   "金牛"功能列表

功能	受欢迎度	收入	迭代
Crash Reporting	+	+	
Data Management	+	+	
Graphics/UI		+	
Image Processing	+	+	
Marketing Automation			+
Media	+		+
Security			+
Developer Framework			+
Augmented Reality			+
Ad Mediation Adapters	+		
Health and Fitness		+	+

注: +表示促进作用, -表示抑制作用。仅统计该维度下各项指标无冲突的效果。"促进作用"和"抑制作用"指基于经验数据的统计结果。

一方面,根据表 5 – 20 可知,并不存在一个"完美"的技术功能模块,数字创业者需要根据自身战略需要,如优先考虑扩大流量或是优先考虑变现,抑或是兼顾流量和创新以期未来的更大成绩等,权变地选择所需使用的技术功能模块。

另一方面,根据表 5 – 21 可知,数字创业者在选择技术模块及其功能时,应权衡自身战略目标以作出谨慎决定。例如,部分提供基础功能的技术模块,如"定位"(Location)和"工具类"(Tools & Utilities),往往具有较强的不可替代性,但也导致数字创业者对该技术模块产生极大的依赖,进而在价值过程中跌入劣势地位。另外,涉及广告功能的技术模块,如"广告分析"(Ad Analytics)和"广告平台"(Advertising Platforms),虽然能够为产品快速地拓展市场,但也可能导致数字创业者无法直接接触用户、失去与客户的关系黏性,进而丧失价值过程中的话语权。最后,不同的技术模块功能选择还可能与数字创业者及其产品的商业模式有关,例如广告类功能和奖励系统（Reward Systems）往往可能与"免费＋内购"等特定商业模式挂钩，数字创业者应根据商业模式设计调整自身对外部技术模块功能的选择和使用。

表 5 –21 　　　　　　　　　　"瘦狗"功能列表

功能	受欢迎度	收入	迭代
Ad Analytics		–	
Advertising Platforms	–		–
Gaming			–
Location	–	–	–
Payments		–	
Push Notifications	–		
Reward Systems	–		
Tools & Utilities	–		
Web Management	–		–
Blockchain	–	–	

注：＋表示促进作用，－表示抑制作用。仅统计该维度下各项指标无冲突的效果。"促进作用"和"抑制作用"指基于经验数据的统计结果。

5.4.3　数字创业者同群网络及其绩效作用

利用相似技术提供相似产品的企业往往被称为"同群"。同群之间不仅是直接的竞争，也可能存在互相学习和模仿。这一竞争和模仿并存的有趣现象，使得同群对焦点个体绩效的影响，或因竞争而此消彼长，或因模仿而快速追赶。那么，基于技术模块这一平台特有特征形成的技术同群，将如何影响数字创业者的绩效？为了回答这一问题，基于课题组所建立的三类同群网络，本节着重探究以数字创业者为网络节点、由数字创业者共享技术模块而形成的同群网络，并秉持结构视角从数字创业者在技术同群网络中的结构位置入手，考察在中心性等方面的特征与数字创业者表现为下载、收入、创新方面的绩效差异。

1. 同群网络与下载绩效

与关于下载绩效的测量相一致，本节仍主要从下载排名、下载量增速、用户评论数量三个方面测量数字创业者的下载绩效，而对于同群网络的测量，则着重考察数字创业者在同群网络中的位置，具体采用度中心性、接近中心性、中介中心性以及向量中心性进行测量。基于此，本节着重探究数字创业者在其同群网络中的位置与其下载绩效之间的关系，拟合结果见表 5-22。整体而言，数字创业者想要提高其产品的下载绩效，不能单纯地扩大其同群网络的规模，而是需要在这一基于技术模块的同群网络中占据关键位置，从而发挥技术同群网络的网络效应。

首先，数字创业者在技术同群网络中的度中心性不利于提高数字创业者的下载绩效。表 5-22 模型 (1) 和模型 (4) 表明，数字创业者在同群网络中的度中心性负向影响其下载量 ($\beta = -472.7409$, $p < 0.05$) 和用户评论数量 ($\beta = -14.4216$, $p < 0.1$)。同时，度中心性对下载量排名的估计系数为 0.0000972 且在 5% 水平上具有统计显著性；考虑到排名为负向指标（值越大则排名越差），可知在样本期间，数字创业者在技术同群网络中的度中心性同样不利于提高数字创业者的下载排名。具体而言当数字创业者在技术同群网络中具有较高的度中心性时，意味着这一数字创业者拥有通过其节点位置的更多联结，表明其在同群网络中的中心地位，这一地位并不利于其所开发产品获得更多的下载。原因在于，技术同群网络是共享着相同的技术模块的数字创业者之间的网络，居于中心地位的数字创业者和更多的数字创业者共享着相同的技术模块（网络联结的数量多），其产品功能可能和大多数的数字创业者相似，因而缺少产品特色性功能，这会对其表现为下载量、下载排名、下载增速等绩效产生负面影响。

其次，数字创业者在技术同群网络中的接近中心性和中介中心性有利于提高数字创业者的下载绩效。表 5-22 模型 (1) 表明，数字创业者的接近中心性和中介中心性会对数字创业者下载量产生正向影响 ($\beta =$

446.4924, $p < 0.05$；$\beta = 2.6842$, $p < 0.1$），模型（3）则表明接近中心性和中介中心性对下载量排名产生负向影响（$\beta = -0.0000919$, $p < 0.05$；$\beta = -0.00494$, $p < 0.1$）。考虑到排名为负向指标，可知在样本期间，数字创业者在技术同群网络中的接近中心性和中介中心性有利于提高数字创业者的下载绩效。具体而言，当数字创业者在技术同群网络中具有较高的接近中心性时，意味着该数字创业者占据了到网络中其他节点距离最短的关键位置，而这里的距离主要是指该数字创业者与使用了相似技术模块的其他数字创业者在技术模块类型与功能上的相近程度，因而接近中心性展现的是距离最短而非联结数量最多。较高的接近中心性，使得数字创业者可以借助技术模块相近性而对其他数字创业者进行学习，学习效应反映在产品的改进、完善与更新上，使得其产品在性能、体验、质量上有更好的表现，促进产品的下载绩效的提升。当数字创业者在技术同群网络中具有较高的中介中心性时，即该数字创业者在两个有共享技术模块的同群数字创业者伙伴间最短路径中的概率较高，意味着该数字创业者较好地扮演着两个数字创业者之间媒介或桥梁的作用。这一作用使得数字创业者能够同时向两个具有相似模块的数字创业者进行学习，取长补短地完善自己的产品功能，从而提高产品的下载绩效。

最后，数字创业者在技术同群网络中的向量中心性有利于提高数字创业者的下载绩效。表 5 - 22 模型（3）表明，数字创业者的向量中心性会对下载量排名产生负向影响，估计系数为 - 0.000451，且在 10% 水平上具有统计显著性。考虑到排名为负向指标，可知在样本期间，数字创业者在技术同群网络中的向量中心性有利于提高数字创业者的下载绩效，即数字创业者能够通过发挥技术伙伴的网络效应以提高数字创业者的下载水平。具体而言，从向量中心性的测量来看，数字创业者在技术同群网络中具有较高的向量中心性时，意味着该数字创业者所获节点分值更多地来自高分节点，而不像度中心性那样节点分值更多地来自所连接的节点数量。从向量中心性的理论内涵来看，较高的中心性水平赋予数字创业者接近网络中重要节点的机会与可能，而这些重要节点是指技术模块使用、技术功能发挥上的意见领袖或技术先行者，为数字创业者提供了更多模仿的对象与学习的机会，有助于其产品的更新迭代，促进绩效提升。

表5-22　　　　数字创业者网络中心性与其下载绩效的关系拟合结果

项目	（1） 下载量	（2） 下载量增速	（3） 下载量排名	（4） 用户评论数量
度中心性	-472.7409 ** （-2.395）	-868.5629 （-0.624）	0.0000972 ** （2.344）	-14.4216 * （-1.889）
接近中心性	446.4924 ** （2.432）	792.9469 （0.616）	-0.0000919 ** （-2.348）	13.6450 * （1.890）
中介中心性	2.6842 * （1.746）	9.5214 （0.845）	-0.00494 * （-1.911）	0.0529 （1.221）
向量中心性	22.3888 （1.572）	65.5921 （0.626）	-0.000451 * （-1.849）	0.6807 （1.608）
截距项	6.5251 *** （8.982）	12.3725 *** （2.861）	-0.00127 （-0.599）	0.0656 * （1.656）
样本数量	43423	43421	43423	44411

注：*、**、*** 分别表示在10%、5%、1%水平上具有统计显著性。括号中为 t 值。中心性指标均经过极差标准化处理。"下载量"指取对数后的平均下载量。

2. 同群网络与收入绩效

与关于收入绩效的测量相一致，本节仍主要从收入规模、收入增速以及收入排名三个方面测量数字创业者的收入绩效，结合数字创业者在基于技术模块形成的同群网络中的位置，建构回归拟合模型，以探究数字创业者在其同群网络中的位置与其收入绩效之间的关系，拟合结果见表5-23。整体而言，不同于提高下载绩效对网络位置的要求（占据网络关键位置），若数字创业者希望提高收入绩效，则需要扩大自身的同群网络规模，同时避免在该网络中占据关键位置。

一方面，数字创业者在技术同群网络中的度中心性有利于提高收入绩效。表5-23模型（1）和模型（3）表明，数字创业者度中心性对产品平均收入（对数）和收入排名（对数）的估计系数分别为1890.9650和

－0.000002，且均在 1% 水平上具有统计显著性。考虑到排名为负向指标（值越大则排名越差），可知在样本期间，数字创业者在技术同群网络中的度中心性有利于提高收入。由于度中心性测度的是焦点个体所拥有的直接关联节点数量，即数字创业者在技术同群网络中直接共享同一技术模块的其他数字创业者数量，这一结果意味着，若数字创业者与更多其他数字创业者共享同一技术模块，则该数字创业者将获得更多的收入绩效。产生这一现象的原因或在于，不同于通过独特性吸引用户关注以换取下载这一过程，若数字创业者希望用户实际付费时，用户对合法性的偏好可能会产生主导作用，因而对产品的统一体验、良好稳定性等方面提出了更高要求，数字创业者针对这一需求而选择市场占有率和认可度较高的技术模块，将与更多同群形成技术共享、形成更多规模的同群网络，同时使得自身获得更好的收入绩效表现。

另一方面，数字创业者在技术同群网络中的接近中心性、中介中心性及向量中心性均不利于提高收入绩效。表 5－23 模型（1）表明，数字创业者接近中心性、中介中心性及向量中心性对产品平均收入（对数）的估计系数均为负，且均在 1% 水平上具有统计显著性；同时，模型（3）表明，数字创业者接近中心性、中介中心性及向量中心性对收入排名的估计系数均为正且均在 5% 水平上具有统计显著性；考虑到排名为负向指标（值越大则排名越差），可知在样本期间，数字创业者在技术同群网络中的接近中心性、中介中心性及向量中心性均不利于提高收入绩效，表明数字创业者难以通过占据技术同群网络关键位置捕获价值。接近中心性、中介中心性及向量中心性三个指标反映的是焦点个体在网络中的结构重要性，即这三个指标较高的数字创业者往往因使用了某些小众技术模块而将不同技术群组的数字创业者桥接在一起，而这样的情况并不能提高该数字创业者的收入绩效。导致这一现象的原因可能在于，该数字创业者的产品需要实现的功能相对新奇因而需要使用到独特的外部技术模块，抑或是小众技术模块自身的技术稳定性不高或技术水平不佳，导致产品合法性不高或是用户体验不佳，抑制了用户付费意愿。

表5-23　　　数字创业者网络中心性与其收入绩效的关系拟合结果

项目	（1） 平均收入（对数）	（2） 收入增速	（3） 收入排名（对数）
度中心性	1890.9650 *** （6.644）	4297.4531 （1.383）	- 0.000002 *** （ - 4.796）
接近中心性	- 1.79e + 03 *** （ - 6.715）	- 3.99e + 03 （ - 1.377）	0.00000196 *** （4.926）
中介中心性	- 8.9270 *** （ - 4.458）	- 28.4683 （ - 1.387）	9909.5707 *** （2.847）
向量中心性	- 82.6713 *** （ - 4.499）	- 278.4200 （ - 1.347）	6.96e + 04 ** （2.271）
截距项	- 2.2422 * （ - 1.715）	21.8248 * （1.717）	1.00e + 04 *** （5.551）
样本数量	38502	38313	38502

注：*、**、***分别表示在10%、5%、1%水平上具有统计显著性。括号中为 t 值。中心性指标均经过极差标准化处理。"收入"指取对数后的平均收入。

3. 同群网络与创新绩效

数字创业者在使用平台技术模块时，往往可能因市场需求或产品更新迭代需要而对技术模块提出优化要求。通过共享技术模块，数字创业者之间可能享受到技术模块迭代优化的便利，但这一便利对焦点数字创业者创新绩效的影响多大，尚未可知。技术同群之间还可能存在技术模仿，即后发数字创业者通过对先发数字创业者的学习模仿，节约技术探索成本和时间，快速创新追赶；先发数字创业者面对这一学习模仿压力，其创新偏好可能会进一步强化。因此，为了验证数字创业者同群网络对其创新绩效的影响，通过回归拟合的统计方法，对数字创业者在同群网络中的位置（度中心性、接近中心性、中介中心性和向量中心性）对其创新绩效各个维度（综合升级、架构级迭代、内容级迭代、补丁级迭代）的影响，展开了统计分析。数字创业者同群网络与其创新绩效的关系拟合结果见表5-24。整体而言，从创新绩效视角来看，数字创业者应尝试占据技术同群网络中的关键位置，而非简单地扩大同群网络规模。以综合升级为分析对象，加以具体说明。

一方面，在技术同群网络中，数字创业者的度中心性对其创新绩效产生负向影响。表 5 - 24 模型（1）表明，数字创业者度中心性对产品综合升级的估计系数为 - 138.3678 且均在 10% 水平上具有统计显著性。这一结果表明，在样本期间，数字创业者在技术同群网络中的度中心性越高，其产品综合升级越少。导致这一现象的可能原因，或是对高市场占有率的技术模块的依赖，降低了数字创业者对自身技术的重视程度，因而降低了创新的能力和水平。

表 5 - 24   数字创业者网络中心性与其创新绩效的关系拟合结果

项目	（1）综合升级	（2）架构级迭代	（3）内容级迭代	（4）补丁级迭代
度中心性	- 138.3678 * (- 1.695)	- 32.4264 (- 1.376)	- 120.2573 *** (- 2.627)	- 38.5814 (- 0.487)
接近中心性	125.8316 * (1.662)	27.8965 (1.262)	106.3882 ** (2.521)	38.1313 (0.518)
中介中心性	1.0892 (1.589)	0.4933 *** (2.652)	1.3464 *** (3.336)	- 0.0286 (- 0.044)
向量中心性	11.3348 * (1.846)	4.0386 ** (2.443)	12.4920 *** (3.394)	0.3691 (0.064)
截距项	0.7507 ** (2.187)	0.2234 ** (2.218)	0.4309 *** (2.690)	0.5973 * (1.746)
样本数量	44411	44411	44411	44411

注：*、**、*** 分别表示在 10%、5%、1% 水平上具有统计显著性。括号中为 t 值。中心性指标均经过极差标准化处理。

另一方面，在技术同群网络中，数字创业者的接近中心性和向量中心性对其创新绩效产生正向影响。表 5 - 24 模型（1）表明，数字创业者接近中心性和向量中心性对其产品综合升级的估计系数分别为 125.8316 和 11.3348 且均在 10% 水平上具有统计显著性。以上结果表明，在样本期间，数字创业者在技术同群网络中的接近中心性和向量中心性越高，其产品综合升级越频繁。导致以上现象的原因可能在于，较高的接近中心性和向量中心性反映出数字创业者在技术同群中的关键位置，说明其不仅采用了市场广泛使用的技术模块，同时还采用了较为独特的技术模块，体现了该数字创业者在技术选择上的平衡与融合，以及其自身技术实力的基础，因而具有较高的创新绩效。

总之，若数字创业者以提高创新绩效为首要目标，则应优先考虑占据技术同群中的关键位置，而非简单地扩大数字创业者同群网络。

第6章 依托平台的创业者广告网络建构及其绩效作用

依托平台的创业者经由平台能够联结多样化的平台参与者，如用户、其他互补品提供商，以及第三方技术服务商（如软件工具包开发商等）、广告服务商等，这使得创业者依托平台建构了自己的创业网络。我们将研究的视角聚焦于创业网络中的广告网络，发现其中包含三类主体：一是广告平台，即专门为数字创业者提供广告需求匹配的组织；二是广告需求方，即想要在数字创业者所开发的产品中做广告的企业；三是广告供给方，即能够承接其他数字创业者广告的企业。本章将重点关注作为平台互补者的这些数字创业者如何与广告平台、广告载体公司、广告投放公司形成围绕广告的创业网络，从而对依托平台的创业者如何利用以广告为构成的创业网络实现成长提供理论解释。

为了展现以广告为构成的创业网络在平台情境下的独特形态及其绩效作用，本章以本数据库所收集的移动操作系统平台上开发工具类应用的数字创业者作为研究对象。移动操作系统平台上的工具类应用能够极大地提升用户在生活和工作中的便捷性，成为市场上仅次于游戏的移动应用产品类型。根据工信部官网数据统计，截至 2023 年 5 月，中国市场上第三方应用商店上架的日常工具类应用总下载量达 2653 亿次，系统工具类应用总下载量达 1549 亿次，分列产品排名的第二位和第七位。相较前面章节所关注的游戏类应用，工具类应用往往追求功能精简，通常不会设计应用内购买模式，其收入主要依赖广告变现。因此，如何增加用户停留时间，提高用户黏性;如何通过广告网络的建构,扩大与多类型平台参与者的联结,从而拓展收入来源,成为创业者的应用开发能否获得成长的关键。本章将基于中国市场 iOS 平台上创业者所开发的工具类应用的广告数据,探讨工具类应用的创业者的广告网络构成与特征,及其影响绩效作用机制与有效途径。

6.1　数字创业者与广告平台的网络联结关系

对于移动操作系统平台上的创业者而言,无论其采用付费抑或免费模式经由平台联结用户,广告收入都是其商业模式中的重要盈利来源。数字创业者获得广告收入的方式主要有两种:一是在其他创业者所开发的移动应用(App)上投放广告,因而其他创业者开发的 App 就成为广告载体或渠道;二是通过广告平台找寻其他载体投放广告,这些广告平台就是数字创业者向市场推广其所开发的产品和提高自身知名度的关键合作伙伴。在本章所分析的数据样本中,从 2019 年 1 月至 2022 年 3 月共 39 个月期间,选择广告平台开展营销活动的数字创业者有 72 个,共涉及 7 个广告平台,分别是 AdMob、Chartboost、InMobi、ironSource、MoPub、UnityAds 和 Vungle。不同的广告平台,业务各具特色,市场格局存在差异。例如,AdMob 是谷歌公司推出面向移动设备的广告平台,其特点是文档详细,接入简单,覆盖所有类型的广告形式,广告填充率高且体验好,支持多种广告请求方式。UnityAds 广告平台被广泛用于开发移动游戏和其他交互性应用程序,其广告源以游戏为主,同时该平台能够提供一整套广告解决方案,帮助开发者在应用中展示各种类型广告。

6.1.1　广告平台特征

基于对广告平台的识别,我们进一步分析数字创业者与广告平台之间的网络联结强度,通过数字创业者在广告平台上开展广告活动的次数予以衡量。在上述 7 个不同的广告平台上，开发工具类应用的创业者选择各个广告平台开展广告活动的次数（按月次计）、双方开展广告合作的时间长度、单支广告中采用的素材数量以及单个工具类应用在广告平台中所占广告份额，如图 6 - 1 所示。

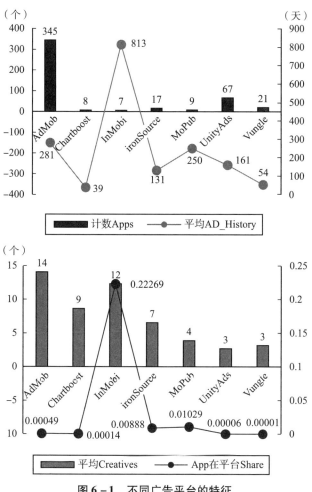

图 6 - 1　不同广告平台的特征

整体上来看，7 个广告平台中 AdMob 平台的广告活动总次数最高达到 345 次，远远超出其他 6 个平台广告活动数量之和，占到样本中 474 次广告活动数据中的 72.8%；排在第二位的是 UnityAds 平台，广告活动次数为 67 次，但仍然超出排在后面 5 个平台广告次数之和；广告次数较少的是 MoPub、Chartboost 和 InMobi 三个平台，均不足 10 次。可见，开发工具类应用的创业者选择广告平台时，市场头部效应非常显著。

从数字创业者与广告平台合作的时间长度上看，广告活动次数最少的 InMobi 平台与数字创业者合作历史最为持久，达到 813 天；而市场份额最高的 AdMob，与工具类应用广告主的合作时长为 281 天，仅次于 InMobi，但同时高于其他 5 个平台。这说明不同广告平台的网络合作策略不同，有的广告平台注重合作网络的规模扩大，尽可能拓展能够承接的广告活动，形成与众多创业者的广告合作；而有的广告平台则注重与合作伙伴长时间的网络合作，培养忠诚的广告合作伙伴。这也为数字创业者制定广告策略提供了不同的选择，数字创业者会出于不同的广告运营目的，如初期快速铺货市场而选择前者的广告平台，而出于做精广告、深入合作而与后者的广告平台合作。

从数字创业者所投放广告在广告平台上所占份额来看，其分布情况与广告合作时长呈现很强的正相关性。上述份额是指，在某个广告平台投放广告的数字创业者，其广告规模占广告平台总体广告规模的比重。由图可知，与工具类应用的开发者合作历史最为持久的 InMobi 平台，其工具类应用的广告所占份额最高。这说明工具类应用在开展广告营销时，总是愿意追求长期稳定的广告代理关系，表明他们对长期合作的广告平台所提供的网络资源，具有较强的依赖关系，一定程度上支持了广告平台所产生的网络锁定效应。

6.1.2　数字创业者对广告平台的选择

移动操作系统平台的数字创业者在选择广告平台以制定广告策略时，通常会考虑广告平台的规模、市场地位、网络资源优势以及双方合作的历史。为了更好地展现数字创业者在广告平台上的选择策略，我们建立了各个广告平台与数字创业者之间的关系，以月为单位对二者合作推出的广告活动进行计数，作为关系强弱程度的测量，统计结果用气泡图展示，如图 6－2 所示。

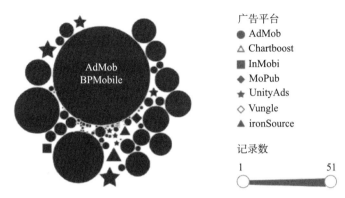

图 6－2　广告平台与数字创业者之间关系强度气泡图

不同广告平台用不同形状进行区分，其中，圆形代表的 AdMob 平台占据了图形中所示广告活动的绝大部分面积，每个气泡的大小表示广告平台与开发工具类应用的创业者之间的关系密切程度。在 2019 年 1 月至 2022 年 3 月共 39 个月期间，AdMob 平台与众多数字创业者形成了强关系。例如，该广告平台与应用开发者 BPMobile 的网络合作强度达到 51 个月，与应用开发者 ComcSoft 的合作强度为 27 个月，与应用开发者 WzpSolution 的合作强度为 24 个月，占据了全部关系强度的前 3 位。

对于数字创业者而言，既可以选择单个平台开展长期稳定的合作，也可以选择多个平台进行各种可能的尝试，该决策主要受到数字创业者广告预算的制约。在本数据库中，选择中国市场 iOS 平台上 68 个通过广告平台投放广告的开发工具类应用的创业者作为分析对象，观察其合作的广告平台数量，分布情况如图 6－3 所示。由图可知，68 个创业者有 49 个都选择单一广告平台策略，其中又有 40 个创业者选择 AdMob 作为单一合作平台。选择两个广告平台合作的创业者有 13 个，其中有 7 个创业者同时选择了 AdMob 和 UnityAds 两个平台。选择 3 个以上广告平台的创业者只有 6 个，极少数创业者选择多个广告平台开展合作。

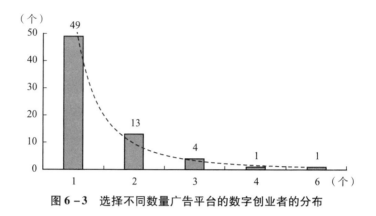

图 6 - 3 选择不同数量广告平台的数字创业者的分布

6.1.3 数字创业者广告网络建构的典型案例

以 BPMobile 公司为例，探讨开发商根据不同应用的特征采取不同广告策略的问题，如图 6 - 4 所示。BPMobile 旗下的两款工具类应用分别为 Smart Cleaner 和 2Number。Smart Cleaner 是一款手机清理助手软件，帮助用户解决手机卡慢和清理运行垃圾等问题，而 2Number 可以在无须安装额外 SIM 卡的条件下拥有不同的电话号码，满足个人生活与工作的不同需要。图 6 - 4 包括三部分内容，分别展示了 BPMobile 公司在推广两款工具类应用的过程中，选择广告平台、作为流量提供者的应用以及采用广告素材的变动轨迹。

2019 年 1 月至 2022 年 3 月，BPMobile 对两款应用的广告策略存在显著差异。在推广 Smart Cleaner 应用过程中，采用了多平台策略，包括 AdMob、UnityAds、ironSource、Mopub 和 Vungle 共 5 个平台，最多同时与 4 个平台进行合作，有一段时间采用了 AdMob 的单平台策略。与之相对的是，在推广 2Number 时，基本上采用的单平台策略，在 2019 年 3 月是 ironSource 平台提供广告服务，在暂停广告持续约一年半后，新一轮广告选择 AdMob 为单一平台，且广告频率处于间歇状态，对 2Number 的广告投入远不如 Smart Clearner 积极。

广告平台为 BPMobile 提供流量资源的多少，可以从展示广告的移动应用数量上得到体现。对 Smart Cleaner 应用来说，在 39 个月的观察期内，平均每个月在 62 个移动应用上展示了广告，广告推广力度大；最高峰出现在 2019 年

8 月，展示 Smart Cleaner 广告的应用数量达到 391 个；最低谷出现在 2020 年 2 月，Smart Cleaner 广告展示数量降为 0 个，反映了当时全球新冠疫情对工具类移动应用和数字广告市场的冲击，但迅速在 2020 年 3 月恢复了持续的广告推送。对于 2Number 应用，在 2020 年 7 月以前，几乎没有投入广告资源；2021 年 4 月起，BPMobile 加大了对 2Number 的一波广告投入，展示 2Number 广告的移动应用数量提升到了 10 个以上，高峰期在 2021 年 8 月，覆盖应用数量达到 53 个；2021 年 11 月，针对 2Number 的推广突然收紧，广告应用数量降至个位。

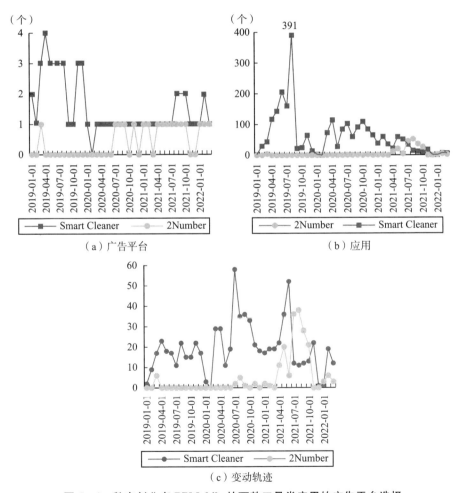

（a）广告平台

（b）应用

（c）变动轨迹

图 6-4　数字创业者 BPMobile 的两款工具类应用的广告平台选择

6.2 数字创业者经由广告平台投放广告的绩效结果差异

依托平台的数字创业者为了扩大其投放于平台的产品的市场认知度，提升自身的合法性，往往需要通过广告增强曝光率，吸引平台另一端用户的关注。借助有着丰富的广告渠道资源的广告平台，对于初加入移动操作系统平台的新创企业而言能够节省网络连接成本，带来广告投放的经济性。本节将深入分析数字创业者经由广告平台投放广告的策略差异，及其所带来的绩效结果，从而展现借助广告平台所建构的广告网络对于移动应用领域数字创业者的重要作用。

用于分析的样本是数据库中中国市场 iOS 操作系统平台上，排名前1000 的工具类 App，根据提供这些 App 产品的数字创业者从 2019 年 1 月至2022 年 3 月所开展的广告活动数据。这些广告活动数据包括广告时间、广告平台、变现产品、广告素材和广告份额等。广告活动以月次为单位，即一款数字创业者产品在某个月开展了广告活动为一条数据记录。进一步地，以产品 ID 号和广告时间组合为关键词，匹配各个数字创业者所投放广告在相应时间所产生的绩效。这里的绩效数据包括数字创业者所提供产品在广告期内的下载量、收入、活跃用户、安装数、打开率、评价数和评分等。在筛选掉无效数据后，分析样本包括在 39 个月的观察期间，基于 iOS 平台的 72 个数字创业者所开发的工具类应用，在中国市场上共 398 次广告活动及其绩效信息。

6.2.1 数字创业者接入的广告平台特征与下载量和收入

在本节所聚焦的移动操作系统平台上，就数字创业者而言，他们接入的广告平台可分为三种类型，即龙头型、特色型和普通型。所谓龙头型广告平台是指在市场上占有率高，移动广告领域占据龙头地位的企业。从数据库中广告活动数据的集中情况来看，这里专门指 AdMob 平台。所谓特色型广告平台是指本身在链接广告投放者和广告承接者方面具有特色优势，并能够借此吸引具有相应广告需求的创业者开展广告合作。在此专指 Unity-Ads 平台，该平台在游戏类产品领域具有最广泛的流量资源。所谓普通型广告平台是指具有一定市场竞争力，市场占有率相对前两类较低的广告平台。基于上述分类，进一步分析数字创业者在广告平台上的选择，发现这种选择可表现为单平台选择和多平台选择，即仅将广告经由单一平台投放于其他平台参与者，或经由多个广告平台对外联结众多平台参与者作为广告载体。某款数字创业者产品在市场推广中，可能选择同时与多个平台进行合作。对数字创业者选择合作的广告平台情况进行统计，分布情况如图 6-5 所示。

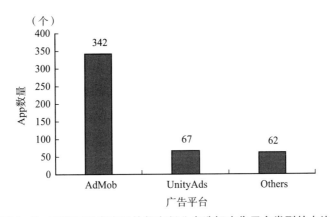

图 6-5 开发工具类应用的数字创业者选择广告平台类型的占比

基于上述分组，进一步探究移动操作系统平台上数字创业者选择不同广告平台后其绩效表现差异，如图 6-6 所示。研究发现，基于广告平台类型的分组，在数字创业者以下载量（$F = 11.683$，$p < 0.001$）和收入（$F = 5.637$，$p = 0.018$）为测量的绩效上表现出显著差异。具体而言，选择特色型广告平台的操作系统数字创业者，其下载量水平最高，表现为下载量的平均值为 8569.66，高于选择普通型广告平台的数字创业者所获得的下载量平均值 7609.42，以及选择龙头型广告平台的数字创业者所获得的下载量平均值 2341.02。选择普通型广告平台的数字创业者，其收入水平最高，表现为收入的平均值为 3219.18，高于选择特色型广告平台的数字创业者所获得

的收入平均值838.37，以及选择龙头型广告平台的数字创业者所获得的收入平均值1244.90。为了支撑这一结论，我们将是否采用某一种类型广告平台设置为虚拟变量，采用独立样本 T 检验考察广告平台类型选择是否影响数字创业者的绩效水平。结果发现，相较没有选择龙头型广告平台，选择此类平台的数字创业者收入更低（$T = -8.772$，$p < 0.001$）；而选择特色型广告平台的数字创业者能够获得的收入，也低于未选择该类平台的数字创业者（$T = 5.670$，$p < 0.001$）；两两比较后可知，相对前两类平台，选择普通型广告平台的数字创业者收入最高。

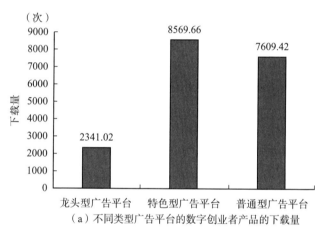

（a）不同类型广告平台的数字创业者产品的下载量

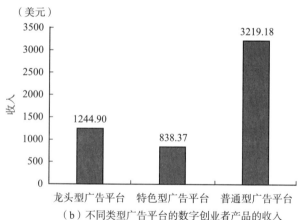

（b）不同类型广告平台的数字创业者产品的收入

图6-6　数字创业者基于广告平台类型的分组与产品收入及下载量

结果表明，对于想要依靠广告收入来提升自身营利性与市场表现的数字创业者，龙头型广告平台可能并不是一种很好的选择，创业者可以考虑特色型广告平台，借助其联结接广告投放者和广告承接者方面的特色优势，释放或提高广告的收益贡献度。具有较高市场份额的龙头型广告平台有着品牌影响力，尽管他们也有丰富的客户资源，但对于资源和能力都较为薄弱的创业者而言，其在龙头型广告平台中的广告份额可能微乎其微，因而难以赢得广告平台对其投入专用性关系资源。相较之下，特色型广告平台时常具有最广泛的流量资源，尤其以游戏领域为典型，这些广告平台能够为数字创业者借此吸引具有相应需求的其他创业者与其开展广告合作，为数字创业者建构特色的广告网络。因此，对于依托平台创立并成长的数字创业者而言，经由广告平台联结广告资源，更应考虑特色型广告平台，建构适宜自身的广告网络，而不单纯以品牌知名度与流量选择依据。

进一步地，我们将数字创业者选择一个广告平台联结广告载体的行为界定为采用单广告平台策略，而选择多个广告平台的行为则界定为采用的是多广告平台策略。对数字创业者所选平台数量与其收入水平、收入排名进行回归分析（$T = -4.143$，$p < 0.001$），发现选择广告平台数量越多，创业者产品所实现的收入更少。也就是说，选择单个广告平台的数字创业者所获绩效高于选择多个广告平台的数字创业者。这一数据结果说明，单平台策略更有利于提高数字创业者的绩效水平。上述数据结果表明，数字创业者在推广某款产品时，选择单平台策略更加有利。原因在于，一方面，尽管经由多个广告平台能够扩大数字创业者链接广告载体的范围，但不同广告平台的载体参与者可能存在交叉，因而经由不同的广告平台渠道联结重复性载体会提高交易成本，会对数字创业者绩效产生负面影响。另一方面，多广告平台策略在增加了数字创业者的广告投入成本的同时，并不能显著地提升广告收益，因为不同广告平台的受众可能并不与数字创业者的目标消费群体相匹配，这就导致广告的无效率投入。

6.2.2　数字创业者接入的广告平台特征与用户效应

通过投放广告来获取流量来源，是数字创业者谋求成长的重要驱动力。然而，广告不仅能够为数字创业者提供直接的收入贡献，还会带来对平台另一端用户的吸引，通过活跃用户数、用户打开率等用户效应的创造间接作用于数字创业者绩效。从双边市场理论来看，平台所创造的双边市场以同边和跨边网络效应为底层理论逻辑，这种网络效应并不是自平台创立后就会自然产生，一方面，需要平台所有者或领导者以塑造单边的参与者基群为基础，如接入能够为平台提供产品的大范围、大规模的参与者，据此吸引另一端用户；另一方面，则需要数字创业者自身借助商业模式创新或引入第三方媒介，自主性地吸引平台用户。基于上述学术判断，我们对数字创业者接入广告平台的类型、数量，通过广告平台联结广告载体的数量、在广告平台上所占份额等特征，与用户效应的关系进行了深入分析。

首先，根据课题组对广告平台类型的分组（如龙头型、特色型与普通型），进一步探究移动操作系统平台上数字创业者选择不同广告平台投放广告后，其在活跃用户、用户打开率等用户效应指标上的差异表现，如图 6 - 7 所示。研究发现，基于广告平台类型的分组，数字创业者在活跃用户数量上表现出显著差异（$F = 18.955$，$p < 0.001$）。具体而言，选择普通型广告平台的数字创业者，其用户活跃水平最高，表现为活跃用户数平均值为507188.16，高于选择特色型广告平台的 249268.81，以及选择龙头型广告平台的 79563.76。同时，数字创业者在用户打开率上表现出显著差异（$F = 9.411$，$p = 0.002$）。具体而言，选择龙头型广告平台的数字创业者，其用户打开率最低，表现为用户打开率平均值为 0.0816，低于选择特色型广告平台的 0.1169，以及选择普通型广告平台的 0.1176。同时，我们将数字创业者所选择的广告平台类型与活跃用户数量进行回归分析，结果发现选择龙头型广告平台的数字创业者用户活跃度最低（$T = -2.884$，$p = 0.004$），选择特色型广告平台和普通型广告平台的数字创业者的用户活跃程度更高。

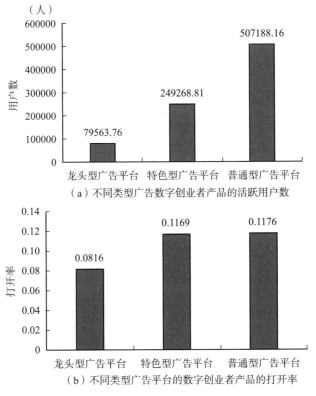

（a）不同类型广告数字创业者产品的活跃用户数

（b）不同类型广告平台的数字创业者产品的打开率

图 6 - 7　数字创业者产品基于广告平台类型分组与活跃用户数及打开率

　　结果表明，选择普通型广告平台更有利于数字创业者收获较多的活跃用户以及较高的收入水平。数字创业者为了提高用户规模以及收入水平，并不一定要盲目跟从市场占有率高的龙头型平台，抑或有着特色定位的广告平台，而是可选择普通型的广告平台从事广告业务。相较特色型广告平台能够为数字创业者带来较高的下载量，普通型广告平台则能为数字创业者带来较强的用户效应以及随之而来的收入。原因在于，特色型广告平台因其独特的平台定位，通过为数字创业者联结特色广告商而助其获得较高的下载量，但用户下载并不意味着成为活跃用户抑或成为数字创业者的收入源，特色平台的广告方式在初期吸引用户后若不能匹配用户的广告需求，可能会影响用户向活跃用户的转化以及对收入的贡献。相较之下，普通型广告平台联结的广告商范围广、类型多样，可能通过在不同的广告商间转换而适应数字创业者在持续吸引用户方面的需求。

进一步地，我们依据数字创业者选择广告平台的数量进行分组，研究发现，基于广告平台数量的分组，数字创业者在活跃用户数量上也表现出显著差异（$F = 12.032$，$p < 0.001$）。具体而言，选择单个广告平台的数字创业者活跃用户数量高于选择多个广告平台的数字创业者。这一数据结果表明，单平台策略更有利于数字创业者汇聚大规模用户，因为作出了单一广告平台的选择，意味着数字创业者遵从该广告平台的价值主张，同时接入该广告平台的广告载体合作者也与该广告平台的价值主张相一致，其特色形成匹配，因而能够与数字创业者的广告需求相匹配，更易于提升数字创业者利用广告触达用户的需求。为了支撑这一结论，我们对数字创业者所选平台数量与活跃用户数量进行了回归分析（$T = -1.765$，$p = 0.079$），发现选择广告平台数量越多，数字创业者产品的活跃用户数量更少。

综合上述两个广告平台选择的特征，我们没有发现数字创业者所选广告平台的类型与数量影响数字创业者产品的用户打开率（$T = 0.819$，$p = 0.413$；$T = -1.072$，$p = 0.284$），这说明用户下载后的使用情况，不再受数字创业者所选择的广告平台特征的影响，而可能更多地来自数字创业者自身产品的特征与质量。

其次，数字创业者利用广告平台的最终目的是接入大范围的、与其需求相匹配的广告载体，因此我们判断经由广告平台所联结的广告载体数量也会对用户效应产生影响。我们将数字创业者经由广告平台联结广告载体的数量与数字创业者的活跃用户数量，以及产品打开率进行回归分析，发现数字创业者联结的广告载体数量越多，其产品打开率越高，显著性水平为 0.05 以下（$T = 2.332$，$p = 0.020$）；但广告载体数量并未对活跃用户数量产生显著的影响（$T = 1.621$，$p = 0.106$）。广告份额越高，广告频次越多，用户活跃数量越多，得到了 0.05 水平上的显著性支持。

6.2.3 数字创业者接入的广告平台特征与合法性反应

新生的数字创业者接入平台要想获得用户的正面认知与评价并非易事，这主要源于这些创业者新生特征所蕴含的合法性缺陷，往往导致平台用户端较少的用户评价以及低用户评价等。尽管用户的证明评价通常需要在体验、使用产品后才逐步产生，但在新生创业初期为了解决这一问题，数字创业者往往利用广告效应试图增强用户认知与评价，提升合法性水平。基于这一学术判断，我们对数字创业者接入广告的特征、经由广告平台联结广告载体的特征等，与用户累计评价（总数与评分）、新增用户评价（总数与评分）进行回归分析，发现采用用户评价数量拟合的模型效果更好（R^2更高），同时得到以下初步结论。

首先，从数字创业者所接入广告类型来看，选择龙头型广告平台并不能使得用户获得较高的累计评分。从数字创业者所接入广告平台数量来看，数字创业者联结广告平台数量越高，其获得用户评价的数量越多。结合前面广告平台策略对数字创业者收入绩效与用户效应产生负面影响的结果来看，该数据结果说明多广告平台策略确实能够帮助数字创业者实现市场铺货的效果，即更多地触达用户，获得用户的评价，但评价的内容是积极还是消极，这仍取决于数字创业者产品质量，这就造成用户评价数量可能高，但数字创业者的收入绩效和活跃用户数量并不高的结果。

其次，从数字创业者经由广告平台联结广告载体的情况来看，用以展示广告的广告载体数量越多，数字创业者累计用户评价数量越少（$T = -2.526$，$p = 0.012$），新增用户评分反而越高（$T = 2.620$，$p = 0.009$）。这一数据结果表明，在更多的载体上投放广告，会在新增用户上创造较好的网络效应，收获来自新用户较好的评价。原因在于，新用户是由于数字创业者在更广泛的范围内投放广告而被吸引而来，产生了新用户认知，反映在较高的评分水平上。然而总体用户评价数量的减少，可能是由于老用户已经对数字创业者提供的产品日渐熟悉，广告效应诱发的用户评价数量提升作用降低，这种作用更多地体现在对新用户认知的刺激作用上。

最后，从数字创业者经由广告平台联结广告载体投放广告的频次来看，广告频次越高，新增用户评价数反而越低（$T = -2.690$，$p = 0.007$）。广告之于用户的作用在于传递品牌形象、产品信息等，其对用户认知的影响作用更多地体现在初期，在用户形成初步认知后这种影响作用会下降。然而，较少用户是喜欢看广告的，因此随着数字创业者在广告载体上投放广告的频次增加，那些已经形成初步认知的新增用户评价数会减少。

6.3 数字创业者经由广告平台承接广告的绩效结果差异

在以移动操作系统平台为典型特征的数字平台上，数字创业者的商业逻辑仍以流量思维为典型特征，而以"产品内购 + 广告收入"为核心的盈利模式。本书在第 4 章探讨了产品内购的相关内容，而本节将重点围绕数字创业者承接其他创业者的广告从而获取广告收入、创造用户效应展开分析和讨论。

6.3.1 数字创业者经由广告平台承接广告的特征

与应用内购买这种盈利模式相比，广告是门槛更低、适用范围更广泛的盈利方式。数字创业者通过广告变现来获得盈利并不需要用户买单，无论其推出付费产品还是免费产品抑或是否在产品中内嵌不同价格的升级产品，其都可以载入广告并借此获得超额收益。然而，依靠广告获得盈利的前提是，该创业者有着足够多的用户流量，这才能够吸引广告投放者或者广告平台为其带来广告商资源。

就所研究的数字创业者而言，他们为平台提供的工具类应用往往具有功能单一的特征，且同一类型的工具产品之间替代性较强，导致数字创业者之间的竞争强度较高。在这种竞争情境下，如果某个数字创业者将其产品中增加内购产品或针对产品升级采用付费方式，用户则很快会搜寻替代产品而将其替代，这意味着用户黏性较低。因此，对于开发工具类应用的创业者而言，他们很难在产品中嵌入内购产品结构，因而利用广告获取超额收益就成为数字创业者的必争之地。以工具类应用"墨迹天气"为例，该产品的盈利模式主要是广告。该数字创业公司——"墨迹科技"的招股说明书显示，2014 —2017 年的四年，墨迹科技的互联网广告信息服务收入占比分别为 94.84%、98.12%、98.99% 和 98.86%；墨迹天气智能硬件的收入占总营收比例分别为 4.97%、1.77%、0.89%、0.91%，说明其硬件收入对公司整体盈利的贡献远小于广告收入。

基于前述情况，数字创业者尽管非常想要利用广告来获取超额收益，但同时需要着重考虑的是，去哪里找到优质的广告主，从而达到用户、流量、收益三者之间的动态平衡？本节将重点分析在中国的 iOS 移动操作系统平台上数字创业者承接广告的整体情境与基本特征，及其在市场绩效与用户效应上的表现。本节的样本数据是在中国的 iOS 移动操作系统平台上排名前 1000 的工具类应用中，在 2019 年 1 月至 2022 年 3 月承接了其他产品广告的数字创业者，共涉及 258 款工具类应用，在 39 个月内发生 27309 次广告变现行动。我们对数字创业者利用广告变现的行动的测量方式是，数字创业者的一款产品在一个月内经由一个广告平台而承接了一个广告实现收入变现，需要说明的是数字创业者承接广告实现变现的行动覆盖本数据库的全部国家或地区而不限于中国市场。

1. 数字创业者承接广告对广告平台的选择

相比游戏类、社交类创业产品，工具类应用并不易于直接联结广告投放者，而需要借助广告平台承接广告业务。因此开发工具类应用的数字创业者积极地搜寻并接入广告平台，为自己创造联结大范围、大规模广告投放者的机会，而他们选择广告平台时会综合考虑平台规模、市场地位和经营特色等因素，这一特征反映在图 6 – 8 上。图 6 – 8（a）展示了每一个广告平台上开发工具类应用的数字创业者接入的数量，可以看出大多数数字创业者选择了龙头型平台,这与平台自身的广告商资源以及品牌影响力有关。图6-8(b)展示了选择单广告平台策略与多广告平台策略的数字创业者数量,可以看出大多数数字创业者选择单广告平台策略,而少数数字创业者选择在两个广告平台上布局,选择两个以上广告平台的数字创业者较少。

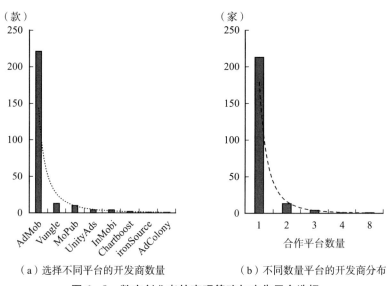

(a)选择不同平台的开发商数量　　　(b)不同数量平台的开发商分布

图6-8　数字创业者的变现策略与广告平台选择

由图6-8可知,广告变现市场具有一家独大的显著特点,样本数据中选择AdMob平台开展变现业务的数字创业者产品达到234款,即超过90%的数字创业者产品都选择与AdMob平台开展合作;而排在第二和第三位的Vungle和MoPub平台,所合作的变现产品数量分别只有13款和12款。存在数字创业者将多款产品作为广告载体实现广告变现的情况,样本中共涉及232家数字创业者,选择与AdMob合作的数字创业者为221家,占比95%;随后是合作数字创业者超过10家的Vungle和Mopub平台。同时,存在一家数字创业者选择多个广告平台开展广告变现合作的情况。232家数字创业者中,选择单平台合作的为213家,占比接近92%;选择两家平台合作的数字创业者，占比不到 6%；只有 6 家数字创业者选择合作的广告平台超过 3 个，有 1 家数字创业者选择 7 个平台开展广告变现业务。

2. 数字创业者的产品特征对其广告平台策略与收入模式的影响

数字创业者所提供产品在上市经验、技术复杂性等方面都表现出差异，这种差异是否影响其选择广告平台的策略，以及由此形成的广告收入模式差异，是本部分重点考虑的内容。对于数字创业者产品上市经验，我们采用其在平台上投放产品的时间长短来测量，以本数据库 39 个月观察窗口期的截止时间（2022 年 3 月 31 日）减去该数字创业者产品上市时间作为具体测量方式。对于产品的技术复杂性则采用两种方式进行测量：一是产品的容量大小，根据调研和观察发现，App 产品的容量越大说明其包含的代码内容越多，技术复杂性程度越高；二是产品的文字描述，App 产品的说明文字越多，说明其有更多、更复杂的内容需要解释，展现出较高的技术复杂性。本节有效的样本数据，包括在中国市场上经由广告平台承接广告的数字创业者产品共 246 款。

首先，我们发现数字创业者具有更丰富的产品上市经验时，即其较早实现产品上市（产品上市时间越长），其更积极地寻求接入广告平台并提高承接广告的行动频率。我们对 246 款工具类应用的上市时长与其选择广告平台的数量、经由广告平台承接广告的行动频率、其广告活动在广告平台中所占的份额之间的关系进行分析。根据数字创业者产品上市时长进行分组，大体可分为三个组：一是经验丰富组（上市时长大于 6 年），这类数字创业者产品为 47 个，占比 19.11%；二是经验适中组（上市时长在 2 年以上 6 年以下），这类数字创业者产品为 154 款，占比 62.60%；三是经验匮乏组（上市时长小于 2 年），这类数字创业者产品为 45 款，占比 18.29%。

基于上述分组，具有不同上市经验的数字创业者在广告平台数量（$F = 5.194$，$p = 0.0017$）、经由广告平台承接广告的行动频率（$F = 16.161$，$p < 0.001$）、其广告活动在广告平台中所占的份额（$F = 3.149$，$p = 0.0257$）均表现出显著差异。具体而言，经验丰富组的数字创业者选择合作的平台数

量最多，高于经验适中组的平均值 1.04 和经验匮乏组的平均值 1.01。上市
经验丰富的创业者变现行动频率更高，经验丰富组变现行动的平均次数超
过 20 次，而经验适中组平均 16.87 次，经验匮乏组则平均仅为 7.98 次。从
市场份额看，经验丰富的数字创业者广告份额更高，平均达到 0.00077，而
经验适中组的平均份额为 0.00067，经验匮乏组广告份额平均值为 0.00054。

　　上述数据结果表明，数字创业者越早将其产品推广上市，他们在逐步
得到市场的认可后塑造了独特的市场地位，在市场中的用户群更加稳定，
其更可能选择较多的广告平台开展合作，将更多的广告产品需求产品接入
广告平台。这一方面源于数字创业者率先进入市场所获得先动优势，促使
其积极作出较大范围广告平台的选择；另一方面则源于数字创业者凭借其
产品经验，将其产品特性与广告平台特色相匹配，使其能够较好地布局广
告平台，而不仅是追随有品牌影响力的龙头型平台。同时这些将产品较早
推广上市的数字创业者，其经由广告平台开展广告业务的行动更为频繁。
然而，其在广告平台上所占广告份额却会降低。这说明上市已久的数字创
业者产品，在承接广告上的行动积极性越高，获得的广告变现机会也更多，
但广告份额不断被新入市的产品所瓜分。

　　其次，我们发现数字创业者的产品复杂度会影响其接入广告平台的数
量、承接广告的行动频率以及数字创业者在广告平台上的广告份额。数字
创业者所开发产品的规模体现了产品功能的丰富程度，也反映了技术的复
杂程度；而数字创业者在产品描述中介绍产品的主要功能及其特点，这一
描述的文字长度能够体现产品所包含功能的丰富程度及其复杂程度。我们
以产品的容量以及产品描述的字符数量作为统计变量，产品容量越大、描
述文字越长，产品包含的功能越多，技术实现上也越复杂。我们根据数字
创业者所开发产品的容量及其描述文字的长度进行分组，大体可分为三
组：一是复杂产品组（产品容量大于 200M 或产品描述文字大于 1 千字），
这类数字创业者产品为 68 款，占比 27.64%；二是中等复杂组（产品容
量在 100~200M 或产品描述文字在 300~1000 字），这类数字创业者产品为
144 款，占比 58.54%；三是简单产品组（产品容量小于 20M 或产品描述文

字小于 300 字），这类数字创业者产品为 34 款，占比 13.82%。

基于上述分组，具有复杂度的数字创业者产品在广告平台数量（F = 4.212，p = 0.0063）、经由广告平台承接广告的行动频率（F = 3.831，p = 0.05）、其广告活动在广告平台中所占的份额（F = 3.030，p = 0.03）均表现出显著差异。具体而言，复杂产品组的广告平台数量平均为 1.21，中等复杂组和简单产品组的平台数量约为 1.04。关于广告变现频率，复杂产品组的广告变现频率平均值为 11.91 次，明显低于中等复杂组和简单产品组的平均变现频率 16.85 次。在广告份额方面，产品复杂度最高的创业者广告份额平均值为 0.00053，明显低于其他两组的广告份额平均水平 0.00073。

上述数据结果表明，随着数字创业者产品的规模增大，在窗口期的变现频次先增加后减少，即规模适中的数字创业者产品的变现积极性更高。而变现份额则随着产品规模增大而缓慢下降，产品规模较小的数字创业者的变现业务绩效表现更好。规模较小的产品，倾向于选择单平台合作；规模较大的产品，则喜欢与更多平台合作，寻求更多的变现机会。当数字创业者产品的规模逐渐增大，其变现业务涉及的广告需求产品数量先缓慢减少再逐渐增加，即广告需求产品的广告被更多地投放到规模较小和规模较大的数字创业者产品中。数字创业者产品的规模增大，广告素材数量逐渐减少，规模较小的产品其广告素材更加丰富。对于数字创业者产品而言，规模较小追求效率的产品，能够获得更多变现机会，展示更丰富的广告素材，占据更大的变现份额。

数字创业者产品的描述字符数量与变现频次、变现份额之间都呈现倒 U 型关系，即产品描述文字长度适中，是数字创业者在丰富功能和使用效率之间进行权衡的结果，让用户获得最优体验，从而能够获得最多可能的变现机会，获取更高的变现份额。进一步分析变现策略，产品文字描述越长，选择的合作广告平台数量增加，这可能是功能较多的复杂产品为了提升其变现份额所进行的尝试。关于广告需求产品数量和广告素材的数量与数字创业者产品描述的文字长度关系，表现一致，即当描述字符数量居中水平时，广告需求产品数量最多，广告素材数量最为丰富。因此，为了追求更好的变现绩效，数字创业者一定要权衡好产品功能与效率之间的关系。

6.3.2　数字创业者经由广告平台承接广告及其绩效表现差异

数字创业者利用与广告平台合作的契机，接入大范围、大规模的广告投放者，是否就意味着他们能够借助频繁的广告活动而获得较好的绩效？本节将着重探讨数字创业者接入广告平台而承接广告活动后的绩效差异。本节研究对象是来自中国市场在 iOS 平台上排名前 1000 的工具类应用，根据这些产品在 2019 年 1 月至 2022 年 3 月是否承接广告业务进行数据筛选并确定最终样本。整体数据集以月为单位，即数字创业者的某一款产品在某个月开展的广告变现业务为一条数据记录。在筛选掉无效数据后，样本包括在 39 个月的观察期间，数字创业者基于 iOS 平台开发的 246 款工具类应用共开展了 4037 次广告变现活动。

1. 承接广告的数字创业者所选广告平台数量与绩效

为了承接广告而作出广告平台选择的数字创业者，当他们选择较多的广告平台而对接广告投放者时，并不会为其带来较好的绩效，表现为下载排名靠后[1]（$T=4.293$，$p=0.000$）、收入排名靠后。这一结论与数字创业者作为广告投放者联结广告平台的数量会带来绩效降低的结论相一致，意味着对于承接广告的数字创业者而言，同样不适宜采用多广告平台策略。原因在于，经由多个广告平台，尽管可能获得更多的承接广告的机会，但是其广告投放者特质及其广告需求都存在差异，比如他们可能在工具类应用中的开屏过程中、产品使用中等不同环节植入广告，或要求使用不同的广告素材，如图片、视频等，这会带来数字创业者广告设计成本的增加，以及协调与不同广告平台关系的交易成本，从而使得数字创业者下载绩效降低。

---

[1]　排名的数值较大意味着排名靠后，表现业绩较差。

而当数字创业者调整广告平台策略，即在下一个月变化广告平台数量时，数字创业者的下载量会发生正向的变化（$T = 2.146$，$p = 0.032$）。广告平台策略的调整，意味着数字创业者认识到了当前的广告平台策略可能不能够为其带来绩效的提升，或增加了其广告运营成本。这种调整大多数表现为由多广告平台策略变化为单广告平台策略，抑或减少广告平台的数量，这有利于数字创业者减少因协调多个广告平台而产生的成本，带来下载绩效的正向变化。

2. 数字创业者经由广告平台承接的广告数量与绩效

数字创业者借助广告平台的推介联结另一端的广告投放者，从而获得更多的承接广告的机会，承接广告的数量与该数字创业者绩效呈现正向作用关系，体现在数字创业者的下载量（$T = 3.063$，$p = 0.002$）和下载排名（$T = -1.992$，$p = 0.046$），收入水平（$T = 2.628$，$p = 0.009$）和收入排名（$T = -1.688$，$p = 0.091$）上都有较好的表现，这较好地展现了在移动操作系统平台上数字创业者建构广告网络所产生的积极效果。

结合关于数字创业者联结广告平台的网络策略，经由广告平台联结众多的广告投放者从而获得承接广告的机会越多，数字创业者表现为下载与收入的绩效越好。尽管多广告平台并无助于数字创业者的绩效提升，但广告平台仍发挥着重要的联结广告参与主体的网络媒介作用，通过为数字创业者引入广告投放主体为其赢得广告变现的机会，扩大其收入来源。值得注意的是，基于既有平台建构创业网络，即在数字创业者所依托的移动操作系统平台上建构广告网络，数字创业者更应经由特定的、与其产品定位与特色相匹配的广告平台联结其他主体，这有利于以聚焦的广告价值诉求凝聚广告活动，更能够发挥广告贡献于商业模式与价值获取的作用。

3. 数字创业者在广告平台业务中的份额与绩效

随着数字创业者经由广告平台承接广告业务，其在该平台中的广告份额会逐渐提高，这一份额与数字创业者绩效呈现正向作用关系，体现在数字创业者的下载量（$T = 2.472$，$p = 0.000$）和下载排名（$T = -33.202$，$p = 0.000$），以及收入水平（$T = 4.962$，$p = 0.000$）上都有较好的表现。这一广告份额并非数字创业者在平台市场上的份额，而是其在特定广告平台上因广告业务而形成的份额，广告份额较高意味着数字创业者在广告平台中的地位愈加重要，逐渐成为该广告平台的主要广告载体。

结果表明，随着数字创业者在广告平台中的地位越来越重要，其提高的位势以及由此所带来的广告平台的关注以及资源的投入，有助于数字创业者绩效的提高。广告份额提高所带来的广告平台重点关注，一方面会为数字创业者引流更多的广告商，帮助数字创业者接入更多的广告参与主体及其用户资源，这构成其广告收入的重要来源以利于绩效提升；另一方面广告平台也因数字创业者广告份额提高而更有意愿在接入广告商时注重产品广告需求、广告素材特色、企业价值主张等方面的匹配，提高数字创业者承接广告的质量，促进数字创业者获得更好的绩效。综合来看，数字创业者在广告平台业务中的份额提高，使得数字创业者与广告平台之间的关系不断调适而促进关系资源的彼此投入，增强了数字创业者广告网络的凝聚力。

6.3.3　数字创业者经由广告平台承接广告及其用户效应差异

本节对用户效应的讨论主要从活跃用户数量、用户打开率、用户评价数量和评价分值四个方面展开，重点关注数字创业者在承接了更多的广告后，尽管这补充了收入来源，但过多地植入广告是否影响数字创业者联结的用户效应。

1. 承接广告的数字创业者所选广告平台数量对用户效应的影响

数字创业者所选广告平台数量会对用户评价数量以及评价分值产生影响，这种影响表现为一种负效应，即当数字创业者选择较多的广告平台而对接广告投放者时，并不会为其带来较好的用户评价效应。具体而言，选择较多广告平台的数字创业者，获得累计用户评分更低（$T = -2.829$，$p =$

0.005），累计用户评价数量更少（$T = -4.807$，$p = 0.000$）。我们没有发现所选广告平台数量显著影响数字创业者的活跃用户数量和用户打开率的证据。

上述数据结果与数字创业者的广告平台策略负向影响数字创业者绩效的结论相一致，说明经由多个广告平台建立广告网络并不是适宜的选择。可能原因在于，尽管多个广告平台能够为数字创业者带来更多的广告机会，但是这种机会存在异质性，表现为广告产品特性、广告需求特色等方面的差异，这会使得用户认为该数字创业者一味地承接广告获取收入，而没有对广告有筛选，广告投放与数字创业者的目标用户需求相关性低。例如，开发工具类应用的数字创业者的用户往往是想要借助工具增强其他产品使用功能，或让自己的工作、生活更便捷的专业用户，此类应用上的推出游戏类产品广告可能给用户带来反感。因此，多广告平台策略带来异质化的广告会降低评价、评分为构成的用户效应。

2. 数字创业者经由广告平台承接的广告数量对用户效应的影响

当数字创业者借助广告平台的推介联结另一端的广告投放者，从而获得更多的承接广告的机会，承接广告的数量与该数字创业者表现为活跃用户数量（$T = 4.723$，$p = 0.000$）的用户效应呈现正向作用关系，但与用户打开率（$T = -3.285$，$p = 0.001$）呈现负向作用。进一步地，承接较多广告的数字创业者，获得累计用户评分更低（$T = -3.015$，$p = 0.003$），新增用户评分也较低（$T = -4.860$，$p = 0.000$）。我们没有发现数字创业者承接广告的数量显著影响数字创业者的用户打开率和用户评价数量的证据。

上述数据结果与数字创业者承接广告数量正向影响数字创业者的活跃用户数量的结论相一致，即数字创业者承接的广告数量越多，其所获活跃用户数量则会提高。可能的原因在于，用户感知到数字创业者承接的广告数量越多，说明其受到广告商的关注越多，其整体流量资源越丰富，意味着与自己相似的其他用户也关注了该产品，佐证了产品的功能与价值，因而提升了对产品的正面感知与信任。然而，这并不影响用户的打开率，因为用户是否频繁打开下载后的工具产品，主要源于产品的功能而非产品中承载的广告。但值得注意的是，产品中包含较多的广告会影响用户的评分，不关注新增用户的评分还是累计用户的评分，这也说明广告的双刃剑效应，即收入的提升和用户评价的降低。

3. 数字创业者在广告平台业务中的份额对用户效应的影响

数字创业者在广告平台中的广告份额与数字创业者的用户效应相关指标呈现正向作用关系，体现在广告份额正向影响数字创业者的活跃用户数量（$T = 14.619$，$p = 0.000$）、用户打开率（$T = 13.123$，$p = 0.000$），以及累计用户评价数（$T = 6.708$，$p = 0.000$）、新增用户评价数（$T = 5.102$，$p = 0.000$）、新增用户评分（$T = 4.445$，$p = 0.000$）。

上述数据结果与数字创业者在广告平台业务中的份额正向影响数字创业者绩效的结论相一致，即数字创业者在特定广告平台上所占广告份额越高，其越可能获得更多的活跃用户数量、较高的用户打开率，以及更好的用户评价水平。尽管用户并不能够直接观测到数字创业者在广告平台中所占份额，但其能够体验到的是数字创业者产品中的广告质量，如表现为广告所展现产品的品质、背后品牌商家的声誉、广告内容以及制作广告所使用素材等，而这些取决于广告平台为数字创业者投入的广告商资源及其在产品广告上的经验与知识资源等。进一步地，广告平台为数字创业者的资源投入源于创业者在广告平台业务中所占份额，这就为数字创业者经由广告平台建立高质量广告网络形成良性的循环。

第7章　研究结论与研究启示

相较已有的创业网络研究仍大量沿用问卷调查获知创业者的个人化社会资源，或利用量表来评测创业网络表现为强度、密度、中心度的结构水平，客观地勾画出创业网络的全貌有助于识别创业网络影响创业企业成长的作用机理。特别地，立足数字平台情境刻画嵌入平台的创业网络图景，这有助于捕捉创业网络向线上平台延伸的新现象、新问题。本书立足于国家自然科学基金重点项目支持建设的"数字创业网络数据库"，以移动操作系统平台为研究情境，以在该平台上创业的数字创业者（App 开发商）为研究对象，采用数据爬虫、算法识别、数据清洗、机器学习等设计与方法建构了数字创业网络动态跟踪数据库。利用该数据展开深入的数据开发，形成系列化的研究结论，为数字创业者提供管理实践启示。

7.1　主要研究结论

7.1.1　平台情境下数字创业者开展创新活动影响创业绩效

依托操作系统平台的数字创业者所实施的创新活动，表现为创业者对 App 产品的软件更新。这种创新活动在创新程度上呈现出差异，如用高版本号更新来衡量的大幅度创新、中版本号更新衡量的小幅创新，以及补丁修补式产品完善更新。本书基于对数字创业者不同程度创新的识别，进一步挖掘导致创新活动程度差异的原因及其所带来的结果，得到以下研究结论。

首先，数字创业者的创新程度在不同国家间表现出差异性，这意味着国家层面的经济因素、文化因素、社会因素等会对平台情境下数字创业者创新活动产生影响。在经济发展水平较高的国家，数字创业者推进产品更新迭代的频次更高、周期更短，这意味着经济发展水平成为推动数字创业者积极开展创新活动的驱动力。高水平的经济发展状况为数字创业者提供了良好的创新环境，对创新的包容度、驱动性更强，有助于激励依托平台创业的数字创业者致力于产品升级完善和新功能的拓展。在知识产权保护程度较高的国家，数字创业者实施产品更新的频次更高、周期更短，原因在于数字创业者凭借着对良好的知识产权保护环境的信任而积极主动地开展创新活动。

其次，数字创业者创新活动的程度差异会对这些创业者的绩效结果产生影响。总体而言，以较高的频次、快速的节奏开展产品更新的数字创业者，更可能获得用户较高的下载，从而实现下载排名的提高。然而，这种下载绩效转变为用户对应用内购买的付费等为创业者带来的收入情况，却并不随着创新频次与速度呈线性变化，只有当数字创业者保持中等频次和速度的创新时，才有利于其获得高收入。

最后，当我们对依托平台的数字创业者创新类型进行划分后，发现数字创业者开展的重大创新（版本号首位更新）与创业者绩效的关系呈现倒U型曲线关系。由此可知，具备一定程度创造性的技术更新能够带来绩效提升，但是变化程度更高的更新反而会引起用户排斥，一方面是因为挑战了消费者的习惯，另一方面是对用户硬件设备提出了更高的要求。同时，以各个国家文化因素作为调节变量，发现当不确定性程度、长期或短期导向等不同文化特质情境下，数字创业者软件更新类型与其绩效的关系存在差异。

这一组研究的理论贡献在于，在数字平台情境下揭示造成数字创业者创新活动属性差异的原因，及其所带来的绩效结果，从而拓展对数字创业者创新规律的认知。未来，我们将深入剖析数字创业者在开展技术更新时，其调用平台技术架构模块的复杂度，例如分别从连接广度和连接深度两个方面来识别数字创业者与平台的网络的连接程度。在平台情境下，网络结构最重要的特征之一是平台连接性，体现平台与参与者之间所建构关系的紧密程度。数字创业者开发的产品所调用的平台模块越多，表示该产品与平台的联结关系越密切，连接程度越高。基于连接性特征，一方面可以探讨该特征影响数字创业绩效的路径，另一方面探索平台连接性在数字创业者创新绩效方面所能够发挥的作用。

7.1.2 平台情境下数字创业者的商业模式创新影响创业绩效

平台情境下数字创业者的商业模式创新最直接地表现为收入模式上的属性特征，即付费模式还是免费增值模式，其中在占绝大多数比重的免费增值模式中应用内购买是该模式的核心，也是数字创业者开发产品的最重要收入来源之一。围绕这一内容，本书着重探讨了两个方面的问题：其一，外部环境因素如何影响数字创业者所开发产品的内购结构；其二，创业者产品的内购结构特征对产品市场绩效会产生怎样的影响。研究在两个方面得到研究结论。

首先，围绕数字创业者为什么以及如何设计应用内购买为内容的商业模式，这源自数字创业者所开发的产品特征及其所依托的平台特征。从产品角度来看，数字创业者所开发产品所属类别、体量大小、支持语言及其目标用户年龄特征等方面的差异，都会导致数字创业者内购模式的结构差异。从平台角度来看，数字平台在技术层面的操作系统版本、所支持的硬件设备等，会对数字创业者内购模式产生影响。同时，本书还发现数字创业者作为产品开发商的特征以及产品发行商特征也会对内购模式的设计安排产生影响。因此，综合来看，围绕数字创业者内购型商业模式的诱因研究可围绕产品、企业、平台三个层面展开，有助于对什么样的数字创业者在何种平台情境下更可能设计出高绩效的内购模式作出更为充分的解释。

其次，数字创业者针对内购类别的多样性设计会对其绩效产生重要影响。本书对内购型商业模式设计的研究重点围绕内购类别这一顶层设计展开，即数字创业者（游戏类）围绕货币类、礼包类、其他类三种类别上的总体安排。研究发现，内购类别多样性设计与数字创业者绩效存在倒 U 型曲线关系，意味着在内购类别数量上存在一种最优的设计。也就是说，数字创业者若能够找到一个让目标值最优的多样化水平，则更有助于其获得较好的业绩表现。在定价方面，类似标准件的计量型内购项目，用户追求最高性价比，数字创业者可采用"纺锤形"定价策略，确定最优定价；对于内涵丰富的定性项目，用户需求两极分化，数字创业者更适合采用哑铃型定价策略。此外，平台政策、创业者经验和产品特征等外部环境因素，都会对数字创业者在内购项目的开发决策上产生影响。这些结论能够为数字创业者创新应用内购买项目，提高产品市场竞争优势，提供有价值的参考。

这一组研究的理论贡献在于，将商业模式创新研究延伸至数字平台情境下，在探索数字创业者商业模式创新表现的基础上，揭示新商业模式如何影响数字创业者的绩效水平。这些研究结论有助于搭建商业模式创新与创业绩效之间关系的整合性理论分析框架，也有利于厘清新创企业为什么能够借助商业模式创新设计推动创业企业成长的形成与演化，从而在数字平台情境下揭示创业企业实现高速成长的主导逻辑。研究的实践价值在于，上述研究回答了为什么具有相同商业模式的创业者有的快速成长，而有的走向衰退的基本问题，有助于指导新创企业建构与其战略意图以及商业模式相匹配的创业成长路径。

未来研究计划围绕"平台生态情境下数字创业者的商业模式创新如何影响其依托平台建构的创业网络？"这一问题展开。聚焦数字创业者所开发产品究竟是与产品所属领域类别的原型保持一致性，还是以其特色突出独特性，更能够促进数字创业者获得高绩效展开研究。援引最优区分理论，数字创业者面临着独特性与合法性之间的张力选择：独特的 App 产品能够以有别于竞争对手的可能优势吸引顾客，但独特所带来的低认可度则可能侵蚀 App 产品的合法性。基于此，一方面，利用机器学习模型（LDA）识别 App 所在各领域类别的原型功能（prototype），提炼原型关键词（topic），计算数字创业者产品的最优区分度；分析创业者基于最优区分的产品定位及其绩效作用。另一方面，识别创业者与其他类别领域参与者的关联性（connectedness），从而展现该创业者借助其他参与者渠道使得自己的产品能够更有效地为用户创造价值。

7.1.3　平台情境下数字创业者同群网络效应影响创业绩效

同群网络是数字平台情境下一种有趣的网络现象，它并不像社会网络、联盟网络、企业集团网络等个体间或组织间网络那样存在网络内的实体联结，它是因网络主体间存在特征相似性、资源共用性等而形成的网络，其底层逻辑在于网络内相似主体间因学习模仿而带来的同群效应。模块化机制和数字组件是数字平台生态系统的独有特质，本书因此聚焦于数字创业者基于对同一数字平台模块化组件应用形成的同群网络。利用数字创业网络数据库，本书将数字平台情境下的同群网络刻画出来，以利于深入探究同群网络效应的形成，以及同群网络对数字平台创业者绩效的影响作用及其机制。研究在四个方面得到研究结论。

首先，围绕数字创业者如何建构与其他互补者共享技术模块而形成的技术同群网络得出相关研究结论。本书以技术同群为内涵展开创业网络行为研究，重点关注数字创业者选择围绕哪些技术模块而与什么样的平台参与者形成技术同群网络。研究发现，依托平台的创业者因需要使用各类型软件开发包（SDK），而与提供软件开发包的技术提供商建立了网络联结，从而形成包含平台主（提供部分 SDK）、技术商在内的技术模块网络。同时，数字创业者还通过共享 SDK 技术而与其他互补者形成了技术同群网络。基于此，研究发现数字创业者在技术模块网络和技术同群网络中的位势（表现为中心度以及与网络中心的距离）对其获取竞争优势（表现为下载排名）以及实现价值捕获（表现为收入）产生影响。

其次，数字创业者所选择的模块化数字组件会对其创业表现产生影响。拆解数字创业者同群网络的绩效影响，首先需聚焦于形成同群网络的基础，即数字平台模块化组件。研究发现，数字平台模块化组件中的"金牛"与"瘦狗"，与经验直觉存在一定差距，需要数字创业者根据自身战略目的、资源禀赋及竞争环境等要素仔细评估并权衡选择。例如，"广告平台"（Advertising Platforms）这一技术模块功能常常被视作因将获客外包而能聚焦技术本质形成"优势互补"，但研究却发现，其并不利于数字创业者产品的人气和创新绩效。而"崩溃报告"（Crash Reporting）和"数据管理"（Data Management）等面向开发者的功能模块，有助于数字创业者对价值互补活动开展精益管理，从而提高产品的市场绩效。总之，随着数字平台之间及其内部竞争日益白热化，权衡数字组件便利和自身技术实力将对数字创业者产生巨大影响。

再次，数字创业者所建构的同群网络将影响其创业表现。同样以基于数字平台模块化组件形成的技术同群展开同群网络效应研究，本书探究了数字创业者同群网络对创业者产品的人气、收入和创新的影响。研究发现，同群网络规模与数字产品的人气和收入呈倒 U 型关系，即从提高人气和扩大收入视角来看，同群网络规模存在最优区间。同时，同群网络规模与数字创业者产品的创新绩效呈 U 型关系，即从产品创新视角来看，同群网络规模存在陷阱区间。因此，数字创业者需要根据自身战略目标，结合自身禀赋和竞争环境，权变地选择并建构同群网络，以建立和维持竞争优势。

最后，数字创业者在同群网络中的结构位置对其创业表现产生影响。本书进一步探究了数字创业者在技术同群网络中的结构位置对其创业绩效的影响。研究发现，选择市场占有率较高的技术，与更多其他数字创业者共享技术，建构更加宽阔的直接技术共享同群网络，将导致独特性不足而不利于产品人气绩效，但也因合法性更高而获得更多产品收入绩效和创新绩效；与更多数字创业者间接共享相似技术、进入技术同群的"内圈"，有利于提高产品人气绩效和创新绩效，但不利于产品收入绩效；而创造性地共用独特技术模块、桥接不同技术同群网络，有利于提高产品人气绩效和创新绩效,但不利于产品收入绩效。

这一组研究重点围绕数字平台情境下创业网络行为展开研究,有助于挖掘数字创业者利用平台联结多元化主体的独特网络行为,为解析数字平台情境下的创业行动规律与网络影响创业成长的作用机制奠定理论基础。研究的实践价值在于,有助于指导创业者以何种方式、过程乃至节奏实施网络行动,以利于创业网络快速、有效地建构;指导数字创业企业在充分认识到平台架构特性基础上,建构匹配其架构特征的创业网络以发挥平台的直接与间接网络效应。

未来研究将结合平台情境下数字创业者的商业模式设计、产品定位安排、创新活动实施等,展开对创业网络行为的研究。例如,以数字产品的最优区分定位为切入点,探索这种定位安排是否以及为什么会影响创业者所建构的同群网络。初步判断,当数字创业者作出独特性主导的最优区分定位时,其更倾向于建构技术同群网络,即将其他采用相似技术模块的互补者纳入同群网络;而当数字创业者作出合法性主导的最优区分定位时,其更倾向于建构市场同群网络,即将其他聚焦相似用户群体的互补者纳入同群网络。进一步地,当数字创业者的最优区分度水平更高时,其所建构同群网络的同群效应更强。

7.1.4 平台情境下数字创业者广告网络效应影响创业绩效

广告对于平台情境下数字创业者的成长与发展至关重要,这不仅是其商业模式中的重要收入来源,而且是助力数字创业者联结多元化主体的机会。本书紧扣平台情境,重点探索数字创业者如何基于广告平台建构自身广告网络,由此与广告主或者广告载体建立有效联结,形成符合创业者自身特质的广告盈利模式。研究在三个方面得到研究结论。

首先,依托平台的数字创业者在实施广告投放活动时时常借助广告平台形成创业网络,创新商业模式以促进绩效提升。为此我们着重分析了什么样的创业者更可能选择哪些广告平台联结广告载体,抑或直接选择其他平台参与者作为广告载体。研究发现，广告平台的特色属性是数字创业者选择广告平台的重要依据，本身在链接广告投放者和广告承接者方面具有独特性优势的特色型广告平台，最能够获得创业者广告投放的青睐，因为他们能够借此吸引具有相应需求的互补者开展广告合作。相比之下，市场占有率高的龙头型广告平台可能是数字平台上大型企业最佳的合作伙伴，因其在该广告平台上的广告份额更高，广告平台更有意愿和动力为其服务。

其次，从数字创业者经由广告平台承接广告的角度来看，数字创业者利用以"产品内购+广告收入"为核心的商业模式获得驱动其绩效提升的动力源。数字创业者会积极地搜寻并接入广告平台，因为广告平台能够为数字创业者创造联结大规模、多样化广告投放者的机会，而广告平台的规模、市场地位和经营特色等是数字创业者选择广告平台时重点考虑的因素。同时，数字创业者所开发产品在上市经验、技术复杂性等方面的特征也是影响数字创业者作出广告平台选择的重要因素，这进一步影响到数字创业者后续对广告收入模式的设计。此外，我们还发现，数字创业者并不适宜采用多广告平台策略去联结广告投放者，因为不同广告平台有特定的广告投放者群体，这些差异化的投放者可能与数字创业者的产品特质不相匹配。数字创业者更应经由与其产品定位与特色相匹配的广告平台联结广告投放者，这有利于充分发挥聚焦价值诉求的广告活动贡献于数字创业者价值获取的关键作用。

最后，从数字创业者经由广告平台推广广告的角度来看，一方面，研究发现相比搜寻广告载体投放广告，数字创业者经由广告平台推广广告更能够助力其获得绩效的提升。另一方面，创业者所建构广告网络规模越大，意味着创业者在较大规模的广告载体上投放广告，能够提高创业者产品的市场曝光度与覆盖率，揭示广告网络影响基于平台的创业绩效的作用机理。而在具体的广告平台策略上，选择单广告平台策略的数字创业者更可能获得较高的绩效，因为多广告平台策略增加了创业者的广告投入成本，且不能显著地提升广告收益，因而会对绩效产生负面影响。

这一组研究的理论贡献在于，通过刻画平台情境下数字创业者经由广告平台所形成的创业网络，揭示出嵌入于平台的次级网络构造，为解释数字创业者利用广告网络丰富商业模式创新内涵提供证据支持，为探索数字创业者借助广告网络扩大创业网络边界与内涵以利于成长提供理论解释。未来研究可围绕广告网络的结构性特征以及网络效应特征的绩效作用进行研究，分别从平台、应用和素材三个层面开展广告网络特征分析，基于特征对广告网络类型进一步细分，揭露不同类型的广告网络和具体网络特征影响数字创业者绩效的内在机制。在此基础上，着重分析数字创业者设计产品时利用广告网络建立的收入模式与营销努力是否对产品更新的绩效作用产生调节影响。

7.2 基于本书数据库的延伸研究

7.2.1 平台治理规则会对数字创业者网络行为产生影响

有别于传统的科层组织，平台以松散的网络关系联结着跨领域范围、不同类型的参与主体，形成松散网络联结为构成内容的网络。在无法使用科层式管理权威的情况下，如何管理好这些异质化参与者，使其为平台价值共创作出贡献，是平台所面对的巨大挑战。本书所依托的数据库为研究平台治理提供了适宜的研究情境，尽管在前面章节内容中并没有展现关于平台治理的数据测量、样本分布、分析结果等，但我们基于该数据库延伸进行了平台治理影响下的数字创业者创新活动、网络行为等问题研究，相关研究结论与观点供读者参考，为读者后续研究思路与设计提供建议。

平台治理规则调整会对数字创业者创新行动节奏产生什么影响？我们以 iOS 操作系统平台宣布要推出隐私治理政策（ATT 框架）和实际执行这一隐私政策作为两次外生冲击事件，探讨了平台企业推出这一治理规则是否以及为什么影响平台上数字创业者在平台上的创新行动节奏。以在 iOS 和

Android 两个平台上发布游戏类 App 的创业者共计 553463 个样本为研究对象，研究发现：（1）平台治理规则调整对数字创业者创新行动节奏具有加速效应。（2）平台治理规则调整对数字创业者创新行动节奏的加速作用表现为宣告效应和执行效应，且执行效应的作用更为显著。（3）平台治理规则调整对数字创业者创新行动节奏的加速效应，分别受到数字创业者多产品战略以及跨平台战略布局的负向调节影响，即数字创业者实施多产品战略或跨平台布局其互补品，均会削弱平台治理规则调整对创业者创新行动节奏的加速效应。这一研究将平台治理研究细化到单项规则层面，而非整个平台生态基于权力的制度安排，通过对平台治理规则的具象化揭示数字创业者对治理规则的响应，有助于丰富对平台治理效用的理论阐释。

平台治理规则会对数字创业者的网络行为产生什么影响？项目团队利用空间经济学和机器学习方法，勾勒出数字平台上数字创业者经由与其他互补者共享技术模块所形成的技术同群网络，以及经由与其他互补者拥有相似用户群所形成的市场同群网络这两种网络基础上，采用统计检验与系统仿真相结合的方法，探讨数字平台治理影响下互补者同群网络演化过程与机理，揭示数字平台治理的影响作用以期形成对互补者同群网络动态特征的理论。研究发现，当数字平台采用了激励型治理，如推出了新的平台系统或架构以利于互补者基于此更好地开发产品时，数字创业者倾向于扩大技术同群网络和市场同群网络。当数字平台采用了约束型治理，如推出收紧的隐私政策或数据安全政策时，数字创业者则会变换技术同群网络中的技术模块，或调整精准广告营销的目标群体形成新的市场同群网络。

7.2.2 数字平台情境下的竞合互动研究

基于数字创业网络数据库，挖掘平台主与互补者之间竞争导向的互动规律，是我们基于本书数据库开展的另一组延伸研究。数字平台情境下平台主与互补者之间呈现复杂的竞合关系，基于二者不同的角色作用，彼此都需要开展合作以创造更多价值，而进入价值分割环节后，二者或长远或短视地考虑自身利益而转化为竞争态势。基于这种判断，项目团队主要开展两个方面的研究工作。

数字创业者在不同平台上实施多栖行为的速度是否以及为什么会影响创业者的绩效？为回答这一问题，我们将时间维度引入创业者多栖行为研究，突破了以往仅考察"是否"实施多栖行为的单一维度局限，探索快速实施多栖战略是否对创业者绩效有提升作用以及这一作用产生的边界条件。多栖地加入多个平台意味着创业者创造了跨平台的网络，即网络中包含多个平台主及其平台上的参与者。已有研究对创业者多栖行为的考察维度也相对单一，即以"是否接入多平台"的二元选择为研究焦点，缺乏对平台上创业者多栖行为实施过程的细致刻画。该研究利用数字创业者数据库，分析了数字创业者实施多栖行为的速度是否会对其接入多平台的绩效产生影响，并挖掘出了这一作用关系的边界条件。研究发现，快速实施多栖战略行为的平台创业者，更可能在接入多平台后获得较好的绩效。进一步地，当多栖的目标平台奉行分散化的治理规则时，多栖速度对绩效的正向作用会被减弱；而当平台创业者所在类别拥挤度较高时，创业者多栖促进绩效的作用也会减弱。

平台主进入数字创业者所在业务领域所带来的进入威胁，是否会影响创业者的技术创新行为与绩效结果？项目团队识别出了平台主进入产品排名、投放业绩优异的市场领域的事件，匹配了数字创业者发布新产品的数量用以测量创新投入的努力，由此剖析平台主的市场进入行为是否以及为什么会影响数字创业者的创新行为与业绩结果。研究发现，平台主的进入威胁会对数字创业者实施创新行为的速度产生影响，进而影响数字创业者的绩效水平。当数字创业者具有较大的规模（如表现为多产品布局以及较大的用户基群）以及较高的产品市场份额时，其消化平台主进入威胁的能力更强，由于因平台主进入其所在领域而调整创新速度的意愿减弱，对绩效的影响也降低。这意味着数字创业者在平台情境下，要通过提升自身产品市场地位、规模优势等路径，增强相对于平台主的议价力与相对竞争优势。

参 考 文 献

［1］IBM 商业价值研究院. 全球 CEO 调查报告（第 19 期）［R］. https：//www. ibm. com/downloads/documents/cn－zh/10c31775c8d402d5.

［2］麦肯锡全球研究院. 中国数字经济如何引领全球新趋势 ［R］. 2017. 8.

［3］Adner R. , Kapoor R. Value creation in innovation ecosystems：How the structure of technological interdependence affects firm performance in new technology generations ［J］. *Strategic Management Journal*, 2010, 31 （3）：306－333.

［4］Adner R. Ecosystem as structure：An actionable construct for strategy ［J］. *Journal of Management*, 2017, 43 （1）：39－58.

［5］Afuah A. Are network effects really about size? The role of structure and conduct ［J］. *Strategic Management Journal*, 2013, 34 （3）：257－273.

［6］Afuah A. How much do your co-opetitors' capabilities matter in the face of technological change? ［J］. *Strategic Management Journal*, 2000, 21 （3）：397－404.

［7］Amit R, Han X. Value creation through novel resource configurations in a digitally enabled world：Novel resource configurations in a digitally enabled world ［J］. *Strategic Entrepreneurship Journal*, 2017, 11 （3）：228－242.

［8］Amit R, Zott C. Value creation in E－business ［J］. *Strategic Management Journal*, 2001, 22 （6－7）：493－520.

［9］Ansari S S, Garud R, Kumaraswamy A. The disruptor's dilemma：TiVo and the US television ecosystem ［J］. *Strategic Management Journal*, 2016,

37（9）: 1829 – 1853.

［10］ Ansari S, Garud R. Inter-generational transitions in socio-technical systems: The case of mobile communications ［J］. *Research Policy*, 2009, 38 （2）: 382 – 392.

［11］ Baldwin C, K Clark. *Design Rules, The Power of Modularity* ［M］. Cambridge, MA: MIT Press, 2000.

［12］ Baldwin C Y, Von Hippel E. Modeling a paradigm shift: From producer innovation to user and open collaborative innovation ［J］. *Organization Science*, 2011, 22 （6）: 1399 – 1417.

［13］ Baldwin C Y, Woodard J C. The Architecture of Platforms a Unified View ［M］//Gawer A. *Platforms, Markets & Innovation*. Cheltenham, U. K.: Edward Elgar Publishing, 2009.

［14］ Baum J A C, Calabrese T, Silverman B S. Don't go it alone: Alliance network composition and startups' performance in canadian biotechnology ［J］. *Strategic Management Journal*, 2000, 21 （3）: 267 – 294.

［15］ Besanko D, Dranove D, Shanley M T. Economics of strategy ［J］. *English Language – Business English*, 1999, 53 （2）: 108 – 111.

［16］ Bonardi J, Durand R. Managing network effects in high tech industries ［J］. *Academy of Management Executive*, 2003, 17 （4）: 40 – 52.

［17］ Boudreau K J. Let a thousand flowers bloom? An early look at large numbers of software app developers and patterns of innovation ［J］. *Organization Science*, 2012, 23 （5）: 1409 – 1427.

［18］ Boudreau K J. Open platform strategies and innovation: Granting access vs. devolving control ［J］. *Management Science*, 2010, 56 （10）: 1849 – 1872.

［19］ Ceccagnoli M, Forman C, Huang P, Wu D J. Co – creation of value in a platform ecosystem: The case of enterprise software ［J］. *MIS Quarterly*, 2012, 36 （1）: 263 – 290.

［20］ Cennamo C, Ozalp H, Kretschmer T. Platform architecture, multi-homing and Complement Quality: Evidence from the U. S. Video Game Industry [J]. *Information Systems Research*, 2018, 29 (2): 253 – 273.

[21] Cennamo C, Santaló S. Platform competition: Strategic trade-offs in platform markets [J]. *Strategic Management Journal*, 2013, 34 (11): 1331 – 1350.

[22] Cennamo C. Building the value of next-generation platforms: The paradox of diminishing returns [J]. *Journal of Management*, 2018, 44 (8): 3038 – 3069.

[23] Cennamo C. Competing in digital markets: A platform-based perspective [J]. *Academy of Management Perspectives*, 2021, 35 (2): 265 – 291.

[24] Chatain O. Value creation, competition, and performance in buyer-supplier relationships [J]. *Strategic Management Journal*, 2011, 32 (1): 76 – 102.

[25] Chintakananda A, Mcintyre D. strategy, innovation and options: An integrative approach and future directions [J]. *Academy of Management Annual Meeting Proceedings*, 2016 (1): 12280.

[26] Christiansen C M. *The Innovator's Dilemma: When New Technologies Cause Great Firms to Fail* [M]. Cambridge: Harvard School Publishing, 1997.

[27] Claussen J, Essling C, Kretschmer T. When less can be more-Setting technology levels in complementary goods markets [J]. *Research Policy*, 2015, 44 (2): 328 – 339.

[28] Clements M T, Ohashi H. Indirect network effects and the product cycle: Video games in the u. s. 1994 – 2002 [J]. *Journal of Industrial Economics*, 2005, 53 (4): 515 – 542.

[29] Crook T R, Ketchen D J, Combs J G, et al. Strategic resources and performance: A meta-analysis [J]. *Strategic Management Journal*, 2008, 29 (11): 1141 – 1154.

[30] Cutolo D, Kenney M. Platform – dependent entrepreneurs: Power asymmetries, risk, and strategy in the platform economy [J]. *Academy of Man-*

agement Perspectives, 2021, 35 (4): 584 – 605.

[31] De Vaan M. Interfirm networks in periods of technological turbulence and stability [J]. *Research Policy*, 2014, 43 (10): 1666 – 1680.

[32] Eckhardt J T, Ciuchta M P, Carpenter M. Open innovation, information, and entrepreneurship within platform ecosystems [J]. *Strategic Entrepreneurship Journal*, 2018, 12 (3): 369 – 391.

[33] Eisenmann T, Parker G, Van Alstyne M W. Platform envelopment [J]. *Strategic Management Journal*, 2011, 32 (12): 1270 – 1285.

[34] Eisenmann T, Parker G, Van Alstyne M W. Strategies for two-sided markets [J]. *Harvard Business Review*, 2006, 84 (10): 92 – 101.

[35] Eisenmann T. Internet companies' growth strategies: Determinants of investment intensityand long-term performance [J]. *Strategic Management Journal*, 2006, 27 (12): 1183 – 1204.

[36] Elfring T, Hulsink W. Networks in entrepreneurship: The case of high-technology firms [J]. *Small Business Economics*, 2003, 21 (4): 409 – 422.

[37] Evans D, Schmalensee R. Failure to launch: Critical mass in platform businesses [J]. *Review of Network Economics*, 2010, 4 (9): 1 – 26.

[38] Evans D, Schmalensee R. The industrial organization of markets with two-sided platforms [J]. *Competition Policy International*, 2007, 3 (1): 151 – 179.

[39] Evans D, Hagiu A, Schmalensee R. *Invisible Engines* [M]. San Marcos: Texas University Press, 2006.

[40] Evans D, Schmalensee R. Markets with two-sided platforms [J]. *Issues in Competition Law and Policy*, 2008 (1): 667 – 693.

[41] Evans D. The antitrust economics of multi-sided platform markets [J]. *Yale Journal on Regulation*, 2003, 20 (2): 325 – 381.

[42] Fuentelsaz L, Garrido E, Maicas J P. A strategic approach to network value in network industries [J]. *Journal of Management*, 2015 (41): 864 – 892.

［43］Gawer A, Cusumano M A. Platforms and Innovation ［M］//Mark D, David M G, Nelson. *The Oxford Handbook of Innovation Management.* New York: Oxford University Press, 2014.

［44］Gawer A, Cusumano M. The elements of platform leadership ［J］. *MIT Sloan Management Review*, 2002, 43 (3): 51 – 58.

［45］Gawer A, Henderson, R. Platform owner entry and innovation in complementary markets: Evidence from Intel ［J］. *Journal of Economic Management Strategy*, 2007, 16 (1): 1 – 34.

［46］Gawer A. Bridging differing perspectives on technological platforms: Toward an integrative framework ［J］. *Research Policy*, 2014, 43 (7): 1239 – 1249.

［47］Gawer A. Platform Dynamics and Strategies: From Products to Services ［M］//Gawer A. *Platforms, Markets & Innovation.* Cheltenham, U. K. : Edward Elgar Publishing, 2009.

［48］George G, Bock A J. The business model in practice and its implications for entrepreneurship research ［J］. *Entrepreneurship Theory & Practice*, 2011, 35 (1): 83 – 111.

［49］Hagiu A, Wright J. Multi – sided platforms ［J］. *International Journal of Industrial Organization*, 2015, 43 (C): 162 – 174.

［50］Hagiu A, Yoffie D B. What's your google strategy? ［J］. *Harvard Business Review*, 2009, 35 (4): 74 – 81.

［51］Hagiu A. Two – sided platforms: Pricing and social efficiency ［J］. *Social Science Electronic Publishing*, 2004: 1 – 29.

［52］Hannah D P, Eisenhardt K M. Bottlenecks, cooperation, and competition in nascent ecosystems ［J］. *Strategic Management Journal*, 2018, 40 (9): 1333 – 1335.

［53］Hannah D P, Eisenhardt K M. Howfirms navigate cooperation and competition in nascent ecosystems ［J］. *Strategic Management Journal*, 2018,

39 (12): 3163 – 3192.

[54] Hansen M H, Perry L T, Reese C S. A Bayesian operationalization of the resource-based view [J]. *Strategic Management Journal*, 2004, 25 (13): 1279 – 1295.

[55] Hite J M. Evolutionary processes and paths of relationally embedded network ties in emerging entrepreneurial firms [J]. *Entrepreneurship Theory & Practice*, 2005, 29 (1): 113 – 144.

[56] Hoang H, Antoncic B. Network – based research in entrepreneurship: A critical review [J]. *Journal of Business Venturing*, 2003, 18 (2): 165 – 187.

[57] Hoang H, Yi A. Network – based research in entrepreneurship: A decade in review [J]. *Foundations & Trends in Entrepreneurship*, 2015, 11 (1): 1 – 54.

[58] Hoopes D, Madsen T, Walker G. Why is there a resource-based view? Towards a theory of competitive heterogeneity [J]. *Strategic Management Journal*, 2003, 24 (10): 889 – 902.

[59] Iyer B, Davenport T H. Reverse engineering Google's innovation machine [J]. *Harvard Business Review*, 2008, 86 (4): 59 – 68.

[60] Jack S L. Approaches to studying networks: Implications and outcomes [J]. *Journal of Business Venturing*, 2010, 25 (1): 120 – 137.

[61] Jacobides M G, Cennamo C, Gawer A. Towards a theory of ecosystems [J]. *Strategic Management Journal*, 2018, 39 (8): 2255 – 2276.

[62] Jiao J, Xu Q L, Helander M G. *Analytical Modeling and Evaluation of Customer Citarasa in Vehicle Design* [C]. IEEE International Conference on Industrial Engineering & Engineering Management. IEEE, 2007.

[63] Joseph Farrell, Garth Saloner. Standardization, compatibility, and innovation [J]. *RAND Journal of Economics*, 1985, 16 (1): 70 – 83.

[64] Kapoor A, Agarwal S. Sustaining superior performance in business ecosystems: Evidence from application software developers in the iOS and Android

smartphone ecosystems [J]. *Organization Science*, 2017, 28 (3): 531 – 551.

[65] Kapoor R, Lee J M. Coordinating and competing in ecosystems: How organizational forms shape new technology investments [J]. *Strategic Management Journal*, 2013, 34 (3): 274 – 296.

[66] Katz Michael L, Carl Shapiro. Technology adoption in the presence of network externalities [J]. *Journal of Political Economy*, 1986 (94): 822 – 841.

[67] Krishnan V, Gupta S. Appropriateness and impact of platform-based product development [J]. *Management Science*, 2001, 47 (1): 52 – 68.

[68] Kumaraswamy A, Garud R, Ansari S. Perspectives on disruptive innovations [J]. *Journal of Management Studies*, 2018, 55 (7): 1025 – 1042.

[69] Larson A, Starr J A. A network model of organization formation [J]. *Entrepreneurship Theory and Practice*, 1993, 17 (2): 5 – 15.

[70] Makadok R. Doing the right thing and knowing the right thing to do: Why the whole is greater than the sum of the parts [J]. *Strategic Management Journal*, 2003, 24 (10): 1043 – 1055.

[71] McIntyre D P, Srinivasan A. Networks, platforms, and strategy: Emerging views and next steps [J]. *Strategic Management Journal*, 2017, 38 (1): 141 – 160.

[72] McIntyre D P, Subramaniam M. Strategy in network industries: A review and research agenda [J]. *Journal of Management*, 2009, 35 (6): 1494 – 1517.

[73] Meyer Lehnerd. *The Power of Product Platforms: Building Value and Cost Leadership* [M]. New York: The Free Press, 1997.

[74] Meyer M H. The strategic integration of markets and competencies [J]. *International Journal of Technology Management*, 1999, 17 (6): 677 – 695.

[75] Michael Porter. *Competitive Advantage: Creating and Sustaining Superior Performance* [M]. New York: The Free Press, 1985.

[76] Nambisan S, Siegel D, Kenney M. On open innovation, platforms,

and entrepreneurship [J]. *Strategic Entrepreneurship Journal*, 2018, 12 (3): 354 – 368.

[77] Nambisan S. Digital entrepreneurship: Toward a digital technology perspective of entrepreneurship [J]. *Entrepreneurship Theory and Practice*, 2017, 41 (6): 1029 – 1055.

[78] Ozalp H, Cennamo C, Gawer A. Disruption in platform-based eco-systems [J]. *Journal of Management Studies*, 2016, 55 (7): 1203 – 1241.

[79] Ozcan P, Santos F M. The market that never was: Turf wars and failed alliances in mobile payments [J]. *Strategic Management Journal*, 2015, 36 (10): 1486 – 1512.

[80] Parker G G, Van Alstyne M W, Choudary S P. *Platform Revolution: How Networked Markets are Transforming the Economy and How to Make Them Work for You* [M]. New York: WW Norton & Company, 2016.

[81] Parker G G, Van Alstyne M W. Two – sided network effects: A theo-ry of information product design [J]. *Management Science*, 2005, 51 (10): 1494 – 1504.

[82] Peteraf M, Barney J. Unraveling the resource based tangle [J]. *Managerial and Decision Economics*, 2003 (24): 309 – 323.

[83] Prahalad C K, Ramaswamy, Venkat. Co – creating unique value with customers [J]. *Strategy & Leadership*, 2004, 32 (3): 4 – 9.

[84] Priem R L, Butler J E, Li S. Toward reimagining strategy research: Retrospection and prospection on the 2011 AMR decade award article [J]. *Academy of Management Review*, 2013, 38 (4): 471 – 489.

[85] Priem R L. A consumer perspective on value creation [J]. *Academy of Management Review*, 2007, 32 (1): 219 – 235.

[86] Reimer J. Total Share: 30 Years of Personal Computer Market Share Figures [EB/OL]. http://arstechnica.com/old/content/2005/12/totalshare.ars/1.

[87] Rietveld J, Schilling M A, Bellavitis C. Platform strategy: Managing

ecosystem value through selective promotion of complements [J]. *Organization Science*, 2019, 30 (6): 1125 –1393.

[88] Rochet J C, Tirole J. Platform competition in two-sided markets [J]. *Journal of the European Economic Association*, 2003, 1 (4): 990 –1029.

[89] Rochet J C, Tirole J. Two – sided markets: A progress report [J]. *Rand Journal of Economics*, 2006, 37 (3): 645 –667.

[90] Rysman M. The economics of two-sided markets [J]. *Journal of Economic Perspectives*, 2009, 23 (3): 125 –143.

[91] Schilling M A. Technology success and failure in winner-take-all markets: The impact of learning orientation, timing, and network externalities [J]. *Academy of Management Journal*, 2002, 45 (2): 387 –398.

[92] Schilling M A. Towards a general modular systems theory and its application to interfirm product modularity [J]. *Academy of Management Review*, 2000 (25): 312 –334.

[93] Shah S K, Tripsas M. The accidental entrepreneur: The emergent and collective process of user entrepreneurship [J]. *Strategic Entrepreneurship Journal*, 2007, 1 (1/2): 123 –140.

[94] Shane S, Cable D. Network ties, reputation, and the financing of new ventures [J]. *Management Science*, 2002, 48 (3): 364 –381.

[95] Sheremata W A. Competing through innovation in network markets: Strategies for challengers [J]. *Academy of Management Review*, 2004, 29 (3): 359 –377.

[96] Sirmon D G, Hitt M A, Arregle J, Campbell J T. The dynamic interplay of capability strengths and weaknesses: Investigating the bases of temporary competitive advantage [J]. *Strategic Management Journal*, 2010, 31 (13): 1386 –1409.

[97] Sirmon D G, Hitt M A, Ireland R D, Gilbert B A. Resource orchestration to create competitive advantage: Breadth, depth, and life cycle effects

[J]. *Journal of Management*, 2011, 37 (5): 1390 – 1412.

[98] Sirmon D G, Hitt M A, Ireland R D. Managing firm resources in dynamic environmentsto create value: Looking inside the black box [J]. *Academy of Management Review*, 2007, 32 (1): 273 – 292.

[99] Sirmon D G, Hitt M A. Managing resources: Linking unique resources, management, and wealth creation in family firms [J]. *Entrepreneurship Theory and Practice*, 2003 (27): 339 – 358.

[100] Smith C, Smith J B, Shaw E. Embracing digital networks: Entrepreneurs' social capital online [J]. *Journal of Business Venturing*, 2017, 32 (1): 18 – 34.

[101] Snihur Y, Thomas L D, Burgelman R A. An ecosystem-level process model of business model disruption: The disruptor's gambit [J]. *Journal of Management Studies*, 2018, 55 (7): 1278 – 1316.

[102] Srinivasan A, Venkatraman N. Entrepreneurship in digital platforms: A network centric view [J]. *Strategic Entrepreneurship Journal*, 2018, 12 (1): 54 – 71.

[103] Srinivasan A, Venkatraman N. Indirect network effects and platform dominance in the video game industry: A network perspective [J]. *IEEE Transactions on Engineering Management*, 2010, 57 (4): 661 – 673.

[104] Stuart T E, Hoang H, Hybels R C. Interorganizational endorsements and the performance of entrepreneurial ventures [J]. *AdmInistrative Science Quarterly*, 1999 (44): 315 – 349.

[105] Suarez F F, Grodal S, Gotsopoulos A . Perfect timing? Dominant category, dominant design, and the window of opportunity for firm entry [J]. *Strategic Management Journal*, 2015, 36 (3): 437 – 448.

[106] Sviokla, Paoni. Every product's a platform [J]. *Harvard Business Review*, 2005, 83 (10): 17 – 18.

[107] Uzzi B. Social structure and competition in interfirm networks: The

paradox of embeddedness [J]. *Administrative Science Quarterly*, 1997, 42 (1): 35 – 67.

[108] Vargo S L, Lusch R F. The four service marketing myths [J]. *Journal of Service Research*, 2004, 6 (4): 324 – 335.

[109] Wang R D, Miller C D. Complementors' engagement in an ecosystem: A study of publishers' e-book offerings on Amazon kindle [J]. *Strategic Management Journal*, 2020, 41 (1): 3 – 26.

[110] Wareham J, Fox P, Giner J. Technology ecosystem governance [J]. *Organization Science*, 2014, 25 (4): 1195 – 1215.

[111] Williamson O E. Transaction cost economics and organization theory [J]. *Industrial and Corporate Change*, 1993, 2 (1): 17 – 67.

[112] Ye G L, Priem R L, Alshwer A A. Achieving demand-side synergy from strategic diversification: How combining mundane assets can leverage consumer utilities [J]. *Organization Science*, 2012, 23 (1): 207 – 224.

[113] Zott C, Amit R, Massa L. The business model: Recent developments and future research [J]. *Journal of Management*, 2011, 37 (4): 1019 – 1042.

[114] Zott C, Amit R. Business model design and the performance of entrepreneurial firms [J]. *Organization Science*, 2007, 18 (2): 181 – 199.